GRAMMAIRE ESPAGNOLE,

DIVISÉE

EN QUATRE PARTIES,

Dont la première traite de la Prononciation; la seconde, des Différentes espèces de mots; la troisième, de la Syntaxe; et la quatrième, de l'Orthographe, de la Ponctuation et de la Prosodie;

AVEC UN APPENDICE,

Contenant des remarques diverses;

Suivie d'un Cours de thèmes, et d'un Traité de versification.

Par G. HAMONIÈRE.

PARIS,

Chez THÉOPHILE BARROIS fils, Libraire,
Quai Voltaire, n°. 11.

1821.

AVIS DU LIBRAIRE.

~~~~~~~~~~

Je préviens qu'étant propriétaire du manuscrit de cet ouvrage, et ayant déposé les exemplaires voulus par la loi, je poursuivrai avec la plus grande rigueur tout contrefacteur et tout débitant d'édition contrefaite. J'abandonnerai à celui qui me les fera connaître la moitié des dommages et intérêts accordés par la loi.

L. Théophile BARROIS fils.

AVERTISSEMENT.

La langue espagnole dérivant du latin, ainsi que les langues française, italienne et portugaise, est une de celles que les Français peuvent apprendre avec le plus de facilité. L'étude de cette langue si belle, si majestueuse, illustrée par les ouvrages de l'immortel Cervantes, et de tant d'autres écrivains du premier ordre, ne saurait d'ailleurs manquer de charmes pour un littérateur.

Sous le rapport commercial, la connaissance de la langue espagnole est de la plus grande utilité. Cette langue des premiers conquérans du nouveau monde possède un vaste domaine dans les deux hémisphères. Elle se parle en Espagne, aux Canaries, aux Philippines, au Pérou, au Chili, à Buénos-Aires, à Montévidéo, et dans toutes les autres provinces du Rio de la Plata, à Vénézuéla, et dans toutes les autres provinces de la Terre-Ferme et de la Nouvelle-Grenade, dans la Nouvelle-Espagne et toutes ses dépendances, dans une partie des Antilles, et dans quelques provinces des Etats-Unis du nord de l'Amérique.

Quoiqu'il ait été publié en France depuis vingt ans un assez grand nombre de grammaires espagnoles, nous avons cependant cru pouvoir en publier une qui ait encore à beaucoup d'égards le mérite de la nouveauté. Nous nous sommes proposé de réunir dans cet ouvrage tout ce qui peut être utile à l'étude de la langue espagnole; nous en avons puisé les principes aux meilleures sources; nous les avons exposés dans la Grammaire avec autant d'ordre et de clarté qu'il nous a été possible, et nous avons joint à cette grammaire un Cours de Thèmes pour en faire l'application, ainsi qu'un Traité de Versification. Nous avons donc lieu d'espérer que le public accueillera favorablement notre travail.

TABLE DES MATIÈRES.

Ire PARTIE.

ALPHABET ET PRONONCIATION. . . . page 1

IIe PARTIE.

DES DIFFÉRENTES ESPÈCES DE MOTS. . . . 15

CHAPITRE I.

DE L'ARTICLE.................................. ibid.

CHAPITRE II.

DU NOM....................................... 17
Art. 1er. *Des substantifs*.................. ibid.
Des genres................................... 18
Des nombres................................. 34
Formation du pluriel dans les substantifs... ibid.
Art. 2. *Des adjectifs*........................ 36
Formation du féminin dans les adjectifs..... ibid.
Formation du pluriel dans les adjectifs..... 37
Des degrés de qualification................. 39
Art. 3. *Des augmentatifs et des diminutifs*.. 43
Art. 4. *Des noms de nombre*.................. 47
Noms de nombre cardinaux.................... ibid.
Noms de nombre ordinaux..................... 50
Noms de nombre collectifs................... 53
Noms de nombre partitifs.................... 54
Noms de nombre proportionnels............... ibid.

CHAPITRE III.

DU PRONOM..................................... ibid.
Pronoms personnels.......................... ibid.
Pronoms possessifs.......................... 56
Pronoms démonstratifs....................... 60
Pronoms relatifs............................ 62
Pronoms interrogatifs....................... 63
Pronoms indéterminés........................ ibid.

TABLE DES MATIÈRES.
CHAPITRE IV.
DU VERBE............................ page	65
Des modes............................	ibid.
Des temps.............................	ibid.
Des personnes.........................	67
Des nombres...........................	68
Des différentes espèces de verbes......	ibid.
Conjugaison des verbes................	69
Conjugaison du verbe auxiliaire haber, avoir.	71
Conjugaison du verbe auxiliaire tener, avoir.	80
Conjugaison du verbe auxiliaire ser, être....	88
Conjugaison du verbe auxiliaire estar, être...	97
Conjugaison des verbes actifs.............	106
Verbes passifs..........................	133
Verbes neutres..........................	134
Verbes pronominaux......................	ibid.
Règles générales de la formation des temps..	145
Verbes irréguliers.......................	149
Participes passifs irréguliers.............	241
Remarque sur l'irrégularité des verbes......	246
Verbes impersonnels.....................	247
Verbes défectifs.........................	249

CHAPITRE V.
DE L'ADVERBE............................ 250

CHAPITRE VI.
DE LA PRÉPOSITION....................... 253

CHAPITRE VII.
DE LA CONJONCTION...................... 256

CHAPITRE VIII.
DE L'INTERJECTION....................... 257

IIIe PARTIE.
DE LA SYNTAXE. 259

CHAPITRE I.
SYNTAXE DES SUBSTANTIFS................. 262

CHAPITRE II.
SYNTAXE DES ADJECTIFS................... 268

CHAPITRE III.
SYNTAXE DES NOMS DE NOMBRE............ page 271
CHAPITRE IV.
SYNTAXE DES PRONOMS........................ 274
CHAPITRE V.
SYNTAXE DES VERBES......................... 290
CHAPITRE VI.
SYNTAXE DES ADVERBES....................... 304
CHAPITRE VII.
SYNTAXE DES PRÉPOSITIONS................... 311
CHAPITRE VIII.
SYNTAXE DES CONJONCTIONS................... 317
CHAPITRE IX.
DE LA CONSTRUCTION......................... 319

IVe PARTIE.
ORTHOGRAPHE, PONCTUATION ET PROSODIE. 321
CHAPITRE I.
ORTHOGRAPHE ET PONCTUATION................ ibid.
CHAPITRE II.
PROSODIE.................................... 325
Art. 1er. *De l'accent*..................... 326
Art. 2. *De la quantité*..................... 327

APPENDICE.
Des abréviations........................... 333
Manière de former du français beaucoup de mots espagnols........................ 338
Liste des verbes et des adjectifs espagnols qui veulent une préposition différente de celle que veulent les verbes et les adjectifs français auxquels ils correspondent.......... 346
COURS DE THÈMES ESPAGNOLS................. 378
TRAITÉ DE VERSIFICATION.
Art. I. *De la structure des vers*........... 411

TABLE DES MATIÈRES.

§. I.   *Des différentes espèces de vers.* page 411
§. II.   *De l'accent*................. 417
§. III.   *De l'élision*................. 422
§. IV.   *Des voyelles qui forment ou ne forment pas des diphthongues*.. 423
§. V.   *De la rime*.................. 425
§. VI.   *De l'enjambement des vers*........ 427
§. VII. *Des licences poétiques, et de ce qu'on doit éviter dans les vers*........ 428

Art. II. *Du mélange des vers entr'eux*..... 429
  §. I.   *Des rimes suivies*.............. ibid.
  §. II.   *Des rimes croisées et entremêlées*.. 430
    1. *Des stances de trois vers, ou tercets.* 431
    2. *Des stances de quatre vers, ou quatrains*................. 433
    3. *Des stances de cinq vers*......... 435
    4. *Des stances de six vers, ou sixains.* 436
    5. *Des stances de sept vers*......... ibid.
    6. *Des stances de huit vers, ou octaves.* ibid.
    7. *Des stances de neuf vers*......... 439
    8. *Des stances de dix vers, ou dizains.* ibid.
  §. III. *Du mélange des vers entiers et des vers rompus*................. 440
  §. IV. *Des vers libres*................ 446
  §. V.   *Des ouvrages en vers*........... 448
    1. *Sonetos*.................... 449
    2. *Silvas*..................... 452
    3. *Romances*.................. 454
    4. *Endechas*.................. 461
    5. *Seguidillas*................. ibid.
    6. *Letrillas*................... 462
    7. *Liras*..................... 464
    8. *Canciones*.................. 465
    9. *Balata*.................... 469
   10. *Villancicos*................. 470

FIN DE LA TABLE.

GRAMMAIRE ESPAGNOLE.

PREMIÈRE PARTIE.

ALPHABET ET PRONONCIATION.

La *Grammaire* est l'art de parler et d'écrire correctement.

Parler, écrire, c'est exprimer sa pensée par des mots.

Les *mots* sont donc les signes de nos pensées ; ce sont ou des sons formés par la bouche, ou des caractères tracés par la main.

Les mots considérés sous ce dernier rapport se composent de *lettres* qui, seules ou réunies, forment des syllabes.

Quand une lettre forme seule un son, elle s'appelle *voyelle;* quand elle ne forme pas seule un son, et qu'elle a besoin d'être jointe à une voyelle, elle s'appelle *consonne.*

Le recueil des signes employés pour exprimer les sons qui entrent dans la composition des mots d'une langue, s'appelle *alphabet*.

L'alphabet de la langue espagnole contient vingt-sept signes ou lettres. Ces lettres sont représentées dans le tableau suivant, dans l'ordre que l'usage leur a assigné, avec le nom de chacune d'elles exprimé en sons espagnols et en sons français.

ALPHABET.

FORME DES LETTRES		NOM DES LETTRES	
majusc.	minusc.	EN SONS ESPAGNOLS.	EN SONS FRANÇAIS.
A	a	A.	A.
B	b	Be.	Bé.
C	c	Ce.	Cé.
CH	ch	Che.	Tché.
D	d	De.	Dé.
E	e	E.	É.
F	f	Efe.	Éfé.
G	g	Ge.	*
H	h	Ache.	Atché.
I	i	I vocal.	I vocal.
J	j	Jota.	*
L	l	Ele.	Élé.
LL	ll	Elle.	Eillé.
M	m	Eme.	Émé.
N	n	Ene.	Éné.
Ñ	ñ	Eñe.	Égné.
O	o	O.	O.
P	p	Pe.	Pé.
Q	q	Qu.	Cou.
R	r	Ere *et* erre.	Éré *et* erré.
S	s	Ese.	Écé.
T	t	Te.	Té.
U	u	U vocal.	Ou vocal.
V	v	U consonante.	Ou consonanté.
X	x	Equis.	Ekis.
Y	y	I consonante ou griega.	I consonanté ou griega.
Z	z	Zeda.	Céda.

* Voy. pag. 9 et 10 la prononciation de cette lettre.

Les lettres *a*, *e*, *i*, *o*, *u* sont voyelles; *y* est tantôt voyelle et tantôt consonne; toutes les autres sont consonnes.

DES VOYELLES.

A se prononce comme en français; mais à la fin des mots de plusieurs syllabes, lorsqu'il n'est pas accentué, il se prononce faiblement. Ex. *cara*, figure; *boca*, bouche; pron. *cara, boca*.

E se prononce comme *é* français; mais à la fin des mots de plusieurs syllabes, lorsqu'il n'est pas accentué, il se prononce faiblement, plus fort néanmoins que l'*e* muet français. Ex. *fe*, foi; *parece*, il paraît; pron. *fé, parécé*.

I se prononce comme en français. Ex. *jabali*, sanglier; *inicial*, initial; pron. *jabali, inicial*.

O se prononce comme en français; mais à la fin des mots de plusieurs syllabes, lorsqu'il n'est pas accentué, il se prononce faiblement. Ex. *amo*, j'aime; *amó*, il aima; *caro*, cher; pron. *amo, amó, caro*.

U se prononce *ou*; mais dans les syllabes *gue*, *gui*, *que*, *qui*, il est muet, comme dans les mots français *guerre*, *quittance*. Ex. *último*, dernier; *aquel*, celui-là; *quieto*, tranquille; pron. *oultimo, akel, kieto*.

Lorsque l'*u* doit avoir le son de *ou* dans les

syllables *gue* et *gui*, on le marque d'un tréma. Ex. *agüero*, augure; pron. *agouero*.

Autrefois on employait aussi le tréma dans les syllabes *que*, *qui* et *quo*, lorsque l'*u* devait y avoir le son de *ou*, et l'on écrivait *qüestion*, question; *qüociente*, quotient; mais aujourd'hui le *c* remplace le *q* dans tous les mots où l'*u* doit avoir le son de *ou*; le tréma n'est plus par conséquent nécessaire.

Y. Cette lettre a été introduite originairement dans l'alphabet espagnol avec le son de l'*i*, pour servir de voyelle dans les mots venant du grec, comme *lyra*, lyre; *pyra*, bûcher, etc. mais depuis on lui a substitué l'*i*, et ces mots s'écrivent aujourd'hui *lira*, *pira*, etc.

On a aussi employé long-temps l'*y* comme voyelle, au lieu de l'*i*, au milieu des mots entre une voyelle et une consonne, comme dans *ayre*, air; *buytre*, vautour, etc. qui s'écrivent aujourd'hui *aire*, *buitre*, etc.

L'*y* ne s'emploie aujourd'hui comme voyelle, au lieu de l'*i*, que dans la conjonction *y*, et; et à la fin des mots après une autre voyelle avec laquelle elle forme une diphtongue. Ex. *rey*, roi; *ley*, loi; pron. *reï*, *leï*. Partout ailleurs l'*y* est considéré comme consonne et doit être suivi d'une voyelle. Ex. *ensayar*, essayer ; *yerro*, erreur ; *ensayo*, essai ; pron. *ensa-yar*, *yerro*, *ensa-yo*.

Lorsque plusieurs voyelles, conservant chacune le son qui leur est propre, se réunissent en une seule syllabe, elles forment ce qu'on appelle une *diphtongue*, si elles sont au nombre de deux ; et une *triphtongue*, si elles sont au nombre de trois.

Il y a en espagnol *seize* diphtongues qui sont :
Ai ou *ay*. Ex. *dabais*, vous donniez ; *hay*, il y a ; pron. *dabaïs, haï.*

Au. Ex. *pausa*, pause ; pron. *paousa*.

Ei ou *ey*. Ex. *veis*, vous voyez ; *ley*, loi ; pron. *veïs, leï.*

Ea. Ex. *linea*, ligne ; *bóreas*, borée ; pron. *linea, boreas*.

Eo. Ex. *virgineo*, virginal ; pron. *virgineo*.

Eu. Ex. *deuda*, dette ; pron. *deouda*.

Ia. Ex. *gracia*, grâce ; pron. *gracia*.

Ie. Ex. *cielo*, ciel ; pron. *cielo*.

Io. Ex. *precio*, prix ; pron. *precio*.

Iu. Ex. *ciudad*, ville ; pron. *cioudad*.

Oe. Ex. *héroe*, héros ; pron. *heroe*.

Oi ou *oy*. Ex. *sois*, vous êtes ; *voy*, je vais ; pron. *soïs, voï.*

Ua. Ex. *fragua,* forge ; pron. *fragoua.*

Ue. Ex. *dueño,* maître ; pron. *douegno.*

Ui ou *uy.* Ex. *ruido,* bruit ; *muy,* très ; pron. *rouido, moui.*

Uo. Ex. *árduo,* difficile ; pron. *ardouo.*

Il y a en espagnol *quatre* triphtongues qui sont :

Iai. Ex. *preciais,* vous appréciez ; pron. *preciaïs.*

Iei. Ex. *vacieis,* vous videz ; pron. *vacieïs.*

Uai. Ex. *santiguais,* vous faites le signe de la croix ; pron. *santigouaïs.*

Uei ou *uey.* Ex. *buey,* bœuf ; pron. *boueï.*

Les vingt combinaisons de voyelles qu'on vient de voir ne forment pas toujours des diphtongues ou des triphtongues ; il y a des mots où les deux ou trois voyelles, au lieu de ne former qu'une seule syllabe, en forment deux, alors la voyelle sur laquelle la voix porte avec plus de force, et qui est par conséquent longue, est marquée d'un accent. Ex. *leí,* je lus ; *varía,* il varie ; *efectúa,* il effectue ; pron. *le-i, vari-a, efectou-a.*

DES CONSONNES.

B se prononce comme en français. Ex. *bueno,* bon ; *escribir,* écrire ; *beber,* boire ; *obtener,* obtenir, etc. pron. *boueno, escribir, beber, obtener,* etc.

Remarque. Beaucoup d'espagnols confondent le *b* avec le *v;* mais cette prononciation, qui est vicieuse, doit être soigneusement évitée.

C se prononce comme en français. Ex. *café*, café; *comercio*, commerce; *ciento*, cent; *cuarenta*, quarante, etc. pron. *café, comercio, ciento, cuarenta,* etc.

Remarque. Autrefois on employait le *ç;* mais le son représenté par ce caractère étant en espagnol absolument semblable à celui du *z*, on écrit aujourd'hui avec *z* les mots qui s'écrivaient alors avec *ç*.

CH. Ces deux lettres réunies, exprimant en espagnol un son simple, occupent dans l'alphabet de cette langue une place distincte entre les lettres *c* et *d;* elles se prononcent comme *tch* en français. Ex. *charlar*, bavarder; *chinche*, punaise; *chocolate*, chocolat; *chupar*, sucer, etc. pron. *tcharlar, tchintché, tchocolaté, tchoupar,* etc.

Remarque. Le *ch* a eu long-temps le son de *k* dans beaucoup de mots venant du grec et du latin; et lorsqu'il était suivi d'une voyelle, on marquait cette voyelle d'un accent circonflexe. Mais aujourd'hui tous les mots où le *ch* ayant le son de *k* était suivi d'une consonne, s'écrivent simplement par un *c*, et ceux où il était suivi d'une voyelle marquée d'un accent circonflexe, s'écrivent par *qu,* ce qui rend l'accent circonflexe inutile ; ainsi, *Christo, chîmica,* etc. qui se prononcent *Kristo, kimica,* etc. s'écrivent aujourd'hui *Cristo, química,* etc.

D se prononce comme en français. Ex. *dar,* donner ; *piedra,* pierre, etc. pron. *dar, piedra,* etc.

F se prononce comme en français. Ex. *fama,* renommée ; *franco,* franc, etc. pron. *fama, franco,* etc.

G devant les voyelles *a, o, u,* et devant les consonnes *l* et *r,* se prononce comme en français. Ex. *garganta,* gorge ; *golpe,* coup ; *guerra,* guerre ; *guia,* guide ; *guarda,* garde ; *granada,* grenade ; *argüir,* argumenter, etc. pron. *garganta, golpé, guerra, guia, gouarda, granada, argouir,* etc. Mais devant les voyelles *e* et *i,* le g a une prononciation gutturale qui ne peut s'exprimer par aucun son français, et qu'il faut par conséquent apprendre de vive voix. C'est une aspiration très-forte, à peu près semblable à celle que les Allemands expriment par le *ch.*

Gn ne se prononce pas comme en français ; on doit faire entendre le son du *g* et de l'*n* séparément, comme en latin. Ex. *digno,* digne ; *benigno,* bénin, etc. pron. *dig-no, benig-no,* etc.

H se prononce sans aspiration, comme en français, excepté devant la syllabe *ue*. Ex. *hombre*, homme ; *hora*, heure; *huevo*, œuf; *hueso*, os, etc. pron. *ombré, ora, houévo, houéço*, etc.

J a devant toutes les voyelles le son guttural du *g* devant *e* et *i*, qui ne peut s'exprimer par aucun son français, et qu'il faut par conséquent apprendre de vive voix.

L se prononce comme en français. Ex. *lindo*, joli ; *lugar*, lieu, etc. pron. *lindo, lougar*, etc.

LL. Ces deux lettres réunies, exprimant en espagnol un son simple, occupent dans l'alphabet de cette langue une place distincte entre les lettres *L* et *M* : elles se prononcent comme *l* mouillée en français. Ex. *muelle*, mole ; *bullir*, bouillir; *callar*, se taire, etc. pron. *moueillé, bouillir, caillar,* etc.

M se prononce comme en français, mais toujours avec le son clair, comme dans le mot *immortel*, et jamais avec le son nasal. Ex. *muro*, mur; *miel*, miel ; *imperial*, impérial, etc. pron. *mouro, miel, immpérial.*

N se prononce comme en français, mais toujours avec le son clair, comme dans le mot *inhabité*, et jamais avec le son nasal. Ex. *nadar*, nager; *ninguno*, aucun ; *aman*, ils aiment;

temen, ils craignent, etc. pron. *nadar, ninngouno, amann, temenn*, etc.

N se prononce comme *gn* français dans le mot *ignorant*. Ex. *niñez*, enfance ; *engañar*, tromper, etc. pron. *nignès, enngagnar*, etc.

P se prononce comme en français. Ex. *patria*, patrie ; *prado*, pré ; *partir*, partir, etc. pron. *patria, prado, partir*.

Remarque. On écrivait autrefois avec *ph* tous les mots venant du grec ou du latin, dans lesquels ces deux lettres se trouvent réunies pour exprimer le son de *f*; mais aujourd'hui tous ces mots s'écrivent avec une *f*. Ex. *filosofia*, philosophie ; *geografia*, géographie, etc.

Q. Cette lettre ne se rencontre en espagagnol que devant la voyelle *u*; lorsqu'elle est muette, elle se prononce comme *k* en français. Ex. *querer*, vouloir ; *que*, que ; *química*, chimie, etc. pron. *kérer, ké, kímica*, etc.

Remarque. *Q* s'employait aussi autrefois devant la voylle *u* ayant le son de *ou*, et il se prononçait alors comme *c* ; c'est ce qui a fait que, dans ce cas on lui a substitué la lettre *c* ; ainsi, au lieu de *qual*, quel ; *quanto*, combien ; *quaresma*, carême ; *qüestion*, question ; *qüociente*, quotient, etc. on écrit aujourd'hui *cual, cuanto, cuaresma, cuestion, cuociente*, etc. qui se prononcent *coual, couannto, couaresma, couestion, couocienté*, etc.

R. Cette lettre se prononce avec un son très-fort dans les cas suivans :

1°. Lorsqu'elle est double. Ex. *carro*, char; *barrer*, balayer, etc.

2°. Lorsqu'elle est au commencement du mot, ou au milieu après les consonnes *l, n* et *s*. Ex. *rústico*, rustique ; *malrotar*, gâter ; *enriquecer*, enrichir ; *desreglado*, déréglé, etc.

3°. Dans les mots composés des prépositions *ab, ob, sub, pre* et *pro*, lorsqu'elle suit immédiatement ces prépositions. Ex. *abrogar*, abroger ; *prorogar*, proroger, etc.

4°. Dans les mots composés de deux mots, dont le second commence par *r*. Ex. *maniroto*, prodigue ; *cariredondo*, qui a le visage rond, etc.

Partout ailleurs la lettre *r* se prononce absolument comme en français. Ex. *arado*, charrue; *amar*, aimer, etc.

Remarque. On écrivait autrefois avec *rh* certains mots venant du grec ; mais l'*h* étant muette dans tous ces mots, on l'a retranchée, et l'on écrit aujourd'hui *reuma*, rhume ; *catarro*, catarre, etc. au lieu de *rheuma, catarrho*, etc.

S. Cette lettre a toujours en espagnol le son qu'elle a en français au commencement des mots. Ex. *sabio*, sage; *famoso*, fameux; *rosas*, les roses, etc. pron. *sabio, famoço, roças*, etc.

T. Cette lettre a toujours en espagnol le son qu'elle a en français au commencement des mots. Ex. *tabaco*, tabac; *motivo*, motif, etc. pron. *tabaco, motivo*, etc.

Remarque. On écrivait autrefois avec *th* certains mots venant du grec, tels que *Theophilo*, Théophile; *theatro*, théâtre, etc. mais l'*h* étant muette dans tous ces mots, on l'a retranchée, et l'on écrit aujourd'hui *Teofilo, teatro*, etc.

V se prononce comme *v* français. Ex. *vino*, vin; *venir*, venir, etc. pron. *vino, venir*, etc.

X. Cette lettre a le son de *cs* en français. Ex. *extension*, extension; *sintaxis*, syntaxe; *exequias*, obsèques, etc. pron. *ecstension, sintacsis, ecsequiass*, etc.

Autrefois la lettre *x* suivie d'une voyelle exprimait en général un son guttural absolument semblable á celui du *j*; alors on marquait d'un accent circonflexe la voyelle suivante lorsque l'*x* devait avoir le son de *cs*, mais aujourd'hui que le *j* a été substitué à l'*x* partout où cette lettre avait le son guttural, et que l'*x* a toujours le son de *cs*, on a cessé de marquer d'un accent circonflexe la voyelle suivante, on n'écrit plus *exercicio, exército, sintaxîs, exêquias,* mais *ejercicio, ejército, sintaxis, exequias.*

La prononciation de l'*x* devant une consonne se rapprochant dans beaucoup de mots de celle de l'*s*, on peut subtituer l's à l'*x* dans ce cas-là pour adoucir la prononciation, et écrire *estrangero, estraño, estremo,* etc. au lieu de *extrangero, extraño, extremo,* etc.

Z se prononce comme *ç* en français. Ex. *azul,* bleu ; *zorzal,* grive : pron. *açoul, çorçal.*

SECONDE PARTIE.

DES DIFFÉRENTES ESPÈCES DE MOTS.

Il y a en espagnol huit espèces de mots ou parties du discours, qui sont l'*article*, le *nom*, le *pronom*, le *verbe*, l'*adverbe*, la *préposition*, la *conjonction* et l'*interjection*.

CHAPITRE PREMIER.

DE L'ARTICLE.

L'article est un mot qui se met devant les substantifs pris dans un sens déterminé.

Il n'y a en espagnol, de même qu'en français, qu'un seul article qui est *el, lo,* le ; *la,* la ; *los, las,* les.

El, le, se met devant un substantif masculin singulier. Ex. *el padre,* le père ; *el hombre,* l'homme ; *el pan,* le pain, etc.

Lo, le, se met devant un adjectif masculin singulier employé seul, sans qu'on puisse lui adjoindre un substantif. Ex. *lo bueno*, le bon ; *lo cierto*, le certain ; *lo incierto*, l'incertain, etc.

La, la, se met devant un substantif féminin singulier. Ex. *la madre*, la mère ; *la hermana*, la sœur ; *la honra*, l'honneur ; *la virgen*, la vierge, etc.

Los, les, se met devant un substantif masculin pluriel. Ex. *los hombres,* les hommes ; *los reyes,* les rois, etc.

Las, les, se met devant un substantif féminin pluriel. Ex. *las hermanas,* les sœurs ; *las reinas,* les reines, etc.

Lorsque l'article masculin *el* est précédé d'une de ces prépositions *de,* de, *á,* à, on réunit l'article et la préposition de la manière suivante :

de el se change en *del.* Ex. *del rey,* du roi.

á el se change en *al.* Ex. *al rey,* au roi.

Cette réunion de deux mots en un seul se nomme *contraction,* et les articles *del* et *al* résultant de cette contraction se nomment *articles composés.*

Remarque. On employoit autrefois l'article masculin *el* au lieu de l'article féminin *la* devant presque tous les substantifs féminins commençant par un *a* pour éviter la rencontre de deux *a,* et quelquefois même devant les adjectifs commençant par un *a* qui se trouvaient entre l'article et le substantif ; on disait *el alegría,* la joie ; *el alta sierra,* la haute montagne, etc. ; mais aujourd'hui l'article *el* ne s'emploie guère au lieu de l'article *la* que devant les substantifs *agua,* eau ; *alma,* ame ; *ala,* aile ; *águila,* aigle, et *ave,* oiseau ; on dit *el agua, el alma,* etc. au au lieu de *la agua, la alma,* etc.

CHAPITRE II.

DU NOM.

Le nom est un mot qui sert à désigner une personne ou une chose, ou à en exprimer la qualité ou la manière d'être. Dans le premier cas on le nomme *substantif,* et dans le second *adjectif.* Ex. *el hombre feliz,* l'homme heureux ; *la tierra fértil,* la terre fertile : ces mots *hombre, tierra,* sont substantifs ; *feliz, fértil,* sont adjectifs.

ARTICLE PREMIER.

DU SUBSTANTIF.

Les substantifs se divisent en substantifs propres et en substantifs appellatifs ou communs.

Le substantif propre est celui qui distingue un homme des autres hommes, une ville des autres villes. Ex. *Homero*, Homère ; *Virgilio*, Virgile ; *Paris*, Paris ; *Madrid*, Madrid.

Le substantif appellatif ou commun est celui qui convient à toute une espèce de personnes ou de choses. Ex. *hombre*, homme ; *muger*, femme.

On considère dans les substantifs deux choses principales, qui sont le genre et le nombre.

DES GENRES.

Le genre est un rapport des mots à l'un ou à l'autre sexe.

La division des objets en choses animées de sexes différens, et en choses inanimées, a donné naissance aux trois genres, savoir : le *genre masculin* pour les choses animées du sexe masculin, le *genre féminin* pour les choses animées du sexe féminin, et le *genre neutre* pour les choses inanimées ; mais l'usage s'étant écarté de cette division naturelle, dans la langue espagnole de même que dans la langue française, en n'adoptant que deux genres, le masculin et le féminin, et en attribuant l'un ou l'autre de ces deux genres aux substantifs de choses inanimées, sans avoir égard à leur signification, on a établi la distinction des genres dans les substantifs d'après leur terminaison, en observant 1°. que les substantifs servant à désigner les hommes et les animaux mâles, ainsi que les dignités et les professions des hommes, sont masculins, quelle que soit leur terminaison. Ex. *Juan*, Jean ; *el buey*, le bœuf ; *el zapatero*, le cordonnier, etc. 2°. que les substantifs servant à désigner les femmes et les femelles des animaux, ainsi que les dignités et les professions des femmes, sont féminins, quelle que soit leur terminaison. Ex. *Maria*, Marie ; *la vaca*, la vache ; *la zapatera*, la cordonnière, etc.

Il n'y a que *jaca* ou *haca*, un petit cheval, un bidet, qui soit féminin nonobstant sa signification.

Les substantifs espagnols sont terminés par une des voyelles *a, e, i,* ou *y, o, u,* ou par une des huit consonnes suivantes : *d, l, n, r, s, t, x, z.*

I. Les substantifs terminés en *a* sont féminins. Ex. *la casa*, la maison ; *la rosa*, la rose ; *la ventana*, la fenêtre, etc.

On en excepte les suivans qui sont masculins :

el *adema*,	l'étaie.
el *albacea*,	l'exécuteur testamentaire.
el *almea*,	l'écorce du storax.
el *anagrama*,	l'anagramme.
el *aneurisma*,	l'anévrisme.
el *antipoda*	l'antipode.
el *aporisma*,	l'échymose.

el apotegma,	l'apophthegme.
el axioma,	l'axiome.
el carisma,	le don céleste.
el clima,	le climat.
el crisma,	le chrême.
el dia,	le jour.
el diafragma,	le diaphragme.
el digama,	le digamme.
el dilema,	le dilemme.
el diploma,	le diplome.
el dogma,	le dogme.
el drama,	le drame.
el edema,	l'œdème.
el entimema,	l'enthymême.
el epigrama,	l'épigramme.
el Etna,	l'Etna.
el fa,	le fa (note de musique).
el guardacosta,	le garde-côte.
el guardavela,	la cargue des huniers.
el idioma,	l'idiome.
el largomira,	la lunette d'approche.
el lema,	le lemme.
el maná,	la manne.
el mapa,	la carte géographique.
el melodrama,	le mélodrame.
el numisma,	la monnaie, la médaille.
el paradigma,	le paradygme.

el pentagrama,	la portée (les cinq lignes de la musique).
el planeta,	la planète.
el poema,	le poëme.
el prisma,	le prisme.
el problema,	le problème.
el progimnasma,	l'essai.
el síntoma,	le symptôme
el sistema,	le système.
el sofisma,	le sophisme.
el tapaboca,	le coup sur la bouche.
el tema,	le thème.
el teorema,	le théorème.

Presque tous ces substantifs viennent du grec, et la plupart ont en espagnol le même genre qu'en français.

Les suivans, *albalá*, acquit; *anatema*, anathème; *cisma*, schisme; *emblema*, emblème; *hermafrodita*, hermaphrodite; *nema*, sceau; *neuma*, expression par signes, et *reuma*, rhume, s'emploient comme masculins et comme féminins.

II. Les substantifs terminés en *e* sont masculins. Ex. *el valle*, la vallée; *el diente*, la dent, etc.

On en excepte les suivans qui sont féminins :

la aguachirle,	la liqueur sans force.
la alache,	la sardine.
la alsine,	la morgeline.

la anagálide,	le mouron.
la azumbre,	(nom d'une mesure de liquides).
la barbarie,	la barbarie.
la base,	la base.
la calvicie,	la calvitie.
la calle,	la rue.
la capelardente,	la chapelle ardente.
la cariátide,	la cariatide.
la carne,	la viande.
la catástrofe,	la catastrophe.
la certidumbre,	la certitude.
la clase,	la classe.
la clave,	la clef.
la clemátide,	la clématite.
la cohorte,	la cohorte.
la compage,	l'assemblage.
la corambre,	le cuir.
la corte,	la cour d'un souverain.
la costumbre,	la coutume.
la crasicie,	la grosseur.
la creciente,	le croissant.
la cumbre,	le sommet.
la dulcedumbre,	la douceur.
la elatine,	la velvote.
la epipáctide,	l'elléborine.
la esferoide,	le sphéroïde.
la especie,	l'espèce.

la estirpe,	la race.
la etiópide,	la sclarée.
la falange,	la phalange (corps de troupes)
la fase,	la phase.
la fe,	la foi.
la fiebre,	la fièvre.
la fuente,	la fontaine.
la hambre,	la faim.
la helice,	la grande ourse.
la helsine,	la pariétaire.
la hemionite,	l'hémionite.
la herrumbre,	la rouille.
la hojaldre,	le feuilletage.
la hueste,	l'armée.
la incertidumbre,	l'incertitude.
la indole,	le caractère.
la ingle,	l'aine.
la intemperie,	l'intempérie.
la jiride,	le glaïeul puant.
la lande,	le gland.
la landre,	la glande.
la laringe,	le larynx.
la laude,	la tombe.
la leche,	le lait.
la legumbre,	le légume.
la lente,	la lentille (verre).
la lite,	le procès.

la llave,	la clef.
la lumbre,	la lumière.
la madre,	la mère.
la mansedumbre,	la douceur.
la muerte,	la mort.
la mugre,	la graisse.
la nave,	le vaisseau.
la nieve,	la neige.
la noche,	la nuit.
la nube,	la nuée.
la paralaxe,	la paralaxe.
la paraselene,	la paraselène.
la parte,	la partie.
la patente,	la patente.
la péplide,	le pourpier sauvage.
la pesadumbre,	le chagrin.
la peste,	la peste.
la pirámide,	la pyramide.
la planicie,	la plaine.
la plebe,	la populace.
la podre,	le pus.
la podredumbre,	la pourriture.
la pringue,	la graisse.
la progenie,	la lignée.
la prole,	la race.
la quiete,	le repos.
la salumbre,	la fleur de sel.

la salve,	le salvé.
la sangre,	le sang.
la sede,	la soif.
la serie,	la série.
la servidumbre,	la servitude.
la sirte,	l'écueil.
la suerte,	le sort.
la superficie,	la superficie.
la tarde,	le soir.
la teame,	la pierre d'Ethiopie.
la techumbre,	le toit élevé.
la temperie,	le tempérament.
la tilde,	le titre (-)
la torre,	la tour.
la trabe,	la poutre.
la trípode,	le trépied.
la troje,	le grenier à bled.
la ubre,	la graisse des mamelles.
la urdiembre, *la urdimbre,*	}la chaîne (de toile).
la varice,	la varice.

Arte, art; *dote,* dot; *puente,* pont, sont masculins ou féminins.

III. Les substantifs terminés en *i* et ceux terminés en *y* sont masculins. Ex. *el jabalí,* le sanglier; *el alelí,* la giroflée; *el rey,* le roi, etc.

On en excepte les suivans qui sont féminins :

la graciadei,	la gratiole.
la metrópoli,	la métropole.
la palmacristi,	le ricin.
la paráfrasi,	la paraphrase.
la grey,	le troupeau.
la ley,	la loi.

IV. Les substantifs terminés en *o* sont masculins. Ex. *el libro*, le livre ; *el saco*, le sac, etc. On en excepte *mano*, main, et *nao*, vaisseau, qui sont féminins.

V. Les substantifs terminés en *u* sont masculins. Ex. *el espiritu*, l'esprit ; *el biricú*, le ceinturon, etc. On en excepte *tribú*, tribu, qui est féminin.

VI. Les substantifs terminés en *d* sont féminins. Ex. *la bondad*, la bonté ; *la salud*, la santé, etc.

On en excepte les suivans qui sont masculins :

el alamud,	le verrou.
el almud,	(espèce de mesure).
el archilaud,	l'archiluth.
el ardid,	la ruse.
el ataud,	le cercueil.
el azud,	la levée dans un ruisseau.

el laud,	le luth.
el sud,	le sud.
el talmud,	le talmud.

VII. Les substantifs terminés en *l* sont masculins. Ex. *el sol,* le soleil; *el panal,* le rayon de miel, etc.

On en excepte les suivans qui sont féminins :

la aguamiel,	l'hydromel.
la cal,	la chaux.
la cárcel,	la prison.
la col,	le chou.
la decretal,	la décrétale.
la hiel,	le fiel.
la miel,	le miel,
la piel,	la peau.
la sal,	le sel.

Canal, canal, s'emploie comme masculin et comme féminin.

VIII. Les substantifs terminés en *n* sont masculins. Ex. *el pan,* le pain; *el almacen,* le magasin, etc.

On en excepte;

1°. Ceux terminés en *ion*, tels que *leccion,* leçon; *confesion,* confession; *condicion,* condition, etc. qui sont féminins, comme les substantifs français terminés en *on* ou en *ion*, auxquels ils correspondent.

2°. Les suivans :

la arrumazon,	l'arrimage.
la barbechazon,	la saison du premier labour.
la binazon,	le binage.
la cavazon,	la fouille.
la clavazon,	la garniture de clous.
la clin ou *la crin,*	la crinière.
la concion,	le discours.
la desazon,	le dégoût.
la imágen,	l'image.
la plomazon,	le coussinet de doreur.
la sarten,	la poêle.
la segazon,	le fauchage.
la sinrazon,	le tort.
la trabazon,	la liaison.

Márgen, bord, et *órden*, ordre, s'emploient comme masculins et comme féminins.

IX. Les substantifs terminés en *r* sont masculins. Ex. *el temor*, la crainte ; *el placer*, le plaisir, etc.

On en excepte les suivans qui sont féminins : *la bezaar, bezar* ou *bezoar*, le bézoard.

la flor,	la fleur.
la labor,	le travail.

la segur,	la hache.
la zoster,	{ la dartre autour de la ceinture.

Azúcar, sucre, et *mar*, mer, s'emploient comme masculins et comme féminins ; mais les composés de *mar*, tels que *bajamar*, basse mer; *pleamar*, pleine mer; *estrellamar*, muguet, sont toujours féminins.

X. Les substantifs terminés en *s* sont masculins. Ex. *el arnes*, le harnois ; *el mes*, le mois, etc.

On en excepte les suivans qui sont féminins :

la anagiris,	le bois puant.
la antiperistasis,	l'antipéristase.
la apoteósis,	l'apothéose.
la bácaris,	la gantelée.
la bilis,	la bile.
la colapiscis,	la colle de poisson.
la crisis,	la crise.
la diartrosis,	la diarthrose.
la diéresis,	la diérèse.
la enfitéusis,	l'emphytéose.
la epiglotis,	l'épiglotte.
la galiópsis,	l'ortie-morte.
la hematites,	l'hématite.
la hipóstasis,	l'hypostase.
la hipótesis,	l'hypothèse.

la macis,	le macis.
la metamorfósis,	la métamorphose.
la metemsicosis,	la métempsycose.
la mies,	la moisson.
la paraláxis,	la parallaxe.
la paralisis,	la paralysie.
la parenesis,	la parénèse.
la raquitis,	le rachitis.
la res,	la pièce de bétail.
la selenites,	la sélénite.
la sirenites,	la sirénite.
la sindéresis,	la syndérèse.
la sintáxis,	la syntaxe.
la tésis,	la thèse.
la tisis,	la phthisie.
la tos,	la toux.

Cutis, peau, s'emploie comme masculin et comme féminin.

Remarque. Cette règle ne s'applique qu'aux substantifs terminés au singulier en *s*; car tous les substantifs espagnols sont terminés au pluriel en *s*, et le pluriel suit toujours le genre du singulier. Les substantifs même qui ne sont usités qu'au pluriel se règlent pour le genre sur la terminaison qu'ils auraient au singulier, s'il était en usage ; ainsi, *exequias*, obsèques ; *albri-*

cias, étrennes ; *angarillas*, civière, sont féminins, parce que *exequia, albricia* et *angarilla*, s'ils étaient usités, seraient féminins, à cause de leur terminaison en *a; livianos,* poumon ; *viveres,* vivres, sont masculins, parce que *liviano* et *viver,* s'ils étaient usités, seraient masculins, à cause de leur terminaison en *o* et en *r.* Cependant *efemérides,* éphémérides ; *fasces,* faisceaux ; *fauces,* gosier ; *llares,* crémaillère ; *preces,* prières ; et *trébedes,* trépied, sont féminins, quoique *efeméride, fasce, fauce, llar, prez,* et *trébede,* dussent être masculins par leur terminaison.

XI. Les substantifs terminés en *t* sont masculins. Ex. *el cenit,* le zénith ; *el azimut,* l'azimuth.

XII. Les substantifs terminés en *x* sont masculins. Ex. *el carcax,* le carquois ; *el relox,* l'horloge, etc. On en excepte, *salsifrax,* saxifrage ; *sardónix,* sardoine ; et *trox,* grenier à blé, qui sont féminins.

XIII. Les substantifs terminés en *z* sont masculins. Ex. *el arroz,* le riz ; *el barniz,* le vernis ; *el almez,* l'alizier, etc.

On en excepte,

1°. Ceux terminés en *ez,* qui expriment une propriété ou une qualité, tels que *la palidez,* la pâleur ; *la sordez,* la surdité ; *la altivez,* la hauteur, etc. etc.

2°. Les suivans :

la cerviz,	le chignon du cou.
la cicatriz,	la cicatrice.
la contrahaz,	l'envers d'une étoffe.
la coz,	la ruade.
la cruz,	la croix.
la faz,	la face.
la haz,	l'endroit d'une étoffe.
la hez,	la lie.
la hoz,	la gorge.
la luz,	la lumière.
la matriz,	la matrice.
la nariz,	le nez.
la niñez,	l'enfance.
la nuez,	la noix.
la paz,	la paix.
la pez,	la poix.
la pomez,	la pierre ponce.
la raiz,	la racine.
la sobrehaz,	l'enveloppe.
la sobrepelliz,	le surplis.
la vez,	la fois.
la voz,	la voix.

Remarques.

1°. Les noms des lettres de l'alphabet sont féminins ; ainsi l'on dit, *la a, la be, la ce*, etc. l'a, le b, le c, etc.

2°. Il y a des substantifs qui, sans changer de terminaison, signifient le mâle et la femelle d'une espèce d'animaux, et qui ne s'emploient cependant que comme masculins ou comme féminins, selon que leur terminaison est masculine ou féminine, tels sont : *raton*, rat ; *milano*, milan ; *cuervo*, corbeau, etc. qui sont toujours masculins, même lorsqu'ils expriment une femelle de l'espèce qu'ils désignent, et *águila*, aigle ; *perdiz*, perdrix ; *anguila*, anguille, etc. qui sont toujours féminins, même lorsqu'ils expriment un mâle de l'espèce qu'ils désignent.

3°. Il y a enfin des substantifs qui, sans changer de terminaison, peuvent s'appliquer également aux hommes et aux femmes, mais qui changent de genre, selon le sexe de la personne dont il est question, tels sont : *virgen*, vierge ; *mártir*, martyr ; *testigo*, témoin ; *homicida*, homicide, etc. etc. qui sont masculins quand ils s'appliquent à un homme, et féminins lorsqu'ils s'appliquent à une femme.

DES NOMBRES.

Le nombre désigne ou l'unité ou la pluralité des objets. Il y a deux nombres, le *singulier* et le *pluriel;* le singulier indique un seul objet, le pluriel en indique plusieurs.

On appelle *collectifs* les substantifs qui, quoiqu'au singulier, présentent à l'esprit l'idée de plusieurs personnes ou de plusieurs choses réunies, tels sont: *el ejército,* l'armée ; *la gente,* le monde; *la multitud,* la multitude, etc.

D'après la définition du singulier et du pluriel, il est évident que les noms propres n'ont point de pluriel; il en est de même des substantifs appellatifs qui n'expriment qu'une seule idée, tels que les noms des métaux, des vertus, des vices, etc. et quoiqu'il semble que tous les autres substantifs puissent avoir les deux nombres, il y a en espagnol, comme en français, des substantifs qui ne s'emploient qu'au pluriel. Ex. *las albricias,* les étrennes; *las angarillas,* la civière; *las exequias,* les obsèques; *los viveres,* les vivres, etc. etc.

Le pluriel se forme du singulier par le changement de la terminaison.

Formation du pluriel dans les substantifs.

I. Les substantifs terminés par une voyelle non accentuée forment leur pluriel en ajoutant une *s*. Ex. *la casa*, la maison ; *las casas*, les maisons ; *el monte*, la montagne ; *los montes*, les montagnes ; *la metrópoli*, la métropole ; *las metrópolis*, les métropoles ; *el libro*, le livre ; *los libros*, les livres, etc.

II. Les substantifs terminés par une consonne, un *y*, ou une voyelle accentuée, forment leur pluriel en ajoutant *es*; et ceux terminés en *z* et en *x* changent pour le pluriel ces lettres en *c* et en *j*. Ex. *la verdad*, la vérité ; *las verdades*, les vérités ; *la razon*, la raison ; *las razones*, les raisons ; *el aleli*, la giroflée ; *los alelies*, les giroflées ; *el rey*, le roi ; *los reyes*, les rois ; *la cruz*, la croix ; *las cruces*, les croix ; *el relox*, l'horloge ; *los relojes*, les horloges, etc.

Il faut en excepter,

1°. *Papá, mamá* et *sofá*, et tous les substantifs terminés en *é*, tels que *café*, *canapé*, etc. qui prennent seulement une *s*.

2°. Tous les substantifs terminés en *s* ou en *z* qui ont l'accent sur une autre syllabe que la dernière, tels que *lúnes, mártes, tésis, hipótesis*, etc. lesquels ne varient point.

Maravedí, maravédis, fait au pluriel *maravedíes, maravedis* et *maravedises*.

ARTICLE II.

DE L'ADJECTIF.

Les adjectifs exprimant la qualité et la manière d'être des personnes et des choses désignées par les substantifs, et devant par conséquent s'accorder avec eux, sont également soumis à la distinction des genres et des nombres.

Les adjectifs ont les deux genres, le masculin et le féminin.

Le féminin des adjectifs se forme du masculin.

Les adjectifs ont les deux nombres, le singulier et le pluriel.

Dans les adjectifs, de même que dans les substantifs, le pluriel se forme du singulier.

Formation du féminin dans les adjectifs.

I. Les adjectifs terminés en *e* ne changent point pour le féminin. Ex. *grande*, grand ; *grande*, grande ; *dulce*, doux ; *dulce*, douce, etc.

II. Les adjectifs terminés en *o* forment leur féminin en changeant *o* en *a*. Ex. *bueno*, bon ; *buena*, bonne ; *hermoso*, beau ; *hermosa*, belle, etc.

III. Les adjectifs terminés en *l* ne changent point pour le féminin. Ex. *fácil*, facile ; *fácil*, facile ; *azul*, bleu ; *azul*, bleue ; *maternal*, maternel; *maternal,* maternelle, etc. excepté *español,* espagnol, qui fait au féminin *española,* espagnole.

IV. Les adjectifs terminés en *n* forment leur féminin en ajoutant un *a*. Ex. *holgazan,* fainéant; *holgazana,* fainéante; *haron,* lâche, mou; *harona,* lâche, molle, etc. On en excepte *ruin,* mauvais, et *comun,* commun, qui ne changent point pour le féminin.

V. Les adjectifs terminés en *r* forment leur féminin en ajoutant un *a*. Ex. *traidor,* traître; *traidora,* traîtresse; *protector,* protecteur; *protectora,* protectrice, etc. On en excepte *superior,* supérieur; *inferior,* inférieur; et ceux terminés en *ar*, tels que *familiar,* familier; *auxiliar,* auxiliaire, etc. qui ne changent point pour le féminin.

VI. Les adjectifs terminés en *s* et en *z* ne changent point pour le féminin. Ex. *cortes,* poli; *cortes,* polie; *capaz,* capable; *feliz,* heureux; *feliz,* heureuse, etc. On en excepte les noms de peuples qui prennent un *a* pour le féminin. Ex. *frances,* français; *francesa,* française; *andaluz,* andalous; *andaluza,* andalouse.

Formation du pluriel dans les adjectifs.

Le pluriel masculin et féminin des adjectifs se

forme du singulier masculin et féminin d'après la terminaison, en observant les règles que nous avons données pour les substantifs.

EXEMPLES.

Singulier.			Pluriel.	
MASC.		FÉM.	MASC.	FÉM.
grande,	grand,	*grande,*	*grandes,*	*grandes.*
hermoso,	beau,	*hermosa,*	*hermosos,*	*hermosas.*
fácil,	facile,	*fácil,*	*fáciles,*	*fáciles.*
holgazan,	fainéant,	*holgazana,*	*holgazanes,*	*holgazanas.*
comun,	commun,	*comun,*	*comunes,*	*comunes.*
traidor,	traître,	*traidora,*	*traidores,*	*traidoras.*
cortes,	poli,	*cortes,*	*corteses,*	*corteses.*

Remarques.

1°. Les adjectifs *bueno,* bon ; *malo,* mauvais ; *postrero,* dernier, perdent leur *o* final lorsqu'ils sont suivis immédiatement de leur substantif. Ex. *el buen hombre,* le bon homme ; *el buen libro,* le bon livre ; *el postrer dia,* le dernier jour.

2°. L'adjectif *grande,* grand, signifiant *grand en mérite, en qualités,* perd sa finale *de* lorsqu'il est suivi immédiatement de son substantif, et que ce substantif commence par une consonne. Ex. *la gran muger,* la grande femme ; *el gran poeta,* le grand poëte, etc. ; mais lorsqu'il est suivi d'un substantif commençant par une voyelle, ou qu'il exprime l'étendue, ou la dimension, il ne perd point sa dernière syllabe ; ainsi on dit, *la grande casa*, la grande maison ; *el grande amigo de mi padre*, le grand ami de mon père, etc.

3° *Santo*, saint, perd sa dernière syllabe devant les noms propres des saints. Ex. *San Pedro, San Juan*, etc. ; mais on dit, *Santo Domingo, Santo Tomas, Santo Tomé, Santo Torribio*.

Des degrés de qualification.

Les adjectifs peuvent qualifier les objets absolument, c'est-à-dire sans aucun rapport à d'autres objets, ou relativement à d'autres objets ; ce qui établit différens degrés de qualification, savoir : le *positif*, le *comparatif* et le *superlatif*.

Le *positif* est l'adjectif même, sans aucun rapport de comparaison ; c'est l'objet qualifié absolument. Ex. *el buen libro*, le bon livre ; *la hermosa muger*, la belle femme.

Le *comparatif*, ou second degré de qualification, est l'adjectif exprimant une comparaison dans la qualité de deux objets. Il résulte de cette comparaison ou un rapport de *supériorité*, ou un rapport d'*infériorité*, ou un rapport d'*égalité :* de là trois sortes de rapports ou de comparaisons.

Le rapport ou la comparaison de *supériorité* exprime une qualité à un degré plus élevé dans un objet que dans un autre. Cette comparaison se forme en espagnol de même qu'en français, en mettant devant l'adjectif l'adverbe *mas*, plus. Ex. *la rosa es* mas *bella que la viola*, la rose est *plus belle* que la violette.

Le rapport ou la comparaison *d'infériorité* exprime une qualité à un degré moins élevé dans un objet que dans un autre. Cette comparaison se forme en espagnol de même qu'en français, en faisant précéder l'adjectif de l'un des adverbes *ménos*, moins ; *no...tan*, ne...pas si. Ex. *la viola es* ménos bella *que la rosa*, ou *la viola no es* tan bella *como la rosa ;* la violette est *moins belle* que la rose, *ou* la violette n'est *pas si belle* que la rose.

Le rapport ou la comparaison *d'égalité* exprime une qualité à un même degré dans les objets comparés. Cette comparaison se forme en espagnol de même qu'en français, en mettant devant l'adjectif l'adverbe *tan*, aussi. Ex. *la rosa es* tan bella *como la tulipa*, la rose est *aussi belle* que la tulipe.

Le *superlatif*, ou troisième degré de qualification, est l'adjectif exprimant la qualité portée au suprême degré, avec rapport ou sans rapport à un autre objet. Dans le premier cas on l'appelle *superlatif relatif*, et dans le second *superlatif absolu*.

Le *superlatif relatif* exprime la qualité portée au degré le plus ou le moins élevé, avec rapport à un autre objet ; ce qui le fait distinguer en *superlatif relatif de supériorité* et en *superlatif relatif d'infériorité*.

Le *superlatif relatif de supériorité* se forme en espagnol de même qu'en français, en faisant précéder l'adjectif de l'article et de l'adverbe *mas*, plus. Ex. *él es* el mas docto *de los hombres*, il est *le plus savant* des hommes ; *ella es* la mas bella *de las mugeres*, elle est *la plus belle* des femmes.

Le *superlatif relatif d'infériorité* se forme comme en français, en faisant précéder l'adjectif de l'article et de l'adverbe *ménos*, moins. Ex. *él es* el ménos docto *de los hombres*, il est *le moins savant* des hommes.

Le *superlatif absolu* exprime la qualité portée au degré le plus élevé, sans aucun rapport à un autre objet ; il se forme comme en français, en faisant précéder l'adjectif de l'un des adverbes *muy*, très, fort ; *infinitamente*, infiniment, etc. Ex. *ella es* muy *amable*, elle est *fort* aimable.

Remarques.

I. Les Espagnols forment aussi le superlatif absolu de l'adjectif simple par le changement de la terminaison. Ex. *dulce*, doux; *dulcísimo*, très-doux; *dulce*, douce; *dulcísima*, très-douce. Mais ce changement de terminaison est sujet à tant d'irrégularités, qu'il n'y a que l'usage qui puisse servir de guide à cet égard. Nous ferons seulement observer qu'en général les superlatifs espagnols, formés par le changement de la terminaison, ont la plus grande analogie avec les superlatifs latins qui y correspondent.

Exemples.

amigo, ami;   *amicísimo*, très-ami.
antigo, ancien;   *antiquísimo*, très-ancien.
bueno, bon;   *bonísimo*, très-bon.
capaz, capable;   *capacísimo*, très-capable.
fiel, fidèle;   *fidelísimo*, très-fidèle.
fuerte, fort;   *fortísimo*, très-fort.
noble, noble;   *nobilísimo*, très-noble.
rico, riche;   *riquísimo*, très-riche.
sagrado, sacré;   *sacratísimo*, très-sacré.

Le superlatif formé par le changement de la terminaison de l'adjectif simple a une force d'expression bien plus grande que celui formé à l'aide de l'adverbe.

II. Les quatre adjectifs suivans forment leur comparatif de supériorité, et leur superlatif absolu d'une manière particulière.

POSITIF.	COMPARATIF.	SUPERLATIF.
bueno,	*mejor,*	*optimo.*
bon,	meilleur,	très-bon.
malo,	*peor,*	*pésimo.*
mauvais,	pire,	très-mauvais.
grande,	*mayor,*	*máximo.*
grand,	plus grand,	très-grand.
pequeño,	*menor,*	*mínimo.*
petit,	plus petit,	très-petit.

Le superlatif relatif de ces quatre adjectifs se forme comme en français, en mettant l'article devant leur comparatif.

Les comparatifs *mejor, peor, mayor, menor,* ne changent point pour le féminin.

Les quatre adjectifs dont nous venons de parler forment aussi leur comparatif et leur superlatif à la manière ordinaire.

ARTICLE III.

DES AUGMENTATIFS ET DES DIMINUTIFS.

Les Espagnols peuvent, en changeant la terminaison de beaucoup de substantifs et de quelques adjectifs, en former des *augmentatifs* et des *diminutifs*.

Les *augmentatifs* attachent aux objets désignés par les substantifs, ou aux qualités exprimées par les adjectifs d'où ils derivent, une idée de grandeur, de grosseur, et en général de laideur et de mépris. Ils se forment en ajoutant les finales *on, achon, azo, onazo,* ou *ote,* pour le masculin ; *ona, aza,* ou *onaza,* et quelque fois *on,* pour le féminin.

EXEMPLES :

Hombre, homme ; *hombron, hombrachon, hombrazo, hombronazo,* un homme grand ou gros.

Libro, livre ; *librote,* gros livre.

Palo, bâton ; *palote,* gros bâton.

Muger, femme ; *mugerona, mugeronaza, mugeraza,* une femme grande ou grosse.

Grande, grand ; *grandon, grandona, grandazo, grandaza, grandonazo, grandonaza, grandote,* d'une grandeur démesurée.

Olla, marmite ; *jicara,* tasse ; *ollon,* une grande marmite ; *jicaron,* grande tasse (masculins).

Les *diminutifs* attachent aux objets désignés par les substantifs, ou aux qualités exprimées par les adjectifs d'où ils dérivent, une idée de petitesse, et en général de gentillesse et de flatterie, quelquefois aussi de compassion. Les substantifs et les adjectifs masculins deviennent des diminutifs en prenant les terminaisons *ico, illo, ito, cico, cillo, cito, uelo, zuelo, ete, in,* ou *ejo ;* les substantifs et les adjectifs féminins en prenant les terminaisons *ica, illa, ita, cica, cilla, cita, uela, zuela* ou *in.* Il serait impossible de déterminer absolument dans quel cas il faut employer l'une ou l'autre de ces finales, c'est l'usage qui doit servir de guide ; mais on peut observer que les six premières, tant pour le masculin que pour le féminin, sont les plus usitées.

EXEMPLES :

Hombre, homme ; *hombrecillo, hombrecico, hombrecito, hombrezuelo,* petit homme.

Arroyo, ruisseau ; *arroyito, arroyuelo,* petit ruisseau.

Pájaro, oiseau ; *pajarito, pajarillo ;* petit oiseau, joli petit oiseau.

Corazon, cœur ; *corazoncillo, corazoncico, corazoncito,* petit cœur.

Muger, femme ; *mugercilla, mugercica, mugercita, mugerzuela,* petite femme, femmelette.

Peluca, perruque ; *peluquin*, petite perruque (masculin).

Espada, épée ; *espadin*, petite épée (masculin).

Animal, animal ; *animalejo*, petit animal.

Caudal, capital ; *caudalejo*, petit capital.

Viejo, vieillard ; *vejete*, petit vieillard.

Ovillo, peloton ; *ovillejo*, petit peloton.

Mozo, jeune homme ; *mozalvillo, mozalvete*, petit jeune homme.

Chico, petit ; *chiquillo, chiquito, chicuelo*, extrêmement petit, pauvre petit.

Chica, petite ; *chiquilla, chiquita, chicuela*, extrêmement petite, pauvre petite.

Pedro, Pierre, *Perico, Periquito, Periquillo*.

Maria, Marie ; *Marica, Mariquita, Mariquilla, Maricuela*.

Remarques.

1°. Les substantifs féminins qui prennent la terminaison *on* ou *in* forment des augmentatifs et des diminutifs masculins comme on l'a vu dans les exemples précédens.

2°. Il ne suffit pas de prendre garde à la terminaison pour savoir si un nom est un augmentatif ou un diminutif, il faut encore avoir égard à sa signification, parce qu'il y a des substantifs qui ne sont ni augmentatifs ni diminutifs, quoiqu'ils en aient la terminaison. Ainsi *fusilazo*, qui signifie un coup de fusil, n'est point un augmentatif de *fusil*, fusil; *acerico*, qui signifie une pelote à épingles, n'est point un diminutif de *acero*, acier, comme les terminaisons en *azo* et en *ico* pourraient le faire croire.

ARTICLE IV.

DES NOMS DE NOMBRE.

Les noms de nombre expriment la quantité ou l'ordre des personnes et des choses ; ils se divisent en *cardinaux*, *ordinaux*, *collectifs*, *partitifs* et *proportionnels*.

Les noms de nombre cardinaux et ordinaux sont adjectifs; les autres sont substantifs.

I.—NOMS DE NOMBRE CARDINAUX.

Les noms de nombre cardinaux, ainsi nommés parce qu'ils servent à former les autres, marquent la quantité des personnes ou des choses.

uno,	un.
dos,	deux.
tres,	trois.
cuatro,	quatre.

cinco,	cinq.
seis,	six.
siete,	sept.
ocho,	huit.
nueve,	neuf.
diez,	dix.
once,	onze.
doce,	douze.
trece,	treize.
catorce,	quatorze.
quince,	quinze.
diez y seis,	seize.
diez y siete,	dix-sept.
diez y ocho,	dix-huit.
diez y nueve,	dix-neuf.
veinte,	vingt.
veinte y uno,	vingt-un.
veinte y dos,	vingt-deux.
veinte y tres,	vingt-trois.
veinte y cuatro, etc.	vingt-quatre, etc.
treinta,	trente.
treinta y uno, etc.	trente-un, etc.
cuarenta,	quarante.
cincuenta,	cinquante.
sesenta,	soixante.
setenta,	soixante-dix.
setenta y uno,	soixante-onze.

setenta y dos,	soixante-douze.
setenta y tres,	soixante-treize.
setenta y cuatro,	soixante-quatorze.
setenta y cinco,	soixante-quinze.
setenta y seis,	soixante-seize.
setenta y siete,	soixante-dix-sept.
setenta y ocho,	soixante-dix-huit.
setenta y nueve,	soixante-dix-neuf.
ochenta,	quatre-vingts.
noventa,	quatre-vingt-dix.
noventa y uno,	quatre-vingt-onze.
noventa y dos, etc.	quatre-vingt-douze, etc.
ciento,	cent.
ciento y uno, etc.	cent un, etc.
docientos,	deux cents.
docientos y uno, etc.	deux cent un, etc.
trecientos,	trois cents.
cuatrocientos,	quatre cents.
quinientos,	cinq cents.
seiscientos,	six cents.
setecientos,	sept cents.
ochocientos,	huit cents.
novecientos,	neuf cents.
mil,	mille.
mil y ciento,	mille cent.
mil y docientos, etc.	mille deux cents, etc.

dos mil, etc.   deux mille, etc.
cien mil,   cent mille.
docientos mil, etc.   deux cent mille, etc.

Remarques.

1°. *Uno*, un, fait au féminin *una ;* les noms de nombre suivans jusque et y compris *ciento,* servent pour le masculin et pour le féminin ; *docientos,* deux cents ; *trecientos,* trois cents, jusques et y compris *novecientos,* neuf cents, font au féminin *docientas, trecientas, cuatrocientas,* etc. ; *mil* sert pour les deux genres.

2°. *Uno* perd son *o* final quand il est placé devant son substantif. Ex. *un médico,* un médecin ; *un profesor,* un professeur, etc. ; il en serait de même s'il se trouvait un adjectif entre les deux. Ex. *un sabio médico,* un savant médecin ; *un hábil profesor,* un habile professeur, etc.

3°. *Ciento* perd sa dernière syllabe lorsqu'il précède un substantif, et devant *mil.* Ex. *cien soldados,* cent soldats ; *cien mugeres,* cent femmes ; *cien mil soldados,* cent mille soldats.

II.—NOMS DE NOMBRE ORDINAUX.

Les noms de nombre ordinaux marquent le

rang que les personnes ou les choses occupent entre elles.

primero,	premier.
segundo,	second.
tercero,	troisième.
cuarto,	quatrième.
quinto,	cinquième.
sexto,	sixième.
séptimo,	septième.
octavo,	huitième.
nono,	neuvième.
décimo,	dixième.
undécimo,	onzième.
duodécimo,	douzième.
décimo tercio,	treizième.
décimo cuarto,	quatorzième.
décimo quinto,	quinzième.
décimo sexto,	seizième.
décimo séptimo,	dix-septième.
décimo octavo,	dix-huitième.
décimo nono,	dix-neuvième.
vigésimo,	vingtième.
vigésimo primo,	vingt-unième.
vigésimo segundo,	vingt-deuxième.
vigésimo tercio,	vingt-troisième.
vigésimo cuarto, etc.	vingt-quatrième, etc.
trigésimo,	trentième.

trigésimo primo, etc.	trente-unième, etc.
cuadragésimo,	quarantième.
quincuagésimo,	cinquantième.
sexagésimo,	soixantième.
septuagésimo,	soixante-dixième.
septuagésimo primo,	soixante-onzième.
septuagésimo segundo,	soixante-douzième.
septuagésimo tercio, etc.	soixante-treizième, etc.
octogésimo,	quatre-vingtième.
nonagésimo,	quatre-vingt-dixième.
nonagésimo primo,	quatre-vingt-onzième.
nonagésimo segundo,	quatre-vingt-douzième.
nonagésimo tercio, etc.	quatre-vingt-treizième.
centésimo,	centième.
centésimo primo, etc.	cent-unième, etc.
ducentésimo.	deux centième.
trecentésimo,	trois centième.
cuadringentésimo,	quatre centième.
quingentésimo,	cinq centième.
sexcentésimo,	six centième.
septingentésimo,	sept centième.
octogentésimo,	huit centième.
nonagentésimo,	neuf centième.
milésimo,	millième.

Remarques.

1°. Les nombres ordinaux suivent, pour la

formation du féminin et du pluriel, les règles des adjectifs.

2°. *Primero* et *tercero* ne s'emploient point après un autre nom de nombre; on fait usage à leur place de *primo* et de *tercio;* ainsi l'on dit, *vigésimo primo*, vingt-unième; *vigésimo tercio*, vingt-troisième, au lieu de *vigésimo primero*, *vigésimo tercero*.

3°. *Primero* et *tercero* perdent ordinairement leur *o* final, lorsqu'ils sont suivis immédiatement de leur substantif. Ex. *el primer hombre*, le premier homme; *el tercer dia*, le troisième jour.

4°. *Noveno*, neuvième; *deceno*, dixième; *onceno*, onzième; *doceno*, douzième; *treceno*, treizième; *catorceno*, quatorzième; *quinceno*, quinzième, ne sont presque plus en usage; on se sert préférablement de *nono*, *décimo*, etc.

III.—NOMS DE NOMBRE COLLECTIFS.

Les noms de nombre collectifs expriment une quantité déterminée de personnes ou de choses réunies et formant une collection. Ex. *decena*, dixaine; *docena*, douzaine; *quincena*, quinzaine; *veintena*, vingtaine; *centena*, centaine, *un millar*, un millier; *un millon*, un million.

IV.—NOMS DE NOMBRE PARTITIFS.

Les noms de nombre partitifs expriment les différentes parties d'un nombre par rapport au nombre entier. Ex. *la mitad*, la moitié; *el tercio*, le tiers; *el cuarto, la cuarta parte*, le quart; *la quinta parte*, le cinquième, etc.

V.—NOMS DE NOMBRE PROPORTIONNELS.

Les noms de nombre proportionnels marquent combien de fois une quantité est répétée, tels sont: *el duplo*, le double; *el triplo*, le triple; *el cuadruplo*, le quadruple; *el quintuplo*, le quintuple; *el centuplo*, le centuple.

CHAPITRE III.

DU PRONOM.

Le *pronom* est ainsi appelé, parce qu'il tient la place du nom. On distingue plusieurs espèces de pronoms; savoir, les *pronoms personnels*, les *pronoms possessifs*, les *pronoms démonstratifs*, les *pronoms relatifs*, les *pronoms interrogatifs* et les *pronoms indéterminés*.

I.—PRONOMS PERSONNELS.

Les pronoms personnels sont ainsi appelés, parce que dans le discours ils tiennent la place du nom des personnes ou des choses. Il y a trois personnes : la première personne est celle qui parle ; la seconde est celle à qui l'on parle ; la troisième est celle de qui l'on parle.

1re *Personne.*

Les pronoms de la première personne sont : *yo*, je, moi ; *me*, me ; *mi*, moi, pour le singulier ; *nosotros*, *nos*, nous, pour le pluriel ; *nosotros* fait au féminin *nosotras* ; les autres ne varient point pour le féminin. Ils ne servent tous que pour les personnes ou les choses personnifiées.

2° *Personne.*

Les pronoms de la seconde personne sont : *tú*, tu, toi ; *te*, te ; *ti*, toi, pour le singulier ; *vosotros*, *vos*, *os*, vous, pour le pluriel ; *vosotros* fait au féminin *vosotras* ; les autres ne varient point pour le féminin. Ils ne servent tous que pour les personnes ou les choses personnifiées.

3e *Personne.*

Les pronoms de la troisième personne sont :
Él, il, lui ; *le*, *lo*, le ; pour le singulier masculin.
Ellos, ils, eux ; *los*, les ; pour le pluriel masculin.
Ella, elle ; *la*, la ; pour le singulier féminin.
Ellas, elles ; *las*, les ; pour le pluriel féminin.

Le, lui ; pour le singulier des deux genres.
Les, leur ; pour le pluriel des deux genres.
Sí, soi, lui, elle, eux, elles ; pour les deux genres et les deux nombres.
Se, se, lui, elle, eux, elles, leur ; pour les deux genres et les deux nombres.

Les pronoms de la troisième personne servent pour les personnes et pour les choses.

Remarques.

1°. Lorsque les pronoms *mí, ti, sí* sont précédés de la préposition *con*, avec, ils se joignent à cette préposition de la manière suivante :

Au lieu de *con mí*, on dit *conmigo*, avec moi.
   con ti,   *contigo*, avec toi.
   con sí,   *consigo*, avec soi.

2°. Autrefois lorsque les pronoms personnels *él, ella, ellos, ellas*, étaient précédés de la préposition *de*, on joignait la préposition au pronom, en faisant la contraction, et l'on disait *dél, della, dellos, dellas ;* mais aujourd'hui cela n'a plus lieu, on écrit et on prononce *de él, de ella*, etc.

II.—Pronoms possessifs.

Les pronoms possessifs sont dérivés des pronoms personnels : on les appelle pronoms possessifs, parce qu'ils marquent que la chose dont on parle appartient à la personne ou à la chose qu'ils représentent.

Il y a deux espèces de pronoms possessifs: les uns sont toujours suivis d'un substantif avec lequel ils s'accordent en genre et en nombre ; on les appelle pronoms possessifs absolus ; les autres ne sont point suivis d'un substantif, mais ils se rapportent à un substantif précédent avec lequel ils s'accordent ; on les appelle pronoms possessifs relatifs.

Pronoms possessifs absolus.

Singulier masculin et féminin.

mi,	mon, ma.
tu,	ton, ta.
su,	son, sa, leur.
nuestro, nuestra,	notre.
vuestro, vuestra,	votre.

Pluriel masculin et féminin.

mis,	mes.
tus,	tes.
sus,	ses, leurs.
nuestros, nuestras,	nos.
vuestros, vuestras,	vos.

3*

Pronoms possessifs relatifs.

Singulier masculin.

el mio,	le mien.
el tuyo,	le tien.
el suyo,	le sien, le leur.
el nuestro,	le nôtre.
el vuestro,	le vôtre.

Singulier féminin.

la mia,	la mienne.
la tuya,	la tienne.
la suya,	la sienne, la leur.
la nuestra,	la nôtre.
la vuestra,	la vôtre.

Pluriel masculin.

los mios,	les miens.
los tuyos,	les tiens.
los suyos,	les siens, les leurs.
los nuestros,	les nôtres.
los vuestros,	les vôtres.

Pluriel féminin.

las mias,	les miennes.
las tuyas,	les tiennes.

las suyas, les siennes, les leurs.
las nuestras, les nôtres.
las vuestras, les vôtres.

Dans les pronoms possessifs, de même que dans les pronoms personnels, il y en a de la première, de la seconde et de la troisième personne.

mi,
mis,
nuestro, nuestra,
nuestros, nuestras, } sont de la 1re personne.
el mio, la mia,
los mios, las mias.
el nuestro, la nuestra,
los nuestros, las nuestras,

tu,
tus,
vuestro, vuestra,
vuestros, vuestras, } sont de la 2e personne.
el tuyo, la tuya,
los tuyos, las tuyas,
el vuestro, la vuestra,
los vuestros, las vuestras,

su,
sus, } sont de la 3e personne.
el suyo, la suya,
los suyos, las suyas,

III.—PRONOMS DÉMONSTRATIFS.

Les pronoms démonstratifs sont ainsi nommés, parce qu'ils désignent d'une manière particulière la personne ou la chose à laquelle ils se rapportent; ce sont les suivans :

Masculin.

este,	ce, cet, celui-ci.
estos,	ces, ceux-ci.
ese,	ce, cet, celui-là.
esos,	ces, ceux-là.
aquel,	ce, cet, celui, celui-là.
aquellos,	ces, ceux, ceux-là.
el,	celui.
los,	ceux.
el que, aquel que,	celui qui, celui que.
los que, aquellos que,	ceux qui, ceux que.
quien,	celui qui.
quienes,	ceux qui.
esto,	ce, ceci.
eso,	ce, cela.
aquello,	ce, cela.
ello,	cela.
lo que, aquello que,	ce qui, ce que.

Féminin.

esta,	cette, celle-ci.
estas,	ces, celles-ci.
esa,	cette, celle-là.

esas,	ces, celles-là.
aquella,	cette, celle, celle-là.
aquellas,	ces, celles, celles-là.
la,	celle.
las,	celles.
la que, aquella que,	celle qui, celle que.
las que, aquellas que,	celles qui, celles que.
quien,	celle qui.
quienes,	celles qui.

Remarques.

1°. On se sert de *este, esta, estos, estas,* et *esto,* lorsque l'objet que l'on désigne est proche, et de *ese, esa, esos, esas,* et *eso,* ou *aquel, aquella, aquellos, aquellas,* et *aquello,* quand l'objet est éloigné.

2°. *Esto, eso, ello, aquello, lo que, aquello que,* ne servent que pour les choses. *Quien, quienes,* ne servent que pour les personnes, les autres servent pour les personnes et les choses.

3°. *Este, esta, esto, ese, esa, eso, estos, estas, esos, esas,* suivis de l'adjectif *otro,* autre, se réunissent à lui en faisant une contraction et l'on dit *estotro, estotra, esotro, esotra, estotros, estotras, esotros, esotras,* cet autre, cette autre, etc.

4°. On trouve dans les anciens auteurs *aqueste, aquesta, aquese, aquesa,* etc. employés au lieu de *este, esta, ese, esa,* etc.

IV. — PRONOMS RELATIFS.

Les pronoms relatifs servent à rappeler des personnes ou des choses dont on a déjà parlé, pour les expliquer, ou pour les restreindre et les déterminer. On les appelle relatifs, à cause de la relation ou du rapport qu'ils ont à des noms ou à des pronoms qui les précèdent, et qui expriment les personnes ou les choses dont ils rappellent l'idée. Ces pronoms sont :

Que, qui, que, lequel, laquelle, lesquels, lesquelles.

Quien, qui, que, lequel, laquelle.

Quienes, qui, que, lesquels, lesquelles.

El cual, lequel ; *la cual,* laquelle.

Los cuales, lesquels ; *las cuales,* lesquelles.

Cuyo, cuya, cuyos, cuyas, dont, de qui, duquel, etc.

Remarques.

1°. Les pronoms *quien, quienes*, ne servent que pour les personnes, et dans les anciens auteurs on trouve *quien* employé au pluriel au lieu de *quienes*. Les autres pronoms relatifs servent pour les personnes et les choses.

2°. L'article qui fait partie du pronom *el cual* est sujet à la contraction, lorsqu'il est précédé de la préposition *de*.

3°. Le pronom *cuyo* ne s'emploie que devant un substantif avec lequel il puisse s'accorder. (Voyez la syntaxe des pronoms.)

V.—Pronoms interrogatifs.

Les pronoms interrogatifs, ainsi appelés parce qu'ils servent à demander ou à interroger, sont :

Quien? qui ? quel ? quelle ?
Quienes? qui ? quels ? quelles ?
Que? quoi ? quel ? quelle ? quels ? quelles ?
Cual? quel ? lequel ? laquelle ?
Cuales? quels ? lesquels ? lesquelles ?

Quien, quienes, ne servent que pour les personnes ; les autres servent pour les personnes et les choses.

VI.— Pronoms indéterminés.

Les pronoms indéterminés sont ceux qui n'ont qu'une signification vague et indéterminée, et qui indiquent les personnes ou les choses en général sans les particulariser. Ces pronoms sont :

Uno, una, un, une.
Unos, unas, quelques, des.
Alguno, alguna, quelque.
Algunos, algunas, quelques.
Ninguno, ninguna, aucun, aucune.
Ningunos, ningunas, aucuns, aucunes.

Otro, otra, autre.
Otros, otras, autres.
Todo, toda, tout, toute.
Todos, todas, tous, toutes.
Tal, tel, telle.
Tales, tels, telles.
Fulano, fulana, un tel, une telle.
Fulano y zutano, fulana y zutana, un tel et un tel, une telle et une telle.
Cierto, cierta, certain, certaine.
Ciertos, ciertas, certains, certaines.
Cualquier, ou *cualquiera,* quelconque.
Cualesquier, ou *cualesquiera,* quelconques.
Uno y otro, l'un et l'autre.
Una y otra, l'une et l'autre.
Unos y otros, les uns et les autres.
Unas y otras, les unes et les autres.
Ni uno ni otro, ni l'un ni l'autre.
Ni una ni otra, ni l'une ni l'autre.
Ni unos ni otros, ni les uns ni les autres.
Ni unas ni otras, ni les unes ni les autres.
Ni uno, ni una, pas un, pas une.
Cada, chaque.
Cada uno, cada una, chacun, chacun.
Quienquiera, quiconque, ⎫
Alguien, quelqu'un, ⎬ qui ne servent que pour les
Nadie, ninguno, personne. ⎭ personnes.

Muchos, muchas, plusieurs.
Se, on.

Remarque.—*Alguno* et *ninguno*, composés de *uno*, perdent leur *o* final dans tous les cas où celui-ci perd le sien (Voyez p. 5o.)

CHAPITRE IV.

DU VERBE.

Le *verbe* est une partie du discours qui exprime une action faite ou soufferte, un état ou une situation, et qui varie selon les modes, les temps, les personnes et les nombres.

DES MODES.

Les *modes* sont les différentes manières dont un verbe, en changeant de forme, exprime l'action, l'état, ou la situation des personnes ou des choses.

Il y a cinq modes qui sont : l'*indicatif*, le *conditionnel*, l'*impératif*, le *subjonctif* et l'*infinitif*.

DES TEMPS.

Les *temps* sont les divers changemens qu'un verbe éprouve pour indiquer le rapport de ce qu'il exprime au présent, au passé, ou à l'avenir. Il y a donc trois temps principaux qui sont : le *présent*, qui exprime une action présente; le *prétérit*, qui exprime une action passée, et le *futur*, qui exprime une action future.

En espagnol, de même qu'en français, ces trois temps principaux n'existent point distinctement dans tous les modes, et quelquefois aussi ils se subdivisent en plusieurs autres temps, afin de pouvoir exprimer avec plus de précision l'époque de l'action.

Tous les temps des verbes sont *simples* ou *composés*. Les *temps simples* sont ceux qui se forment par le changement seul de la terminaison du verbe, et les *temps composés* sont ceux qui se forment par le moyen d'un verbe auxiliaire et du participe passif du verbe.

On compte dans les verbes espagnols vingt-deux temps simples ou composés; huit dans l'indicatif, qui sont : le *présent*, le *prétérit imparfait* ou simplement l'*imparfait*, le *prétérit défini* ou *simple*, le *prétérit indéfini* ou *composé*, le *prétérit antérieur*, le *prétérit plusqueparfait* ou simplement le *plusqueparfait*, le *futur simple* et le *futur composé*; deux dans le conditionnel : le *présent*, qui sert aussi pour le futur, et le *passé*; ces deux temps s'expriment de deux manières; un dans l'impératif, six dans le subjonctif, qui sont : le *présent*, l'*imparfait*, qui s'exprime de deux manières, le *prétérit*, le *plusqueparfait* qui s'exprime de deux manières, le *futur simple* et le *futur composé;* enfin cinq dans l'infinitif : le *présent*, le *prétérit*, le *participe actif présent* et *passé*, et le *participe passif*.

DES PERSONNES.

Il y a trois personnes dans les verbes. La première est celle qui parle ; elle se désigne par les pronoms *yo*, je ; *nosotros*, nous. Ex. *yo amo*, j'aime ; *nosotros amamos*, nous aimons. La seconde est celle à qui l'on parle ; elle se désigne par les pronoms *tú*, tu ; *vosotros*, vous. Ex. *tú amas*, tu aimes ; *vosotros amais*, vous aimez. La troisième est celle de qui l'on parle ; elle se désigne par les pronoms *él*, il ; *ella*, elle ; *ellos*, ils ; *ellas*, elles, ou par un substantif. Ex. *él* ou *ella ama*, il ou elle aime ; *ellos* ou *ellas aman*, ils ou elles aiment ; *Pedro habla*, Pierre parle, etc. etc. Indépendamment des pronoms qui servent à désigner les personnes des verbes, elles se distinguent ordinairement entre elles par une terminaison différente.

En espagnol on supprime ordinairement les pronoms caractéristiques des personnes des verbes, surtout lorsque l'harmonie de la phrase le demande, et que la personne du verbe est suffisamment indiquée par le sens ou par sa terminaison.

DES NOMBRES.

Les verbes ont les deux nombres : le singulier, quand il n'est question que d'une seule personne ou d'une seule chose. Ex. *yo amo*, j'aime ; *tú amas*, tu aimes; *él ama*, il aime : le pluriel, quand il est question de plusieurs personnes ou de plusieurs choses. Ex. *nosotros amamos*, nous aimons ; *vosotros amais*, vous aimez ; *ellos aman*, ils aiment.

DES DIFFÉRENTES ESPÈCES DE VERBES.

Il y a quatre espèces de verbes : le *verbe actif*, le *verbe passif*, le *verbe neutre* et le *verbe pronominal*.

Le *verbe actif* exprime l'action d'une personne ou d'une chose sur une autre. Ex. *ama la virtud*, il aime la vertu.

Le *verbe passif* indique qu'une personne ou une chose souffre l'action d'une autre personne ou d'une autre chose. Ex. *los Moros fuéron vencidos por los Españoles*, les Maures furent vaincus par les Espagnols.

Le *verbe neutre* marque l'état ou la situation

d'une personne ou d'une chose. Ex. *yo duermo*, je dors.

Le *verbe pronominal* exprime l'action d'une personne ou d'une chose sur elle-même. Ex. *yo me arrepiento*, je me repens.

On distingue aussi les verbes en *auxiliaires, personnels, impersonnels, réguliers, irréguliers* et *défectifs*.

Le *verbe auxiliaire* est celui qui sert à former les temps composés des autres verbes.

Le *verbe personnel* est celui qui a toutes ses personnes.

Le *verbe impersonnel* est celui qui n'a que la troisième personne du singulier.

Le *verbe régulier* est celui dont tous les temps se forment régulièrement d'après des règles générales.

Le *verbe irrégulier* est celui qui, dans la formation de ses temps, s'éloigne des règles générales.

Le *verbe défectif* est celui à qui il manque des temps ou des personnes.

DE LA CONJUGAISON DES VERBES.

Faire subir à un verbe les divers changemens dont il est susceptible, selon les modes, les temps, les personnes et les nombres, c'est ce qu'on appelle *conjuguer*.

Il y a trois conjugaisons, c'est-à-dire trois manières de conjuguer, et c'est par la terminaison du présent de l'infinitif qu'on détermine à quelle conjugaison un verbe appartient.

La 1re conjugaison renferme tous les verbes dont le présent de l'infinitif est terminé en *ar*. Ex. *amar*, aimer; *cantar*, chanter; *acabar*, achever.

La 2e conjugaison renferme tous les verbes dont le présent de l'infinitif est terminé en *er*. Ex. *temer*, craindre; *comer*, manger.

La 3e conjugaison renferme tous les verbes dont le présent de l'infinitif est terminé en *ir*. Ex. *recibir*, recevoir; *escribir*, écrire.

Comme les quatre verbes auxiliaires *haber* et *tener*, avoir; *ser* et *estar*, être, sont indispensables pour conjuguer les autres verbes, nous commencerons par leur conjugaison.

DES VERBES.

Conjugaison du verbe auxiliaire

HABER, avoir.

INDICATIF.

PRÉSENT.

Singulier.

Yo he,   *j'ai.*
Tú has,   *tu as.*
Él *ou* ella ha,*   *il* ou *elle a.*

Pluriel.

Nosotros *ou* nosotras hemos,** *nous avons.*
Vosotros *ou* vosotras habeis,*** *vous avez.*
Ellos *ou* ellas han,   *ils* ou *elles ont.*

IMPARFAIT.

Singulier.

Yo habia,   *j'avais.*
Tú habias,   *tu avais.*
Él habia,   *il avait.*

* Quand le verbe *haber* est employé impersonnellement, il fait à la troisième personne *hay*, il y a.

** On disait autrefois *habemos*.

*** Autrefois les secondes personnes du pluriel de tous les verbes au lieu de se terminer en *is*, se terminaient en *des*; on disait *habedes, habiades, amástedes, temerédes*, etc. au lieu de *habeis, habiais, amásteis, temeréis*, etc.

Pluriel.

Nosotros habiamos,	*nous avions.*
Vosotros habiais,	*vous aviez.*
Ellos habian.	*ils avaient.*

PRÉTÉRIT DÉFINI.

Singulier.

Yo hube,*	*j'eus.*
Tú hubiste,	*tu eus.*
Él hubo,	*il eut.*

Pluriel.

Nosotros hubimos,	*nous eûmes.*
Vosotros hubísteis,**	*vous eûtes.*
Ellos hubiéron,	*ils eurent.*

PRÉTÉRIT INDÉFINI.

Singulier.

Yo he habido,	*j'ai eu.*
Tú has habido,	*tu as eu.*
Él ha habido,	*il a eu.*

* Autrefois *ove*, etc.

** Autrefois les secondes personnes du pluriel du prétérit de tous les verbes, au lieu de se terminer en *eis*, se terminaient en *edes*, ou en *es*; on disait *hubistedes* ou *hubistes*, *amástedes* ou *amastes*, etc. au lieu de *hubisteis*, *amásteis*, etc.

Pluriel.

Nosotros hemos habido, *nous avons eu.*
Vosotros habeis habido, *vous avez eu.*
Ellos han habido, *ils ont eu.*

PRÉTÉRIT ANTÉRIEUR.

Singulier.

Yo hube habido, *j'eus eu.*
Tú hubiste habido, *tu eus eu.*
Él hubo habido, *il eut eu.*

Pluriel.

Nosotros hubimos habido, *nous eûmes eu.*
Vosotros hubisteis habido, *vous eûtes eu.*
Ellos habiéron habido, *ils eurent eu.*

PLUSQUEPARFAIT.

Singulier.

Yo habia habido, *j'avais eu.*
Tú habias habido, *tu avais eu.*
Él habia habido, *il avait eu.*

Pluriel.

Nosotros habíamos habido, *nous avions eu.*
Vosotros habíais habido, *vous aviez eu.*
Ellos habian habido, *ils avaient eu.*

DES VERBES.

FUTUR SIMPLE.

Singulier.

Yo habré,	*j'aurai.*
Tú habrás,	*tu auras.*
Él habrá,	*il aura.*

Pluriel.

Nosotros habrémos,	*nous aurons.*
Vosotros habréis,	*vous aurez.*
Ellos habrán,	*ils auront.*

FUTUR COMPOSÉ.

Singulier.

Yo habré habido,	*j'aurai eu.*
Tú habrás habido,	*tu auras eu.*
Él habrá habido,	*il aura eu.*

Pluriel.

Nosotros habrémos habido,	*nous aurons eu.*
Vosotros habréis habido,	*vous aurez eu.*
Ellos habrán habido,	*ils auront eu.*

CONDITIONNEL.

PRÉSENT.

Singulier.

Yo habria *ou* hubiera,	*j'aurais.*
Tú habrias *ou* hubieras,	*tu aurais.*
Él habria *ou* hubiera,	*il aurait.*

DES VERBES.

Pluriel.

Nosotros habríamos *ou* hubiéramos, *nous aurions.*
Vosotros habríais *ou* hubiérais,   *vous auriez.*
Ellos habrian *ou* hubieran,   *ils auraient.*

PASSÉ.

Singulier.

Yo habria habido,   *j'aurais eu.*
Tú habrias habido,   *tu aurais eu.*
Él habria habido,   *il aurait eu.*

Pluriel.

Nosotros habríamos habido,   *nous aurions eu.*
Vosotros habríais habido,   *vous auriez eu.*
Ellos habrian habido,   *ils auraient eu.*

Autrement.

Singulier.

Yo hubiera habido,   *j'aurais eu.*
Tú hubieras habido,   *tu aurais eu.*
Él hubiera habido,   *il aurait eu.*

Pluriel.

Nosotros hubiéramos habido,   *nous aurions eu.*
Vosotros hubiérais habido,   *vous auriez eu.*
Ellos hubieran habido,   *ils auraient eu.*

IMPÉRATIF.*

Singulier.

(Point de première personne.)

Habe tú,	*aie.*
Haya él,	*qu'il ait.*

Pluriel.

Hayamos nosotros,	*ayons.*
Habed vosotros,	*ayez.*
Hayan ellos,	*qu'ils aient.*

SUBJONCTIF.

PRÉSENT.

Singulier.

Que yo haya,	*que j'aie.*
Que tú hayas,	*que tu aies.*
Que él haya,	*qu'il ait.*

Pluriel.

Que nosotros hayamos,	*que nous ayons.*
Que vosotros hayais,	*que vous ayez.*
Que ellos hayan,	*qu'ils aient.*

* Le verbe *haber* n'a point d'impératif, quand il est auxiliaire ; mais il en a un, quand il signifie *avoir, posséder.*

IMPARFAIT.

Singulier.

Que yo hubiese,	*que j'eusse.*
Que tú hubieses,	*que tu eusses.*
Que él hubiese,	*qu'il eût.*

Pluriel.

Que nosotros hubiésemos,	*que nous eussions.*
Que vosotros hubiéseis,	*que nous eussiez.*
Que ellos hubiesen,	*qu'ils eussent.*

Autrement.

Singulier.

Que yo hubiera,*	*que j'eusse.*
Que tú hubieras,	*que tu eusses.*
Que él hubiera,	*qu'il eût.*

Pluriel.

Que nosotros hubiéramos,	*que nous eussions.*
Que vosotros hubiérais,	*que vous eussiez.*
Que ellos hubieran,	*qu'ils eussent.*

* Dans tous les verbes la seconde forme de l'imparfait du subjonctif sert aussi pour le conditionnel présent, comme on l'a vu plus haut; elle servait encore autrefois pour le plusqueparfait de l'indicatif qui avait alors deux formes, l'une simple et l'autre composée; on disoit également *yo hubiera*, j'avais eu, ou *yo habia habido*, etc.

PRÉTÉRIT.

Singulier.

Que yo haya habido,   *que j'aie eu.*
Que tú hayas habido,   *que tu aies eu.*
Que él haya habido,   *qu'il ait eu.*

Pluriel.

Que nosotros hayamos habido, *que nous ayons eu.*
Que vosotros hayais habido,   *que vous ayez eu.*
Que ellos hayan habido,   *qu'ils aient eu.*

PLUSQUEPARFAIT.

Singulier.

Que yo hubiese habido,   *que j'eusse eu.*
Que tú hubieses habido,   *que tu eusses eu.*
Que él hubiese habido,   *qu'il eût eu.*

Pluriel.

Que nosotros hubiésemos habido, *que nous eussions eu.*
Que vosotros hubiéseis habido.   *que vous eussiez eu.*
Que ellos hubiesen habido,   *qu'ils eussent eu.*

Autrement.

Singulier.

Que yo hubiera habido,*   *que j'eusse eu.*
Que tú hubieras habido,   *que tu eusses eu.*
Que él hubiera habido,   *qu'il eût eu.*

* Cette seconde forme du plusqueparfait du subjonctif sert aussi pour le conditionnel passé, comme on l'a vu plus haut.

Pluriel.

Que nosotros hubiéramos habido, que nous eussions eu.
Que vosotros hubiérais habido, que vous eussiez eu.
Que ellos hubieran habido, qu'ils eussent eu.

FUTUR SIMPLE.

Singulier.

Cuando yo hubiere, quand j'aurai.
Cuando tú hubieres, quand tu auras.
Cuando él hubiere, quand il aura.

Pluriel.

Cuando nosotros hubiéremos, quand nous aurons.
Cuando vosotros hubiéreis, quand vous aurez.
Cuando ellos hubieren, quand ils auront.

FUTUR COMPOSÉ.

Singulier.

Cuando yo hubiere habido, quand j'aurai eu.
Cuando tú hubieres habido, quand tu auras eu.
Cuando él hubiere habido, quand il aura eu.

Pluriel.

Cuando nosotros hubiéremos habido, quand nous aurons eu.
Cuando vosotros hubiéreis habido, quand vous aurez eu.
Cuando ellos hubieren habido, quand ils auront eu.

INFINITIF.

PRÉSENT.

Haber, avoir.

DES VERBES.

PRÉTÉRIT.

Haber habido,   avoir eu.

PARTICIPE ACTIF.

Présent.

Habiendo,   ayant.

Passé.

Habiendo habido,   ayant eu.

PARTICIPE PASSIF.

Masculin.

Habido,   eu.

Féminin.

Habida,   eue.

Conjugaison du verbe auxiliaire

TENER, avoir.

INDICATIF.

PRÉSENT.

Singulier.

Yo tengo,   j'ai.
Tú tienes,   tu as.
Él tiene,   il a.

Pluriel.

Nosotros tenemos,   nous avons.
Vosotros teneis,   vous avez.
Ellos tienen,   ils ont.

IMPARFAIT.

Singulier.

Yo tenia,	j'avais.
Tú tenias,	tu avais.
Él tenia,	il avait.

Pluriel.

Nosotros teníamos,	nous avions.
Vosotros teníais,	vous aviez.
Ellos tenian,	ils avaient.

PRÉTÉRIT DÉFINI.

Singulier.

Yo tuve,	j'eus.
Tú tuviste,	tu eus.
Él tuvo,	il eut.

Pluriel.

Nosotros tuvimos,	nous eûmes.
Vosotros tuvísteis,	vous eûtes.
Ellos tuviéron,	ils eurent.

PRÉTÉRIT INDÉFINI.

Singulier.

Yo he tenido,	j'ai eu.
Tú has tenido,	tu as eu.
Él ha tenido,	il a eu.

4*

Pluriel.

Nosotros hemos tenido,   *nous avons eu.*
Vosotros habeis tenido,   *vous avez eu.*
Ellos han tenido,   *ils ont eu.*

PRÉTÉRIT ANTÉRIEUR.
Singulier.

Yo hube tenido,   *j'eus eu.*
Tú hubiste tenido,   *tu eus eu.*
Él hubo tenido,   *il eut eu.*

Pluriel.

Nosotros hubimos tenido,   *nous eûmes eu.*
Vosotros hubísteis tenido, *vous eûtes eu.*
Ellos hubiéron tenido,   *ils eurent eu.*

PLUSQUEPARFAIT.
Singulier.

Yo habia tenido,   *j'avais eu.*
Tú habias tenido,   *tu avais eu.*
Él habia tenido,   *il avait eu.*

Pluriel.

Nosotros habíamos tenido,   *nous avions eu.*
Vosotros habíais tenido,   *vous aviez eu.*
Ellos habian tenido,   *ils avaient eu.*

FUTUR SIMPLE.
Singulier.

Yo tendré,   *j'aurai.*
Tú tendrás,   *tu auras.*
Él tendrá,   *il aura.*

Pluriel.

Nosotros tendrémos, nous aurons.
Vosotros tendréis, vous aurez.
Ellos tendrán, ils auront.

FUTUR COMPOSÉ.

Singulier.

Yo habré tenido, j'aurai eu.
Tú habrás tenido, tu auras eu.
Él habrá tenido, il aura eu.

Pluriel.

Nosotros habrémos tenido, nous aurons eu.
Vosotros habréis tenido, vous aurez eu.
Ellos habrán tenido, ils auront eu.

CONDITIONNEL.

PRÉSENT.

Singulier.

Yo tendria *ou* tuviera, j'aurais.
Tú tendrias *ou* tuvieras, tu aurais.
Él tendria *ou* tuviera, il aurait.

Pluriel.

Nosotros tendríamos *ou* tuviéramos, nous aurions.
Vosotros tendríais *ou* tuviérais, vous auriez.
Ellos tendrian *ou* tuvieran, ils auraient.

DES VERBES.

PASSÉ.
Singulier.

Yo habria *ou* hubiera tenido,	*j'aurais eu.*
Tú habrias *ou* hubieras tenido,	*tu aurais eu.*
Él habria *ou* hubiera tenido,	*il aurait eu.*

Pluriel.

Nosotros habríamos *ou* hubiéramos tenido,	*nous aurions eu.*
Vosotros habríais *ou* hubiérais tenido,	*vous auriez eu.*
Ellos habrian *ou* hubieran tenido,	*ils auraient eu.*

IMPÉRATIF.
Singulier.

(*Point de première personne.*)

Ten tú,	*aie.*
Tenga él,	*qu'il ait.*

Pluriel.

Tengamos nosotros,	*que nous ayons.*
Tened vosotros,	*ayez.*
Tengan ellos,	*qu'ils aient.*

SUBJONCTIF.
PRÉSENT.
Singulier.

Que yo tenga,	*que j'aie.*
Que tú tengas,	*que tu aies.*
Que él **tenga**,	*qu'il ait.*

Pluriel.

Que nosotros tengamos, *que nous ayons.*
Que vosotros tengais, *que vous ayez.*
Que ellos tengan, *qu'ils aient.*

IMPARFAIT.

Singulier.

Que yo tuviese, *que j'eusse.*
Que tú tuvieses, *que tu eusses.*
Que él tuviese, *qu'il eût.*

Pluriel.

Que nosotros tuviésemos, *que nous eussions.*
Que vosotros tuviéseis, *que vous eussiez.*
Que ellos tuviesen, *qu'ils eussent.*

Autrement.

Singulier.

Que yo tuviera, *que j'eusse.*
Que tú tuvieras, *que tu eusses.*
Que él tuviera, *qu'il eût.*

Pluriel.

Que nosotros tuviéramos, *que nous eussions.*
Que vosotros tuviérais, *que vous eussiez.*
Que ellos tuvieran, *qu'ils eussent.*

PRÉTÉRIT.

Singulier.

Que yo haya tenido,   *que j'aie eu.*
Que tú hayas tenido,   *que tu aies eu.*
Que él haya tenido,   *qu'il ait eu.*

Pluriel.

Que nosotros hayamos tenido, *que nous ayons eu.*
Que vosotros hayais tenido,   *que vous ayez eu.*
Que ellos hayan tenido,   *qu'ils aient eu.*

PLUSQUEPARFAIT.

Singulier.

Que yo hubiese tenido,   *que j'eusse eu.*
Que tú hubieses tenido,   *que tu eusses eu.*
Que él hubiese tenido,   *qu'il eût eu.*

Pluriel.

Que nosotros hubiésemos tenido,   *que nous eussions eu.*
Que vosotros hubiéseis tenido,   *que vous eussiez eu.*
Que ellos hubiesen tenido,   *qu'ils eussent eu.*

Autrement.

Singulier.

Que yo hubiera tenido,   *que j'eusse eu.*
Que tú hubieras tenido,   *que tu eusses eu.*
Que él hubiera tenido,   *qu'il eût eu.*

Pluriel.

Que nosotros hubiéramos tenido, *que nous eussions eu.*
Que vosotros hubiérais tenido, *que vous eussiez eu.*
Que ellos hubieran tenido, *qu'ils eussent eu.*

FUTUR SIMPLE.

Singulier.

Cuando yo tuviere, *quand j'aurai.*
Cuando tú tuvieres, *quand tu auras.*
Cuando él tuviere, *quand il aura.*

Pluriel.

Cuando nosotros tuviéremos, *quand nous aurons.*
Cuando vosotros tuviéreis, *quand vous aurez.*
Cuando ellos tuvieren, *quand ils auront.*

FUTUR COMPOSÉ.

Singulier.

Cuando yo hubiere tenido, *quand j'aurai eu.*
Cuando tú hubieres tenido, *quand tu auras eu.*
Cuando él hubiere tenido, *quand il aura eu.*

Pluriel.

Cuando nosotros hubiéremos tenido, *quand nous aurons eu.*
Cuando vosotros hubiéreis tenido, *quand vous aurez eu.*
Cuando ellos hubieren tenido, *quand ils auront eu.*

DES VERBES.
INFINITIF.
PRÉSENT.

Tener, *avoir.*

PRÉTÉRIT.

Haber tenido, *avoir eu.*

PARTICIPE ACTIF.
Présent.

Teniendo, *ayant.*

Passé.

Habiendo tenido, *ayant eu.*

PARTICIPE PASSIF.
Masculin.

Tenido, *eu.*

Féminin.

Tenida, *eue.*

Conjugaison du verbe auxiliaire
SER, être.

INDICATIF.
PRÉSENT.
Singulier.

Yo soy,*   *je suis.*
Tú eres,   *tu es.*
Él es,   *il est.*

* Autrefois *so.*

DES VERBES.

Pluriel.

Nosotros somos, nous sommes.
Vosotros sois,   vous êtes.
Ellos son,   ils sont.

IMPARFAIT.

Singulier.

Yo era,   j'étais.
Tú eras, tu étais.
Él era,   il était.

Pluriel.

Nosotros éramos, nous étions.
Vosotros érais,   vous étiez.
Ellos eran,   ils étaient.

PRÉTÉRIT DÉFINI.

Singulier.

Yo fui,   je fus.
Tú fuiste, tu fus.
Él fué,   il fut.

Pluriel.

Nosotros fuimos,   nous fûmes.
Vosotros fuisteis, vous fûtes.
Ellos fuéron,   ils furent.

PRÉTÉRIT INDÉFINI.

Singulier.

Yo he sido,	j'ai été.
Tú has sido,	tu as été.
Él ha sido,	il a été.

Pluriel.

Nosotros hemos sido,	nous avons été.
Vosotros habeis sido,	vous avez été.
Ellos han sido,	ils ont été.

PRÉTÉRIT ANTÉRIEUR.

Singulier.

Yo hube sido,	j'eus été.
Tú hubiste sido,	tu eus été.
Él hubo sido,	il eut été.

Pluriel.

Nosotros hubimos sido,	nous eûmes été.
Vosotros hubísteis sido,	vous eûtes été.
Ellos hubiéron sido,	ils eurent été.

PLUSQUEPARFAIT.

Singulier.

Yo habia sido,	j'avais été.
Tú habias sido,	tu avais été.
Él habia sido,	il avait été.

Pluriel.

Nosotros habíamos sido,   *nous avions été.*
Vosotros habíais sido,   *vous aviez été.*
Ellos habian sido,   *ils avaient été.*

FUTUR SIMPLE.

Singulier.

Yo seré,   *je serai.*
Tú serás,   *tu seras.*
Él será,   *il sera.*

Pluriel.

Nosotros serémos,   *nous serons.*
Vosotros seréis,   *vous serez.*
Ellos serán,   *ils seront.*

FUTUR COMPOSÉ.

Singulier.

Yo habré sido,   *j'aurai été.*
Tú habrás sido,   *tu auras été.*
Él habrá sido,   *il aura été.*

Pluriel.

Nosotros habrémos sido,   *nous aurons été.*
Vosotros habréis sido,   *vous aurez été.*
Ellos habrán sido,   *ils auront été.*

CONDITIONNEL.

PRÉSENT.

Singulier.

Yo seria *ou* fuera,	*je serais.*
Tú serias *ou* fueras,	*tu serais.*
Él seria *ou* fuera,	*il serait.*

Pluriel.

Nosotros seriamos *ou* fuéramos,	*nous serions.*
Vosotros seríais *ou* fuérais,	*vous seriez.*
Ellos serian *ou* fueran,	*ils seraient.*

PASSÉ.

Singulier.

Yo habria *ou* hubiera sido,	*j'aurais été.*
Tú habrias *ou* hubieras sido,	*tu aurais été.*
Él habria *ou* hubiera sido,	*il aurait été.*

Pluriel.

Nosotros habriamos *ou* hubiéramos sido,	*nous aurions été.*
Vosotros habriais *ou* hubiérais sido,	*vous auriez été.*
Ellos habrian *ou* hubieran sido,	*ils auraient été.*

IMPÉRATIF.

Singulier.

(*Point de première personne.*)

Se tú,* sois.
Sea él, qu'il soit.

Pluriel.

Seamos nosotros, soyons.
Sed vosotros, soyez.
Sean ellos, qu'ils soient.

SUBJONCTIF.

PRÉSENT.

Singulier.

Que yo sea, que je sois.
Que tú seas, que tu sois.
Que él sea, qu'il soit.

Pluriel.

Que nosotros seamos, que nous soyons.
Que vosotros seais, que vous soyez.
Que ellos sean, qu'ils soient.

IMPARFAIT.

Singulier.

Que yo fuese *ou* fuera, que je fusse.
Que tú fueses *ou* fueras, que tu fusses.
Que él fuese *ou* fuera, qu'il fût.

---

* Autrefois la seconde personne du singulier de l'impératif était *sey tú*.

Pluriel.

Que nosotros fuésemos *ou* fuéramos,   *que nous fussions.*
Que vosotros fuéseis *ou* fuérais,   *que vous fussiez.*
Que ellos fuesen *ou* fueran,   *qu'ils fussent.*

PRÉTÉRIT.

Singulier.

Que yo haya sido,   *que j'aie été.*
Que tú hayas sido,   *que tu aies été.*
Que él haya sido,   *qu'il ait été.*

Pluriel.

Que nosotros hayamos sido,   *que nous ayons été.*
Que vosotros hayais sido,   *que vous ayez été.*
Que ellos hayan sido,   *qu'ils aient été.*

PLUSQUEPARFAIT.

Singulier.

Que yo hubiese sido,   *que j'eusse été.*
Que tú hubieses sido,   *que tu eusses été.*
Que él hubiese sido,   *qu'il eût été.*

Pluriel.

Que nosotros hubiésemos sido,   *que nous eussions été.*
Que vosotros hubiéseis sido,   *que vous eussiez été.*
Que ellos hubiesen sido,   *qu'ils eussent été.*

Autrement.

Singulier.

Que yo hubiera sido, *que j'eusse été.*
Que tú hubieras sido, *que tu eusses été.*
Que él hubiera sido, *qu'il eût été.*

Pluriel.

Que nosotros hubiéramos sido, *que nous eussions été.*
Que vosotros hubiérais sido, *que vous eussiez été.*
Que ellos hubieran sido, *qu'ils eussent été.*

FUTUR SIMPLE.

Singulier.

Cuando yo fuere, *quand je serai.*
Cuando tú fueres, *quand tu seras.*
Cuando él fuere, *quand il sera.*

Pluriel.

Cuando nosotros fuéremos, *quand nous serons.*
Cuando vosotros fuéreis, *quand vous serez.*
Cuando ellos fueren, *quand ils seront.*

FUTUR COMPOSÉ.

Singulier.

Cuando yo hubiere sido, *quand j'aurai été.*
Cuando tú hubieres sido, *quand tu auras été.*
Cuando él hubiere sido, *quand il aura été.*

Pluriel.

Cuando nosotros hubiéremos sido,	*quand nous aurons été.*
Cuando vosotros hubiéreis sido,	*quand vous aurez été.*
Cuando ellos hubieren sido,	*quand ils auront été.*

INFINITIF.

PRÉSENT.

Ser,	*être.*

PRÉTÉRIT.

Haber sido,	*avoir été.*

PARTICIPE ACTIF.

Présent.

Siendo,	*étant.*

Passé.

Habiendo sido,	*ayant été.*

PARTICIPE PASSIF.

Masculin.

Sido,	*été.*

Féminin.

Sida,	*été.*

Conjugaison du verbe auxiliaire

ESTAR, être.

INDICATIF.

PRÉSENT.

Singulier.

Yo estoy,	*je suis.*
Tú estás,	*tu es.*
Él está,	*il est.*

Pluriel.

Nosotros estamos,	*nous sommes.*
Vosotros estais,	*vous êtes.*
Ellos estan,	*ils sont.*

IMPARFAIT.

Singulier.

Yo estaba,	*j'étais.*
Tú estabas,	*tu étais.*
Él estaba,	*il était.*

Pluriel.

Nosotros estábamos,	*nous étions.*
Vosotros estábais,	*vous étiez.*
Ellos estaban,	*ils étaient.*

PRÉTÉRIT DÉFINI.
Singulier.

Yo estuve,	*je fus.*
Tú estuviste,	*tu fus.*
Él estuvo,	*il fut.*

Pluriel.

Nosotros estuvimos,	*nous fûmes.*
Vosotros estuvísteis,	*vous fûtes.*
Ellos estuviéron,	*ils furent.*

PRÉTÉRIT INDÉFINI.
Singulier.

Yo he estado,	*j'ai été.*
Tú has estado,	*tu as été.*
Él ha estado,	*il a été.*

Pluriel.

Nosotros hemos estado,	*nous avons été.*
Vosotros habeis estado,	*vous avez été.*
Ellos han estado,	*ils ont été.*

PRÉTÉRIT ANTÉRIEUR.
Singulier.

Yo hube estado,	*j'eus été.*
Tú hubiste estado,	*tu eus été.*
Él hubo estado,	*il eut été.*

Pluriel.

Nosotros hubimos estado,   *nous eûmes été.*
Vosotros hubísteis estado,   *vous eûtes été.*
Ellos hubiéron estado,   *ils eurent été.*

PLUSQUEPARFAIT.

Singulier.

Yo habia estado,   *j'avais été.*
Tú habias estado,   *tu avais été.*
Él habia estado,   *il avait été.*

Pluriel.

Nosotros habíamos estado,   *nous avions été.*
Vosotros habíais estado,   *vous aviez été.*
Ellos habian estado,   *ils avaient été.*

FUTUR SIMPLE.

Singulier.

Yo estaré,   *je serai.*
Tú estarás,   *tu seras.*
Él estará,   *il sera.*

Pluriel.

Nosotros estarémos,   *nous serons.*
Vosotros estaréis,   *vous serez.*
Ellos estarán,   *ils seront.*

FUTUR COMPOSÉ.

Singulier.

Yo habré estado,	j'aurai été.
Tú habrás estado,	tu auras été.
Él habrá estado,	il aura été.

Pluriel.

Nosotros habrémos estado,	nous aurons été.
Vosotros habréis estado,	vous aurez été.
Ellos habrán estado,	ils auront été.

CONDITIONNEL.

PRÉSENT.

Singulier.

Yo estaria *ou* estuviera,	je serais.
Tú estarias *ou* estuvieras,	tu serais.
Él estaria *ou* estuviera,	il serait.

Pluriel.

Nosotros estaríamos *ou* estuviéramos,	nous serions.
Vosotros estaríais *ou* estuviérais,	vous seriez.
Ellos estarian *ou* estuvieran,	ils seraient.

PASSÉ.

Singulier.

Yo habria estado,	j'aurais été.
Tú habrias estado,	tu aurais été.
Él habria estado,	il aurait été.

Pluriel.

Nosotros habríamos estado,	*nous aurions été.*
Vosotros habríais estado,	*vous auriez été.*
Ellos habrian estado,	*ils auraient été.*

Autrement.

Singulier.

Yo hubiera estado,	*j'aurais été.*
Tú hubieras estado,	*tu aurais été.*
Él hubiera estado,	*il aurait été.*

Pluriel.

Nosotros hubiéramos estado,	*nous aurions été.*
Vosotros hubiérais estado,	*vous auriez été.*
Ellos hubieran estado,	*ils auraient été.*

IMPÉRATIF.

Singulier.

(Point de première personne.)

Está tú,	*sois.*
Esté él,	*qu'il soit.*

Pluriel.

Estemos,	*soyons.*
Estad vosotros,	*soyez.*
Esten ellos,	*qu'ils soient.*

DES VERBES.

SUBJONCTIF.

PRÉSENT.

Singulier.

Que yo esté,	*que je sois.*
Que tú estes,	*que tu sois.*
Que él esté,	*qu'il soit.*

Pluriel.

Que nosotros estemos,	*que nous soyons.*
Que vosotros esteis,	*que vous soyez.*
Que ellos esten,	*qu'ils soient.*

IMPARFAIT.

Singulier.

Que yo estuviese,	*que je fusse.*
Que tú estuvieses,	*que tu fusses.*
Que él estuviese,	*qu'il fût.*

Pluriel.

Que nosotros estuviésemos,	*que nous fussions.*
Que vosotros estuviéseis,	*que vous fussiez.*
Que ellos estuviesen,	*qu'ils fussent.*

Autrement.

Singulier.

Que yo estuviera,	*que je fusse.*
Que tú estuvieras,	*que tu fusses.*
Que él estuviera,	*qu'il fût.*

DES VERBES.

Pluriel.

Que nosotros estuviéramos, que nous fussions.
Que vosotros estuviérais, que vous fussiez.
Que ellos estuvieran, qu'ils fussent.

PRÉTÉRIT.

Singulier.

Que yo haya estado, que j'aie été.
Que tú hayas estado, que tu aies été.
Que él haya estado, qu'il ait été.

Pluriel.

Que nosotros hayamos estado, que nous ayons été.
Que vosotros hayais estado, que vous ayez été.
Que ellos hayan estado, qu'ils aient été.

PLUSQUEPARFAIT.

Singulier.

Que yo hubiese estado, que j'eusse été.
Que tú hubieses estado, que tu eusses été.
Que él hubiese estado, qu'il eût été.

Pluriel.

Que nosotros hubiésemos estado, que nous eussions été.
Que vosotros hubiéseis estado, que vous eussiez été.
Que ellos hubiesen estado, qu'ils eussent été.

Autrement.

Singulier.

Que yo hubiera estado,   *que j'eusse été.*
Que tú hubieras estado,   *que tu eusses été.*
Que él hubiera estado,   *qu'il eût été.*

Pluriel.

Que nosotros hubiéramos estado,   *que nous eussions été.*
Que vosotros hubiérais estado,   *que vous eussiez été.*
Que ellos hubieran estado,   *qu'ils eussent été.*

FUTUR SIMPLE.

Singulier.

Cuando yo estuviere,   *quand je serai.*
Cuando tú estuvieres,   *quand tu seras.*
Cuando él estuviere,   *quand il sera.*

Pluriel.

Cuando nosotros estuviéremos,   *quand nous serons.*
Cuando vosotros estuviéreis,   *quand vous serez.*
Cuando ellos estuvieren,   *quand ils seront.*

FUTUR COMPOSÉ.

Singulier.

Cuando yo hubiere estado,   *quand j'aurai été.*
Cuando tú hubieres estado,   *quand tu auras été.*
Cuando él hubiere estado,   *quand il aura été.*

Pluriel.

Cuando nosotros hubiéremos estado, *quand nous aurons été.*
Cuando vosotros hubiéreis estado, *quand vous aurez été.*
Cuando ellos hubieren estado, *quand ils auront été.*

INFINITIF.

PRÉSENT.

Estar, *être.*

PRÉTÉRIT.

Haber estado, *avoir été.*

PARTICIPE ACTIF.

Présent.

Estando, *étant.*

Passé.

Habiendo estado, *ayant été.*

PARTICIPE PASSIF.

Estado, *été.*

CONJUGAISON DES VERBES ACTIFS.

Première conjugaison.

AMAR, aimer.

INDICATIF.

PRÉSENT.

Singulier.

Yo amo,   j'aime.
Tú amas,   tu aimes.
Él ama,   il aime.

Pluriel.

Nosotros amamos,   nous aimons.
Vosotros amais,   vous aimez.
Ellos aman,   ils aiment.

IMPARFAIT.

Singulier.

Yo amaba,   j'aimais.
Tú amabas,   tu aimais.
Él amaba,   il aimait.

Pluriel.

Nosotros amábamos,   nous aimions.
Vosotros amábais,   vous aimiez.
Ellos amaban,   ils aimaient.

DES VERBES.

PRÉTÉRIT DÉFINI.

Singulier.

Yo amé,	j'aimai.
Tú amaste,	tu aimas.
Él amó,	il aima.

Pluriel.

Nosotros amámos,	nous aimâmes.
Vosotros amásteis,	vous aimâtes.
Ellos amáron,	ils aimèrent.

PRÉTÉRIT INDÉFINI.

Singulier.

Yo he amado,	j'ai aimé.
Tú has amado,	tu as aimé.
Él ha amado,	il a aimé.

Pluriel.

Nosotros hemos amado,	nous avons aimé.
Vosotros habeis amado,	vous avez aimé.
Ellos han amado,	ils ont aimé.

PRÉTÉRIT ANTÉRIEUR.

Singulier.

Yo hube amado,	j'eus aimé.
Tú hubiste amado,	tu eus aimé.
Él hubo amado,	il eut aimé.

Pluriel.

Nosotros hubimos amado, *nous eûmes aimé.*
Vosotros hubísteis amado, *vous eûtes aimé.*
Ellos hubiéron amado, *ils eurent aimé.*

PLUSQUEPARFAIT.

Singulier.

Yo habia amado, *j'avais aimé.*
Tú habias amado, *tu avais aimé.*
Él habia amado, *il avait aimé.*

Pluriel.

Nosotros habíamos amado, *nous avions aimé.*
Vosotros habíais amado, *vous aviez aimé.*
Ellos habian amado, *ils avaient aimé.*

FUTUR SIMPLE.

Singulier.

Yo amaré, *j'aimerai.*
Tú amarás, *tu aimeras.*
Él amará, *il aimera.*

Pluriel.

Nosotros amarémos, *nous aimerons.*
Vosotros amaréis, *vous aimerez.*
Ellos amarán, *ils aimeront.*

FUTUR COMPOSÉ.

Singulier.

Yo habré amado,   *j'aurai aimé.*
Tú habrás amado,   *tu auras aimé.*
Él habrá amado,   *il aura aimé.*

Pluriel.

Nosotros habrémos amado,   *nous aurons aimé.*
Vosotros habréis amado,   *vous aurez aimé.*
Ellos habrán amado,   *ils auront aimé.*

CONDITIONNEL.

PRÉSENT.

Singulier.

Yo amaria *ou* amara,   *j'aimerais.*
Tú amarias *ou* amaras,   *tu aimerais.*
Él amaria *ou* amara,   *il aimerait.*

Pluriel.

Nosotros amaríamos *ou* amáramos,   *nous aimerions.*
Vosotros amaríais *ou* amárais,   *vous aimeriez.*
Ellos amarian *ou* amaran,   *ils aimeraient.*

PASSÉ.

Singulier.

Yo habria amado,   *j'aurais aimé.*
Tú habrias amado,   *tu aurais aimé.*
Él habria amado,   *il aurait aimé.*

Pluriel.

Nosotros habríamos amado, *nous aurions aimé.*
Vosotros habríais amado, *vous auriez aimé.*
Ellos habrian amado, *ils auraient aimé.*

Autrement.

Singulier.

Yo hubiera amado, *j'aurais aimé.*
Tú hubieras amado, *tu aurais aimé.*
Él hubiera amado, *il aurait aimé.*

Pluriel.

Nosotros hubiéramos amado, *nous aurions aimé.*
Vosotros hubiérais amado, *vous auriez aimé.*
Ellos hubieran amado, *ils auraient aimé.*

IMPÉRATIF.

Singulier.

(*Point de première personne.*)

Ama tú, *aime.*
Ame él, *qu'il aime.*

Pluriel.

Amemos, *aimons.*
Amad vosotros, *aimez.*
Amen ellos, *qu'ils aiment.*

SUBJONCTIF.

PRÉSENT.

Singulier.

Que yo ame,	*que j'aime.*
Que tú ames,	*que tu aimes.*
Que él ame,	*qu'il aime.*

Pluriel.

Que nosotros amemos,	*que nous aimions.*
Que vosotros ameis,	*que vous aimiez.*
Que ellos amen,	*qu'ils aiment.*

IMPARFAIT.

Singulier.

Que yo amase,	*que j'aimasse.*
Que tú amases,	*que tu aimasses.*
Que él amase,	*qu'il aimât.*

Pluriel.

Que nosotros amásemos,	*que nous aimassions.*
Que vosotros amáseis,	*que vous aimassiez.*
Que ellos amasen,	*qu'ils aimassent.*

Autrement.

Singulier.

Que yo amara,	*que j'aimasse.*
Que tú amaras,	*que tu aimasses.*
Que él amara,	*qu'il aimât.*

Pluriel.

Que nosotros amáramos, *que nous aimassions.*
Que vosotros amárais, *que vous aimassiez.*
Que ellos amaran, *qu'ils aimassent.*

PRÉTÉRIT.

Singulier.

Que yo haya amado, *que j'aie aimé.*
Que tú hayas amado, *que tu aies aimé.*
Que él haya amado, *qu'il ait aimé.*

Pluriel.

Que nosotros hayamos amado, *que nous ayons aimé.*
Que vosotros hayais amado, *que vous ayez aimé.*
Que ellos hayan amado, *qu'ils aient aimé.*

PLUSQUEPARFAIT.

Singulier.

Que yo hubiese amado, *que j'eusse aimé.*
Que tú hubieses amado, *que tu eusses aimé.*
Que él hubiese amado, *qu'il eût aimé.*

Pluriel.

Que nosotros hubiésemos amado, *que nous eussions aimé.*
Que vosotros hubiéseis amado, *que vous eussiez aimé.*
Que ellos hubiesen amado, *qu'ils eussent aimé.*

Autrement.

Singulier.

Que yo hubiera amado, *que j'eusse aimé.*
Que tú hubieras amado, *que tu eusses aimé.*
Que él hubiera amado, *qu'il eût aimé.*

Pluriel.

Que nosotros hubiéramos amado, *que nous eussions aimé.*
Que vosotros hubiérais amado, *que vous eussiez aimé.*
Que ellos hubieran amado, *qu'ils eussent aimé.*

FUTUR SIMPLE.

Singulier.

Cuando yo amare, *quand j'aimerai.*
Cuando tú amares, *quand tu aimeras.*
Cuando él amare, *quand il aimera.*

Pluriel.

Cuando nosotros amáremos, *quand nous aimerons.*
Cuando vosotros amáreis, *quand vous aimerez.*
Cuando ellos amaren, *quand ils aimeront.*

FUTUR COMPOSÉ.

Singulier.

Cuando yo hubiere amado, *quand j'aurai aimé.*
Cuando tú hubieres amado, *quand tu auras aimé.*
Cuando él hubiere amado, *quand il aura aimé.*

Pluriel.

Cuando nosotros hubiéremos amado, *quand nous aurons aimé.*
Cuando vosotros hubiéreis amado, *quand vous aurez aimé.*
Cuando ellos hubieren amado, *quand ils auront aimé.*

INFINITIF.

PRÉSENT.

Amar, *aimer.*

PRÉTÉRIT.

Haber amado, *avoir aimé.*

PARTICIPE ACTIF.

Présent.

Amando, *aimant.*

Passé.

Habiendo amado, *ayant aimé.*

PARTICIPE PASSIF.

Masculin.

Amado, *aimé.*

Féminin.

Amada, *aimée.*

Seconde conjugaison.

TEMER, craindre.

INDICATIF.

PRÉSENT.

Singulier.

Yo temo,	*je crains.*
Tú temes,	*tu crains.*
Él teme,	*il craint.*

Pluriel.

Nosotros tememos,	*nous craignons.*
Vosotros temeis,	*vous craignez.*
Ellos temen,	*ils craignent.*

IMPARFAIT.

Singulier.

Yo temia,	*je craignais.*
Tú temias,	*tu craignais.*
Él temia,	*il craignait.*

Pluriel.

Nosotros temíamos,	*nous craignions.*
Vosotros temíais,	*vous craigniez.*
Ellos temian,	*ils craignaient.*

PRÉTÉRIT DÉFINI.

Singulier.

Yo temí,	je craignis.
Tú temiste,	tu craignis.
Él temió,	il craignit.

Pluriel.

Nosotros temimos,	nous craignîmes.
Vosotros temísteis,	vous craignîtes.
Ellos temiéron,	ils craignirent.

PRÉTÉRIT INDÉFINI.

Singulier.

Yo he temido,	j'ai craint.
Tú has temido,	tu as craint.
Él ha temido,	il a craint.

Pluriel.

Nosotros hemos temido,	nous avons craint.
Vosotros habeis temido,	vous avez craint.
Ellos han temido,	ils ont craint.

PRÉTÉRIT ANTÉRIEUR.

Singulier.

Yo hube temido,	j'eus craint.
Tú hubiste temido,	tu eus craint.
Él hubo temido,	il eut craint.

Pluriel.

Nosotros hubimos temido, *nous eûmes craint.*
Vosotros hubísteis temido, *vous eûtes craint.*
Ellos hubiéron temido, *ils eurent craint.*

PLUSQUEPARFAIT.

Singulier.

Yo habia temido, *j'avais craint.*
Tú habias temido, *tu avais craint.*
Él habia temido, *il avait craint.*

Pluriel.

Nosotros habíamos temido, *nous avions craint.*
Vosotros habíais temido, *vous aviez craint.*
Ellos habian temido, *ils avaient craint.*

FUTUR SIMPLE.

Singulier.

Yo temeré, *je craindrai.*
Tú temerás, *tu craindras.*
Él temerá, *il craindra.*

Pluriel.

Nosotros temerémos, *nous craindrons.*
Vosotros temeréis, *vous craindrez.*
Ellos temerán, *ils craindront.*

FUTUR COMPOSÉ.
Singulier.

Yo habré temido,	j'aurai craint.
Tú habrás temido,	tu auras craint.
Él habrá temido,	ils aura craint.

Pluriel.

Nosotros habrémos temido,	nous aurons craint.
Vosotros habréis temido,	vous aurez craint.
Ellos habrán temido,	ils auront craint.

CONDITIONNEL.
PRÉSENT.
Singulier.

Yo temeria,	je craindrais.
Tú temerias,	tu craindrais.
Él temeria,	il craindrait.

Pluriel.

Nosotros temeríamos,	nous craindrions.
Vosotros temeríais,	vous craindriez.
Ellos temerian,	ils craindraient.

Autrement.
Singulier.

Yo temiera,	je craindrais.
Tú temieras,	tu craindrais.
Él temiera,	il craindrait.

Pluriel.

Nosotros temiéramos, nous craindrions.
Vosotros temiérais, vous craindriez.
Ellos temieran, ils craindraient.

PASSÉ.

Singulier.

Yo habria temido, j'aurais craint.
Tú habrias temido, tu aurais craint.
Él habria temido, il aurait craint.

Pluriel.

Nosotros habríamos temido, nous aurions craint.
Vosotros habríais temido, vous auriez craint.
Ellos habrian temido, ils auraient craint.

Autrement.

Singulier.

Yo hubiera temido, j'aurais craint.
Tú hubieras temido, tu aurais craint.
Él hubiera temido, il aurait craint.

Pluriel.

Nosotros hubiéramos temido, nous aurions craint.
Vosotros hubiérais temido, vous auriez craint.
Ellos hubieran temido, ils auraient craint.

IMPÉRATIF.

Singulier.

(*Point de première personne.*)

Teme tú,	*crains.*
Tema él,	*qu'il craigne.*

Pluriel.

Temamos,	*craignons.*
Temed vosotros,	*craignez.*
Teman ellos,	*qu'ils craignent.*

SUBJONCTIF.

PRÉSENT.

Singulier.

Que yo tema,	*que je craigne.*
Que tú temas,	*que tu craignes.*
Que él tema,	*qu'il craigne.*

Pluriel.

Que nosotros temamos,	*que nous craignions.*
Que vosotros temais,	*que vous craigniez.*
Que ellos teman,	*qu'ils craignent.*

IMPARFAIT.

Singulier.

Que yo temiese,	*que je craignisse.*
Que tú temieses,	*que tu craignisses.*
Que él temiese,	*qu'il craignît.*

Pluriel.

Que nosotros temiésemos, *que nous craignissions.*
Que vosotros temiéseis, *que vous craignissiez.*
Que ellos temiesen, *qu'ils craignissent.*

Autrement.

Singulier.

Que yo temiera, *que je craignisse.*
Que tú temieras, *que tu craignisses.*
Que él temiera, *qu'il craignît.*

Pluriel.

Que nosotros temiéramos, *que nous craignissions.*
Que vosotros temiérais, *que vous craignissiez.*
Que ellos temieran, *qu'ils craignissent.*

PRÉTÉRIT.

Singulier.

Que yo haya temido, *que j'aie craint.*
Que tú hayas temido, *que tu aies craint.*
Que él haya temido, *qu'il ait craint.*

Pluriel.

Que nosotros hayamos temido, *que nous ayons craint.*
Que vosotros hayais temido, *que vous ayez craint.*
Que ellos hayan temido, *qu'ils aient craint.*

DES VERBES.

PLUSQUEPARFAIT.

Singulier.

Que yo hubiese temido, *que j'eusse craint.*
Que tú hubieses temido, *que j'eusses craint.*
Que él hubiese temido, *qu'il eût craint.*

Pluriel.

Que nosotros hubiésemos temido, *que nous eussions craint.*
Que vosotros hubiéseis temido, *quee vous eussiez craint.*
Que ellos hubiesen temido, *qu'ils eussснt craint.*

Autrement.

Singulier.

Que yo hubiera temido, *que j'eusse craint.*
Que tú hubieras temido, *que tu eusses craint.*
Que él hubiera temido, *qu'il eût craint.*

Pluriel.

Que nosotros hubiéramos temido, *que nous eussions craint.*
Que vosotros hubiérais temido, *que vous eussiez craint.*
Que ellos hubieran temido, *qu'ils eussent craint.*

FUTUR SIMPLE.

Singulier.

Cuando yo temiere, *quand je craindrai.*
Cuando tú temieres, *quand tu craindras.*
Cuando él temiere, *quand il craindra.*

Pluriel.

Cuando nosotros temiéremos,   *quand nous craindrons.*
Cuando vosotros temiéreis,   *quand vous craindrez.*
Cuando ellos temieren,   *quand ils craindront.*

FUTUR COMPOSÉ.

Singulier.

Cuando yo hubiere temido,   *quand j'aurai craint.*
Cuando tú hubieres temido,   *quand tu auras craint.*
Cuando él hubiere temido,   *quand il aura craint.*

Pluriel.

Cuando nosotros hubiéremos temido, *quand nous aurons craint.*
Cuando vosotros hubiéreis temido, *quand vous aurez craint.*
Cuando ellos hubieren temido,   *quand ils auront craint.*

INFINITIF.

PRÉSENT.

Temer,   *craindre.*

PRÉTÉRIT.

Haber temido,   *avoir craint.*

PARTICIPE ACTIF.

Présent.

Temiendo,   *craignant.*

Passé.

Habiendo temido,   *ayant craint.*

PARTICIPE PASSIF.

Masculin.

Temido, craint.

Féminin.

Temida, crainte.

Troisième conjugaison.

RECIBIR, recevoir.

INDICATIF.

PRÉSENT.

Singulier.

Yo recibo, je reçois.
Tú recibes, tu reçois.
Él recibe. il reçoit.

Pluriel.

Nosotros recibimos, nous recevons.
Vosotros recibis, vous recevez.
Ellos reciben, ils reçoivent.

IMPARFAIT.

Singulier.

Yo recibia, je recevais.
Tú recibias, tu recevais.
Él recibia, il recevait.

Pluriel.

Nosotros recibíamos, *nous recevions.*
Vosotros recibíais, *vous receviez.*
Ellos recibian, *ils recevaient.*

PRÉTÉRIT DÉFINI.
Singulier.

Yo recibí, *je reçus.*
Tú recibiste, *tu reçus.*
Él recibió, *il reçut.*

Pluriel.

Nosotros recibímos, *nous reçûmes.*
Vosotros recibísteis, *vous reçûtes.*
Ellos recibiéron, *ils reçurent.*

PRÉTÉRIT INDÉFINI.
Singulier.

Yo he recibido, *j'ai reçu.*
Tú has recibido, *tu as reçu.*
Él ha recibido, *il a reçu.*

Pluriel.

Nosotros hemos recibido, *nous avons reçu.*
Vosotros habeis recibido, *vous avez reçu.*
Ellos han recibido, *ils ont reçu.*

PRÉTÉRIT ANTÉRIEUR.

Singulier.

Yo hube recibido,   j'eus reçu.
Tú hubiste recibido,   tu eus reçu.
Él hubo recibido,   il eut reçu.

Pluriel.

Nosotros hubimos recibido,   nous eûmes reçu.
Vosotros hubísteis recibido,   vous eûtes reçu.
Ellos hubiéron recibido,   ils eurent reçu.

PLUSQUEPARFAIT.

Singulier.

Yo habia recibido,   j'avais reçu.
Tú habias recibido,   tu avais reçu.
Él habia recibido,   il avait reçu.

Pluriel.

Nosotros habíamos recibido,   nous avions reçu.
Vosotros habíais recibido,   vous aviez reçu.
Ellos habian recibido,   ils avaient reçu.

FUTUR SIMPLE.

Singulier.

Yo recibiré,   je recevrai.
Tú recibirás,   tu recevras.
Él recibirá,   il recevra.

Pluriel.

Nosotros recibirémos,   *nous recevrons.*
Vosotros recibiréis,   *vous recevrez.*
Ellos recibirán,   *ils recevront.*

FUTUR COMPOSÉ.

Singulier.

Yo habré recibido,   *j'aurai reçu.*
Tú habrás recibido,   *tu auras reçu.*
Él habrá recibido,   *il aura reçu.*

Pluriel.

Nosotros habrémos recibido,   *nous aurons reçu.*
Vosotros habréis recibido,   *vous aurez reçu.*
Ellos habrán recibido,   *ils auront reçu.*

CONDITIONNEL.

PRÉSENT.

Singulier.

Yo recibiria,   *je recevrais.*
Tú recibirias,   *tu recevrais.*
Él recibiria,   *il recevrait.*

Pluriel.

Nosotros recibiríamos,   *nous recevrions.*
Vosotros recibiríais,   *vous recevriez.*
Ellos recibirian,   *ils recevraient.*

Autrement.

Singulier.

Yo recibiera,	*je recevrais.*
Tú recibieras,	*tu recevrais.*
Él recibiera,	*il recevrait.*

Pluriel.

Nosotros recibiéramos,	*nous recevrions.*
Vosotros recibiérais,	*vous recevriez.*
Ellos recibieran,	*ils recevraient.*

PASSÉ.

Singulier.

Yo habria recibido,	*j'aurais reçu.*
Tú habrias recibido,	*tu aurais reçu.*
Él habria recibido,	*il aurait reçu.*

Pluriel.

Nosotros habríamos recibido,	*nous aurions reçu.*
Vosotros habríais recibido,	*vous auriez reçu.*
Ellos habrian recibido,	*ils auraient reçu.*

Autrement.

Singulier.

Yo hubiera recibido,	*j'aurais reçu.*
Tú hubieras recibido,	*tu aurais reçu.*
Él hubiera recibido,	*il aurait reçu.*

Pluriel.

Nosotros hubiéramos recibido, *nous aurions reçu.*
Vosotros hubiérais recibido, *vous auriez reçu.*
Ellos hubieran recibido, *ils auraient reçu.*

IMPÉRATIF.

Singulier.

(*Point de première personne.*)

Recibe tú, *reçois.*
Reciba él, *qu'il reçoive.*

Pluriel.

Recibamos, *recevons.*
Recibid vosotros, *recevez.*
Reciban ellos, *qu'ils reçoivent.*

SUBJONCTIF.

PRÉSENT.

Singulier.

Que yo reciba, *que je reçoive.*
Que tú recibas, *que tu reçoives.*
Que él reciba, *qu'il reçoive.*

Pluriel.

Que nosotros recibamos, *que nous recevions.*
Que vosotros recibais, *que vous receviez.*
Que ellos reciban, *qu'ils reçoivent.*

6 *

IMPARFAIT.

Singulier.

Que yo recibiese,   *que je reçusse.*
Que tú recibieses,   *que tu reçusses.*
Que él recibiese,   *qu'il reçût.*

Pluriel.

Que nosotros recibiésemos, *que nous reçussions.*
Que vosotros recibiéseis,   *que vous reçussiez.*
Que ellos recibiesen,   *qu'ils reçussent.*

Autrement.

Singulier.

Que yo recibiera,   *que je reçusse.*
Que tú recibieras,   *que tu reçusses.*
Que él recibiera,   *qu'il reçût.*

Pluriel.

Que nosotros recibiéramos, *que nous reçussions.*
Que vosotros recibiérais,   *que vous reçussiez.*
Que ellos recibieran,   *qu'ils reçussent.*

PRÉTÉRIT.

Singulier.

Que yo haya recibido,   *que j'aie reçu.*
Que tú hayas recibido,   *que tu aies reçu.*
Que él haya recibido,   *qu'il ait reçu.*

Pluriel.

Que nosotros hayamos recibido, que nous ayons reçu.
Que vosotros hayais recibido, que vous ayez reçu.
Que ellos hayan recibido, qu'ils aient reçu.

PLUSQUEPARFAIT.
Singulier.

Que yo hubiese recibido, que j'eusse reçu.
Que tú hubieses recibido, que tu eusses reçu.
Que él hubiese recibido, qu'il eût reçu.

Pluriel.

Que nosotros hubiésemos recibido, que nous eussions reçu.
Que vosotros hubiéseis recibido, que vous eussiez reçu.
Que ellos hubiesen recibido, qu'ils eussent reçu.

Autrement.
Singulier.

Que yo hubiera recibido, que j'eusse reçu.
Que tú hubieras recibido, que tu eusses reçu.
Que él hubiera recibido, qu'il eût reçu.

Pluriel.

Que nosotros hubiéramos recibido, que nous eussions reçu.
Que vosotros hubiérais recibido, que vous eussiez reçu.
Que ellos hubieran recibido, qu'ils eussent reçu.

FUTUR SIMPLE.
Singulier.

Cuando yo recibiere, quand je recevrai.
Cuando tú recibieres, quand tu recevras.
Cuando él recibiere, quand il recevra.

Pluriel.

Cuando nosotros recibiéremos,   *quand nous recevrons.*
Cuando vosotros recibiéreis,   *quand vous recevrez.*
Cuando ellos recibieren,   *quand ils recevront.*

FUTUR COMPOSÉ.

Singulier.

Cuando yo hubiere recibido, *quand j'aurai reçu.*
Cuando tú hubieres recibido, *quand tu auras reçu.*
Cuando él hubiere recibido, *quand il aura reçu.*

Pluriel.

Cuando nosotros hubiéremos recibido, *quand nous aurons reçu.*
Cuando vosotros hubiéreis recibido,   *quand vous aurez reçu.*
Cuando ellos hubieren recibido,   *quand ils auront reçu.*

INFINITIF.
PRÉSENT.

Recibir,   *recevoir.*

PRÉTÉRIT.

Haber recibido,   *avoir reçu.*

PARTICIPE ACTIF.
Présent.

Recibiendo,   *recevant.*

Passé.

Habiendo recibido,   *ayant reçu.*

PARTICIPE PASSIF.

Masculin.

Recibido,   *reçu.*

Féminin.

Recibida,   *reçue.*

CONJUGAISON DES VERBES PASSIFS.

Il n'y a qu'une seule conjugaison pour tous les verbes passifs ; c'est le verbe *ser*, être, dans tous ses temps, auquel on ajoute le participe passif du verbe dont on veut former le passif.

INDICATIF.

PRÉSENT.

Singulier.

Yo soy amado,[*]	*je suis aimé.*
Tú eres amado,	*tu es aimé.*
Él es amado,	*il est aimé.*

Pluriel.

Nosotros somos amados,	*nous sommes aimés.*
Vosotros sois amados,	*vous êtes aimés.*
Ellos son amados,	*ils sont aimés.*

[*] Ce participe varie pour le féminin et pour le pluriel, conformément à la règle de la formation des genres et des nombres dans les adjectifs.

Ainsi de suite pour les autres temps; et l'on peut conjuguer de même *ser temido*, être craint; *ser recibido*, être reçu; *ser endurecido*, être endurci, etc.

CONJUGAISON DES VERBES NEUTRES.

En français les verbes neutres se conjuguent, dans les temps composés, les uns avec le verbe auxiliaire *avoir*. Ex. *j'ai dormi, j'ai marché;* les autres avec le verbe auxiliaire *être*. Ex. *je suis tombé, je suis arrivé*. En espagnol tous les verbes neutres se conjuguent dans les temps composés avec le verbe auxiliaire *haber*, on dit *yo he dormido*, j'ai dormi; *yo he llegado*, je suis arrivé; *yo he caido*, je suis tombé, etc. La conjugaison des verbes neutres est entièrement semblable à celle des verbes actifs; et les verbes *amar, temer* et *recibir*, que nous avons donnés pour modèles de la conjugaison des verbes actifs, peuvent également servir de modèles pour la conjugaison des verbes neutres.

CONJUGAISON
DES VERBES PRONOMINAUX.

Les verbes pronominaux se conjuguent en espagnol comme en français, avec les pronoms *me*, me; *te*, te; *se*, se; *nos*, nous, et *os*, vous.

DES VERBES.

En français les verbes pronominaux se conjuguent dans les temps composés avec le verbe auxiliaire être, *ser;* en espagnol ils se conjuguent avec le verbe auxiliaire *haber,* avoir. Les verbes pronominaux espagnols se conjuguent donc entièrement comme les verbes actifs, il ne s'agit que d'ajouter au verbe actif les pronom *me, te, se, nos, os,* de la manière suivante :

LISONJEARSE, se flatter.

INDICATIF.

PRÉSENT.

Singulier.

Yo me lisonjeo,	*je me flatte.*
Tú te lisonjeas,	*tu te flattes.*
Él se lisonjea,	*il se flatte.*

Pluriel.

Nosotros nos lisonjeamos,	*nous nous flattons.*
Vosotros os lisonjeais,	*vous vous flattez.*
Ellos se lisonjean,	*ils se flattent.*

IMPARFAIT.

Singulier.

Yo me lisonjeaba,	*je me flattais.*
Tú te lisonjeabas,	*tu te flattais.*
Él se lisonjeaba,	*il se flattait.*

Pluriel.

Nosotros nos lisonjeábamos, *nous nous flattions.*
Vosotros os lisonjeábais, *vous vous flattiez.*
Ellos se lisonjeaban, *ils se flattaient.*

PRÉTÉRIT DÉFINI.

Singulier.

Yo me lisonjeé, *je me flattai.*
Tú te lisonjeaste, *tu te flattas.*
Él se lisonjeó, *il se flatta.*

Pluriel.

Nosotros nos lisonjeámos, *nous nous flattâmes.*
Vosotros os lisonjeásteis, *vous vous flattâtes.*
Ellos se lisonjeáron, *ils se flattèrent.*

PRÉTÉRIT INDÉFINI.

Singulier.

Yo me he lisonjeado, *je me suis flatté.*
Tú te has lisonjeado, *tu t'es flatté.*
Él se ha lisonjeado, *il s'est flatté.*

Pluriel.

Nosotros nos hemos lisonjeado, *nous nous sommes flattés.*
Vosotros os habeis lisonjeado, *vous vous êtes flattés.*
Ellos se han lisonjeado, *ils se sont flattés.*

PRÉTÉRIT ANTÉRIEUR.

Singulier.

Yo me hube lisonjeado, *je me fus flatté.*
Tú te hubiste lisonjeado, *tu te fus flatté.*
Él se hubo lisonjeado, *il se fut flatté.*

Pluriel.

Nosotros nos hubimos lisonjeado, *nous nous fûmes flattés.*
Vosotros os hubisteis lisonjeado, *vous vous fûtes flattés.*
Ellos se hubiéron lisonjeado, *ils se furent flattés.*

PLUSQUEPARFAIT.

Singulier.

Yo me habia lisonjeado, *je m'étais flatté.*
Tú te habias lisonjeado, *tu t'étais flatté.*
Él se habia lisonjeado, *il s'était flatté.*

Pluriel.

Nosotros nos habiamos lisonjeado, *nous nous étions flattés.*
Vosotros os habiais lisonjeado, *vous vous étiez flattés.*
Ellos se habian lisonjeado, *ils s'étaient flattés.*

FUTUR SIMPLE.

Singulier.

Yo me lisonjearé, *je me flatterai.*
Tú te lisonjearás, *tu te flatteras.*
Él se lisonjeará, *il se flattera.*

Pluriel.

Nosotros nos lisonjearémos, *nous nous flatterons.*
Vosotros os lisonjearéis, *vous vous flatterez.*
Ellos se lisonjearán, *ils se flatteront.*

FUTUR COMPOSÉ.

Singulier.

Yo me habré lisonjeado, *je me serai flatté.*
Tú te habrás lisonjeado, *tu te seras flatté.*
Él se habrá lisonjeado, *il se sera flatté.*

Pluriel.

Nosotros nos habrémos lisonjeado, *nous nous serons flattés.*
Vosotros os habréis lisonjeado, *vous vous serez flattés.*
Ellos se habrán lisonjeado, *ils se seront flattés.*

CONDITIONNEL.

PRÉSENT.

Singulier.

Yo me lisonjearia, *je me flatterais.*
Tú te lisonjearias, *tu te flatterais.*
Él se lisonjearia, *il se flatterait.*

Pluriel.

Nosotros nos lisonjeariamos, *nous nous flatterions.*
Vosotros os lisonjeariais, *vous vous flatteriez.*
Ellos se lisonjearian, *ils se flatteraient.*

Autrement.

Singulier.

Yo me lisonjeara,	*je me flatterais.*
Tú te lisonjearas,	*tu te flatterais.*
Él se lisonjeara,	*il se flatterait.*

Pluriel.

Nosotros nos lisonjeáramos,	*nous nous flatterions.*
Vosotros os lisonjáerais,	*vous vous flatteriez.*
Ellos se lisonjearan,	*ils se flatteraient.*

PASSÉ.

Singulier.

Yo me habria lisonjeado,	*je me serais flatté.*
Tú te habrias lisonjeado,	*tu te serais flatté.*
Él se habria lisonjeado,	*il se serait flatté.*

Pluriel.

Nosotros nos habríamos lisonjeado,	*nous nous serions flattés.*
Vosotros os habriais lisonjeado,	*vous vous seriez flattés.*
Ellos se habrian lisonjeado,	*ils se seraient flattés.*

Autrement.

Singulier.

Yo me hubiera lisonjeado,	*je me serais flatté.*
Tú te hubieras lisonjeado,	*tu te serais flatté.*
Él se hubiera lisonjeado,	*il se serait flatté.*

Pluriel.

Nosotros nos hubiéramos lisonjeado, *nous nous serions flattés.*
Vosotros os hubiérais lisonjeado, *vous vous seriez flattés.*
Ellos se hubieran lisonjeado, *ils se seraient flattés.*

IMPÉRATIF.
Singulier.

(*Point de première personne.*)

Lisonjéate,	*flatte-toi.*
Lisonjéese,	*qu'il se flatte.*

Pluriel.

Lisonjeémonos,	*flattons-nous.*
Lisonjéaos,	*flattez-vous.*
Lisonjéense,	*qu'ils se flattent.*

SUBJONCTIF.
PRÉSENT.
Singulier.

Que yo me lisonjee,	*que je me flatte.*
Que tú te lisonjees,	*que tu te flattes.*
Que él se lisonjee,	*qu'il se flatte.*

Pluriel.

Que nosotros nos lisonjeamos,	*que nous nous flattions.*
Que vosotros os lisonjeeis,	*que vous vous flattiez.*
Que ellos se lisonjeen,	*qu'ils se flattent.*

IMPARFAIT.

Singulier.

Que yo me lisonjease, *que je me flattasse.*
Que tú te lisonjeases, *que tu te flattasses.*
Que él se lisonjease, *qu'il se flattât.*

Pluriel.

Que nosotros nos lisonjeásemos, *que nous nous flattassions.*
Que vosotros os lisonjeáseis, *que vous vous flattassiez.*
Que ellos se lisonjeasen, *qu'ils se flattassent.*

Autrement.

Singulier.

Que yo me lisonjeara, *que je me flattasse.*
Que tú te lisonjearas, *que tu te flattasses.*
Que él se lisonjeara, *qu'ils se flattât.*

Pluriel.

Que nosotros nos lisonjeáramos, *que nous nous flattassions.*
Que vosotros os lisonjeárais, *que vous vous flattassiez.*
Que ellos se lisonjearan, *qu'ils se flattassent.*

PRÉTÉRIT.

Singulier.

Que yo me haya lisonjeado, *que je me sois flatté.*
Que tú te hayas lisonjeado, *que tu te sois flatté.*
Que él se haya lisonjeado, *qu'il se soit flatté.*

Pluriel.

Que nosotros nos hayamos lisonjeado, que nous nous soyons ⎫
Que vosotros os hayais lisonjeado,   que vous vous soyez ⎬ *flattés.*
Que ellos se hayan lisonjeado,   qu'ils se soient   ⎭

PLUSQUEPARFAIT.

Singulier.

Que yo me hubiese lisonjeado,   *que je me fusse flatté.*
Que tú te hubieses lisonjeado,   *que tu te fusses flatté.*
Que él se hubiese lisonjeado,   *qu'il se fût flatté.*

Pluriel.

Que nosotros nos hubiésemos lison-   *que nous nous fussions*
jeado,   *flattés.*
Que vosotros os hubiéseis lisonjea- *que vous vous fussiez*
do,   *flattés.*
Que ellos se hubiesen lisonjeado,   *qu'ils se fussent flattés.*

Autrement.

Singulier.

Que yo me hubiera lisonjeado,   *que je me fusse flatté.*
Que tú te hubieras lisonjeado,   *que tu te fusses flatté.*
Que él se hubiera lisonjeado,   *qu'il se fût flatté.*

Pluriel.

Que nosotros nos hubiéramos lison-   *que nous nous fussions*
jeado,   *flattés.*
Que vosotros os hubiérais lisonjea- *que vous vous fussiez*
do,   *flattés.*
Que ellos se hubieran lisonjeado,   *qu'ils se soient flattés.*

FUTUR SIMPLE.

Singulier.

Cuando yo me lisonjeare, *quand je me flatterai.*
Cuando tú te lisonjeares, *quand tu te flatteras.*
Cuando él se lisonjeare, *quand il se flattera.*

Pluriel.

Cuando nosotros nos lisonjeáremos, *quand nous nous flatterons.*
Cuando vosotros os lisonjeáreis, *quand vous vous flatterez.*
Cuando ellos se lisonjearen, *quand ils se flatteront.*

FUTUR COMPOSÉ.

Singulier.

Cuando yo me hubiere lisonjeado, *quand je me serai flatté.*
Cuando tú te hubieres lisonjeado, *quand tu te seras flatté.*
Cuando él se hubiere lisonjeado, *quand il se sera flatté.*

Pluriel.

Cuando nosotros nos hubiéremos lisonjeado, *quand nous nous serons flattés.*
Cuando vosotros os hubiéreis lisonjeado, *quand vous vous serez flattés.*
Cuando ellos se hubieren lisonjeado, *quand ils se seront flattés.*

INFINITIF.

PRÉSENT.

Lisonjearse,   *se flatter.*

PRÉTÉRIT.

Haberse lisonjeado,   *s'être flatté.*

PARTICIPE ACTIF.

Présent.

Lisonjeándose,   *se flattant.*

Passé.

Habiéndose lisonjeado,   *s'étant flatté.*

PARTICIPE PASSIF.

Masculin.

Lisonjeado,   *flatté.*

Féminin.

Lisonjeada,   *flattée.*

Remarques.

1°. Les pronoms *me, te, se, nos, os* doivent

se placer après le verbe à l'impératif, à l'infinitif et au participe ; dans les temps composés ils se mettent avant l'auxiliaire, et dans les temps simples ils précèdent ou ils suivent le verbe, mais ordinairement ils le précèdent.

2°. Lorsque les pronoms *me, te, se, nos, os* suivent le verbe, ils s'unissent avec lui, de manière à ne former qu'un seul mot ; alors la première personne du pluriel de chaque temps perd son *s* finale, et la seconde personne du pluriel de l'impératif son *d* final. Ex. *yo me lisonjeo* ou *lisonjéome*, je me flatte ; *nosotros nos lisonjeamos* ou *lisonjeámonos*, nous nous flattons ; *lisonjeémonos*, flattons-nous ; *lisonjeaos*, flattez-vous. Cependant on dit *idos*, allez-vous-en.

3°. En espagnol de même qu'en français, presque tous les verbes actifs peuvent devenir verbes pronominaux par l'adjonction des pronoms *me, te, se*, etc.

Règles générales de la formation des temps.

I.—TEMPS SIMPLES.

Les temps simples des verbes se forment du présent de l'infinitif, en changeant la finale caractéristique de la conjugaison de la manière suivante :

MODES.	TEMPS.	1re en *ar.*	2e en *er.*	3e en *ir.*
INDICATIF.	PRÉSENT.	o, as, a, amos, ais, an.	o, es, e, emos, eis, en.	o, es, e, imos, is, en.
	IMPARFAIT.	aba, abas, aba, ábamos, ábais, aban.	ia, ias, ia, íamos, iais, ian.	ia, ias, ia, íamos, iais, ian.
	PRÉTÉRIT DÉFINI.	é, aste, ó, ámos, ásteis, áron.	í, iste, ió, imos, isteis, iéron.	í, iste, ió, imos, isteis, iéron.
	FUTUR.	aré, arás, ará, arémos, aréis, arán.	eré, erás, erá, erémos, eréis, erán.	iré, irás, irá, irémos, iréis, irán.
CONDITIONNEL.	1er PRÉSENT.	aria, arias, aria, aríamos, ariais, arian.	eria, erias, eria, eríamos, eriais, erian.	iria, irias, iria, iríamos, iriais, irian,
	2e PRÉSENT.	ara, aras, ara, áramos, árais, aran.	iera, ieras, iera, iéramos, iérais, ieran.	iera, ieras, iera, iéramos, iérais, ieran.

DES VERBES. 147

| IMPÉRATIF. | a, e, emos, ad, en. | e, a, amos, ed, an. | e, a, amos, id, an. |

SUBJONCTIF	PRÉSENT.	e, es, e, emos, eis, en.	a, as, a, amos, ais, an.	a, as, a, amos, ais, an.
	IMPARFAIT.*	ase, ases, ase, ásemos, áseis, asen.	iese, ieses, iese, iésemos, iéseis, iesen.	iese, ieses, iese, iésemos, iéseis, iesen.
	FUTUR.	are, ares, are, áremos, áreis, aren.	iere, ieres, iere, iéremos, iéreis, ieren.	iere, ieres, iere, iéremos, iéreis, ieren.

INFINITIF	PRÉSENT.	ar,	er,	ir.
	PARTICIPE ACTIF.	ando,	iendo,	iendo.
	PARTICIPE PASSIF.	ado,	ido,	ido.

II.—TEMPS COMPOSÉS.

Les temps composés sont dans l'indicatif le *prétérit indéfini*, le *prétérit antérieur*, le *plus-queparfait*, et le *futur composé;* dans le condi-

---

* L'autre imparfait est semblable au second présent du conditionnel.

tionnel, le *premier*, et le *second passé ;* dans le subjonctif, le *prétérit*, le *premier* et le *second plusqueparfait* et le *futur composé ;* et dans l'infinitif, le *prétérit* et le *participe actif passé*.

Le *prétérit indéfini* se forme du présent de l'indicatif du verbe auxiliaire *haber* et du participe passif du verbe que l'on conjugue.

Le *prétérit antérieur* se forme du prétérit défini du verbe *haber* et du participe passif du verbe.

Le *plusqueparfait* se forme de l'imparfait de l'indicatif du verbe *haber* et du participe passif du verbe.

Le *futur composé de l'indicatif* se forme du futur simple du verbe *haber* et du participe passif du verbe.

Le *premier* et le *second conditionnel passé* se forment du premier et du second conditionnel présent du verbe *haber* et du participe passif du verbe.

Le *prétérit du subjonctif* se forme du présent du subjonctif du verbe *haber* et du participe passif du verbe.

Le *premier* et le *second plusqueparfait du subjonctif* se forment du premier et du second imparfait du subjonctif du verbe *haber* et du participe passif du verbe.

Le *futur composé du subjonctif* se forme du

futur simple du subjonctif du verbe *haber* et du participe passif du verbe.

Le *prétérit de l'infinitif* se forme du présent de l'infinitif du verbe *haber* et du participe passif du verbe.

Le *participe actif passé* se forme du participe actif présent du verbe *haber*, et du participe passif du verbe.

VERBES IRRÉGULIERS.

Les verbes irréguliers sont ceux qui s'éloignent en quelque point des règles générales de la formation des temps. Comme l'irrégularité des verbes ne porte jamais sur les temps composés, il ne sera question ici que des temps simples ; et pour en simplifier la conjugaison, nous ne donnerons en entier que ceux qui renferment des irrégularités, les autres pouvant se former facilement d'après les modèles des conjugaisons et les règles générales de la formation des temps.

LISTE DES VERBES IRRÉGULIERS.

Première conjugaison.

1°. Acertar,   *réussir.*
2°. Acostar,   *coucher.*
3°. Andar,   *aller.*

4°. Dar,   *donner.*
5°. Estar,   *être.*
6°. Jugar,   *jouer.*
7°. Les verbes terminés en *car.*
8°. Les verbes terminés en *gar.*

Seconde conjugaison.

9°. Absolver,   *absoudre.*
10°. Ascender,   *monter.*
11°. Caber,   *contenir.*
12°. Caer,   *tomber.*
13°. Haber,   *avoir.*
14°. Poder,   *pouvoir.*
15°. Poner,   *mettre.*
16°. Querer,   *vouloir.*
17°. Saber,   *savoir.*
18°. Ser,   *être.*
19°. Tener,   *avoir.*
20°. Traer,   *porter.*
21°. Valer,   *valoir.*
22°. Ver,   *voir.*
23°. Les verbes terminés en *cer,*
24°. Les verbes terminés en *acer, ecer, ocer.*
25°. Hacer,   *faire.*
26°. Cocer,   *cuire.*
27°. Les verbes terminés en *ger.*
28°. Les verbes terminés en *eer.*

Troisième conjugaison.

29°. Asir, saisir.
30°. Decir, dire.
31°. Delinquir, manquer.
32°. Dormir, dormir.
33°. Ir, aller.
34°. Oir, entendre.
35°. Pedir, demander.
36°. Salir, sortir.
37°. Sentir, sentir.
38°. Venir, venir.
39°. Les verbes terminés en *uir*.
40°. Les verbes terminés en *cir*.
41°. Les verbes terminés en *ucir*.
42°. Les verbes terminés en *gir*.

Première conjugaison.

1°. ACERTAR, réussir.

Ce verbe n'a d'autre irrégularité que d'ajouter un *i* devant l'*e* au trois personnes du singulier et à la troisième personne du pluriel du présent de l'indicatif et du subjonctif, ainsi qu'aux deux personnes du singulier et à la troisième personne du pluriel de l'impératif.

INDICATIF.

PRÉSENT.

Singulier.

Yo acierto,	*je réussis.*
Tú aciertas,	*tu réussis.*
Él acierta,	*il réussit.*

Pluriel.

Nosotros acertamos,	*nous réussissons,*
Vosotros acertais,	*vous réussissez.*
Ellos aciertan,	*ils réussissent.*

IMPÉRATIF.

Singulier.

(Point de première personne.)

Acierta tú,	*réussis.*
Acierte él,	*qu'il réussisse.*

Pluriel.

Acertemos,	*réussissons.*
Acertad,	*réussissez.*
Acierten ellos,	*qu'ils réussissent.*

SUBJONCTIF.

PRÉSENT.

Singulier.

Que yo acierte,	*que je réussisse.*
Que tú aciertes,	*que tu réussisses.*
Que él acierte,	*qu'il réussisse.*

Pluriel.

Que nosotros acertemos,	*que nous réussissions.*
Que vosotros acerteis,	*que vous réussissiez.*
Que ellos acierten,	*qu'ils réussissent.*

Les verbes suivans ont la même irrégularité :

Acrecentar,	*augmenter;*	acrecienta.*
Adestrar,	*rendre adroit;*	adiestra.
Alentar,	*encourager;*	alienta.
Apacentar,	*repaître;*	apacienta.
Apretar,	*serrer;*	aprieta.
Arrendar,	*prendre à ferme;*	arrienda.
Asentar,	*asseoir;*	asienta.
Aserrar,	*scier;*	asierra.
Asestar,	*viser;*	asiesta.
Atentar,	*attenter;*	atienta.
Aterrar,	*terrasser;*	atierra.

* Nous avons placé dans cette liste, à côté de l'infinitif de chaque verbe, la troisième personne du singulier du présent de l'indicatif, afin de ne laisser aucun doute sur la manière dont s'opère l'irrégularité. Cette remarque s'applique à toutes les listes suivantes.

Atestar,	*remplir;*	atiesta.
Atravesar,	*traverser;*	atraviesa.
Aventar,	*éventer;*	avienta.
Aventarse,	*s'enfuir;*	aviéntase.
Calentar,	*chauffer;*	calienta.
Cegar,	*aveugler;*	ciega.
Cerrar,	*fermer;*	cierra.
Cimentar,	*cimenter;*	cimienta.
Comenzar,	*commencer;*	comienza.
Concertar,	*concerter;*	concierta.
Confesar,	*avouer;*	confiesa.
Decentar,	*entamer;*	decienta.
Denegar,	*nier;*	deniega.
Derrengar,	*éreinter;*	derrienga.
Desacertar,	*se tromper;*	desacierta.
Desalentar,	*décourager;*	desalienta.
Desapretar,	*desserrer;*	desaprieta.
Desasosegar,	*inquiéter;*	desasosiega.
Desatentar,	*troubler;*	desatienta.
Desconcertar,	*déranger;*	desconcierta.
Desempedrar,	*dépaver;*	desempiedra.
Desencerrar,	*mettre en liberté;*	desencierra.
Desenterrar,	*déterrer;*	desentierra.
Deshelar,	*dégeler;*	deshiela.
Desherrar,	*déferrer;*	deshierra.
Desmembrar,	*démembrer;*	desmiembra.
Despedrar,	*épierrer;*	despiedra.
Despernar,	*couper les jambes;*	despierna.
Despertar,	*réveiller;*	despierta.
Desplegar,	*déplier;*	despliega.
Desterrar,	*exiler;*	destierra.
Dezmar,	*dîmer;*	diezma.
Empedrar,	*paver;*	empiedra.
Empezar,	*commencer;*	empieza.
Encerrar,	*enfermer;*	encierra.

Encensar,	*encenser;*	enciensa.
Encomendar,	*recommander;*	encomienda.
Encubertar,	*couvrir d'une couverture;*	encubierta.
Enmendar,	*corriger;*	enmienda.
Ensangrentar,	*ensanglanter;*	ensangrienta.
Enterrar,	*enterrer;*	entierra.
Errar,	*errer;*	yerra.
Escarmentar,	*corriger;*	escarmienta.
Estregar,	*frotter;*	estriega.
Fregar,	*laver;*	friega.
Gobernar,	*gouverner;*	gobierna.
Helar,	*geler;*	hiela.
Herrar,	*ferrer;*	hierra.
Infernar,	*damner;*	infierna.
Invernar,	*hiverner;*	invierna.
Manifestar,	*manifester;*	manifiesta.
Mentar,	*mentionner;*	mienta.
Merendar,	*goûter;*	merienda.
Negar,	*nier;*	niega.
Nevar,	*neiger;*	nieva.
Pensar,	*penser;*	piensa.
Perniquebrar,	*couper les jambes;*	perniquiebra.
Plegar,	*plier;*	pliega.
Quebrar,	*rompre;*	quiebra.
Recomendar,	*recommander;*	recomienda.
Regar,	*arroser;*	riega.
Remendar,	*rapiécer;*	remienda.
Renegar,	*renier;*	reniega.
Requebrar,	*cajoler;*	requiebra.
Retemblar,	*avoir des tremblemens répétés;*	retiembla.
Retentar,	*menacer de rechute;*	retienta.
Reventar,	*crever;*	revienta.
Segar,	*faucher;*	siega.
Sembrar,	*semer;*	siembra.
Sentarse,	*s'asseoir;*	siéntase.

Serrar,	*scier;*	sierra.
Sosegar,	*reposer;*	sosiega.
Soterrar,	*enfouir;*	sotierra.
Subarrendar,	*sous-affermer;*	subarrienda.
Temblar,	*trembler;*	tiembla.
Tentar,	*tenter;*	tienta.
Trasegar,	*transvaser;*	trasiega.
Tropezar,	*broncher;*	tropieza.

2°. ACOSTAR, coucher.

Ce verbe change *o* en *ue* dans les personnes et les temps où le verbe *acertar* prend un *i* devant l'*e*.

INDICATIF.

PRÉSENT.

Yo acuesto,	*je couche.*
Tú acuestas,	*tu couches.*
Él acuesta,	*il couche.*

Pluriel.

Nosotros acostamos,	*nous couchons.*
Vosotros acostais,	*vous couchez.*
Ellos acuestan,	*ils couchent.*

IMPÉRATIF.

Singulier.

(*Point de première personne.*)

Acuesta tú,	*couche.*
Acueste él,	*qu'il couche.*

DES VERBES.

Pluriel.

Acostemos,	*couchons.*
Acostad,	*couchez.*
Acuesten,	*qu'ils couchent.*

SUBJONCTIF.

PRÉSENT.

Singulier.

Que yo acueste,	*que je couche.*
Que tú acuestes,	*que tu couches.*
Que él acueste,	*qu'il couche.*

Pluriel.

Que nosotros acostemos,	*que nous couchions.*
Que vosotros acosteis,	*que vous couchiez.*
Que ellos acuesten,	*qu'ils couchent.*

Les verbes suivans ont la même irrégularité :

Acordar,	*convenir;*	acuerda.
Acordarse,	*se souvenir;*	acuérdase.
Agorar,	*augurer;*	agüera.
Almorzar,	*déjeuner;*	almuerza.
Amolar,	*aiguiser;*	amuela.
Aporcar,	*enchausser;*	apuerca.
Aportar,	*aborder;*	apuerta.
Apostar,	*parier;*	apuesta.
Aprobar,	*approuver;*	aprueba.
Asolar,	*ravager;*	asuela.
Asoldar,	*soudoyer;*	asuelda.
Asonar,	*mettre les sons d'accord;*	asuena.

DES VERBES.

Avergonzar,	*faire honte;*	avergüenza.
Colar,	*couler;*	cuela.
Colgar,	*suspendre;*	cuelga.
Comprobar,	*prouver;*	comprueba.
Concordar,	*accorder;*	concuerda.
Consolar,	*consoler;*	consuela.
Consonar,	*s'accorder;*	consuena.
Contar,	*compter;*	cuenta.
Costar,	*coûter;*	cuesta.
Degollar,	*décapiter;*	degüella.
Demostrar,	*démontrer;*	demuestra.
Denostar,	*injurier;*	denuesta.
Desacordar,	*être discordant;*	desacuerda.
Desaprobar,	*désapprouver;*	desaprueba.
Descollar,	*surpasser en hauteur;*	descuella.
Descolgar,	*décrocher;*	descuelga.
Desconsolar,	*désoler;*	desconsuela.
Descontar,	*escompter;*	descuenta.
Desengrosar,	*dégrossir;*	desengruesa.
Desflocar,	*effiler;*	desflueca.
Desfogar,	*jeter son feu;*	desfuega.
Desolar,	*désoler;*	desuela.
Desollar,	*écorcher;*	desuella.
Desovar,	*frayer* (en parlant des poissons)	desueva.
Despoblar,	*dépeupler;*	despuebla.
Destrocar,	*défaire un troc;*	destrueca.
Desvergonzarse,	*perdre toute pudeur;*	desvergüenzase.
Emporcar,	*salir;*	empuerca.
Encordar,	*garnir de cordes;*	encuerda.
Encontrar,	*rencontrer;*	encuentra.
Engrosar,	*grossir;*	engruesa.
Enrodar,	*rouer;*	enrueda.
Esforzar,	*animer;*	esfuerza.
Forzar,	*forcer;*	fuerza.
Holgar,	*se reposer;*	huelga.

Hollar,	*fouler;*	huella.
Mostrar,	*montrer;*	muestra.
Poblar,	*peupler;*	puebla.
Probar,	*prouver;*	prueba.
Recordar,	*rappeler;*	recuerda.
Recordarse,	*se souvenir;*	recuérdase.
Recostarse,	*se coucher sur un côté;*	recuéstase.
Reforzar,	*renforcer;*	refuerza.
Regoldar,	*roter;*	regüelda.
Renovar,	*renouveler;*	renueva.
Reprobar,	*réprouver;*	reprueba.
Rescontrar,	*compenser;*	rescuentra.
Resollar,	*souffler;*	resuella.
Resonar,	*résonner;*	resuena.
Revolar,	*voler de nouveau;*	revuela.
Revolcarse,	*se vautrer;*	revuélcase.
Rodar,	*rouler;*	rueda.
Rogar,	*prier;*	ruega.
Soldar,	*souder;*	suelda.
Soltar,	*délier;*	suelta.
Sonar,	*sonner;*	suena.
Sonarse,	*se moucher;*	suénase.
Soñar,	*rêver;*	sueña.
Tostar,	*rôtir;*	tuesta.
Trascolar,	*filtrer;*	trascuela.
Trascordarse,	*oublier;*	trascuérdase.
Trasoñar,	*rêver;*	trasueña.
Trocar,	*troquer;*	trueca.
Tronar,	*tonner;*	truena.
Volar,	*voler;*	vuela.
Volcar,	*bouleverser;*	vuelca.

3°. ANDAR, aller.

INDICATIF.

PRÉTÉRIT DÉFINI.

Singulier.

Yo anduve,	*j'allai.*
Tú anduviste,	*tu allas.*
Él anduvo,	*il alla.*

Pluriel.

Nosotros anduvimos,	*nous allâmes.*
Vosotros anduvísteis,	*vous allâtes.*
Ellos anduviéron,	*ils allèrent.*

CONDITIONNEL.

2ᵉ PRÉSENT.

Singulier.

Yo anduviera,	*j'irais.*
Tú anduvieras,	*tu irais,*
Él anduviera,	*il irait.*

Pluriel.

Nosotros anduviéramos,	*nous irions.*
Vosotros anduviérais,	*vous iriez.*
Ellos anduvieran,	*ils iraient.*

SUBJONCTIF.

1ᵉʳ IMPARFAIT.

Singulier.

Que yo anduviese,   *que j'allasse.*
Que tú anduvieses,   *que tu allasses.*
Que él anduviese,   *qu'il allât.*

Pluriel.

Que nosotros anduviésemos, *que nous allassions.*
Que vosotros anduviéseis,   *que vous allassiez.*
Que ellos anduviesen,   *qu'ils allassent.*

Le second imparfait est semblable au second présent du conditionnel.

FUTUR SIMPLE.

Singulier.

Cuando yo anduviere, *quand j'irai.*
Cuando tú anduvieres, *quand tu iras.*
Cuando él anduviere, *quand il ira.*

Pluriel.

Cuando nosotros anduviéremos, *quand nous irons.*
Cuando vosotros anduviéreis,   *quand vous irez.*
Cuando ellos anduvieren,   *quand ils iront.*

4°. DAR, donner.

INDICATIF.

PRÉSENT.

Singulier.

Yo doy,*	je donne.
Tú das,	tu donnes.
Él da,	il donne.

Pluriel.

Nosotros damos,	nous donnons.
Vosotros dais,	vous donnez.
Ellos dan,	ils donnent.

PRÉTÉRIT DÉFINI.

Singulier.

Yo dí,	je donnai.
Tú diste,	tu donnas.
Él dió,	il donna.

Pluriel.

Nosotros dimos,	nous donnâmes.
Vosotros dísteis,	vous donnâtes.
Ellos diéron,	ils donnèrent.

* Autrefois *do*.

CONDITIONNEL.

2ᵉ PRÉSENT.

Singulier.

Yo diera, *je donnerais.*
Tú dieras, *tu donnerais.*
Él diera, *il donnerait.*

Pluriel.

Nosotros diéramos, *nous donnerions.*
Vosotros diérais, *vous donneriez.*
Ellos dieran, *ils donneraient.*

SUBJONCTIF.

1ᵉʳ IMPARFAIT.

Singulier.

Que yo diese, *que je donnasse.*
Que tú dieses, *que tu donnasses.*
Que él diese, *qu'il donnât.*

Pluriel.

Que nosotros diésemos, *que nous donnassions.*
Que vosotros diéseis, *que vous donnassiez.*
Que ellos diesen, *qu'ils donnassent.*

Le second imparfait est semblable au second présent du conditionnel.

FUTUR.

Singulier.

Cuando yo diere,	*quand je donnerai.*
Cuando tú dieres,	*quand tu donneras.*
Cuando él diere,	*quand il donnera.*

Pluriel.

Cuando nosotros diéremos,	*quand nous donnerons.*
Cuando vosotros diéreis,	*quand vous donnerez.*
Cuando ellos dieren,	*quand ils donneront.*

5°. ESTAR, être.

Voyez la Conjugaison de ce verbe page 97.

6.° JUGAR, jouer.

INDICATIF.

PRÉSENT.

Singulier.

Yo juego,	*je joue.*
Tú juegas,	*tu joues.*
Él juega,	*il joue.*

Pluriel.

Nosotros jugamos,	*nous jouons.*
Vosotros jugais,	*vous jouez.*
Ellos juegan,	*ils jouent.*

DES VERBES.

PRÉTÉRIT DÉFINI.

Singulier.

Yo jugué,   je jouai.
Tú jugaste,   tu jouas.
Él jugó,   il joua.

Pluriel.

Nosotros jugámos,   nous jouâmes.
Vosotros jugásteis,   vous jouâtes.
Ellos jugáron,   ils jouèrent.

IMPÉRATIF.

Singulier.

(*Point de première personne.*)

Juega tú,   joue.
Juegue él,   qu'il joue.

Pluriel.

Juguemos,   jouons.
Jugad,   jouez.
Jueguen ellos,   qu'ils jouent.

SUBJONCTIF.

PRÉSENT.

Singulier.

Que yo juegue,   que je joue.
Que tú juegues,   que tu joues.
Que él juegue,   qu'il joue.

Pluriel.

Que nosotros juguemos, *que nous jouions.*
Que vosotros jugueis, *que vous jouiez.*
Que ellos jueguen, *qu'ils jouent.*

7°. Verbes terminés en CAR.

Les verbes terminés en *car* n'ont d'autre irrégularité que de changer le *c* en *qu*, toutes les fois que cette lettre doit être suivie d'un *e* dans les changemens de terminaison que le verbe éprouve d'après les règles de la formation des temps. Cette irrégularité dans l'orthographe n'a lieu que pour que la prononciation du verbe soit toujours la même, et elle est nécessitée par la différence qu'il y a dans la prononciation du *c* devant l'*a* et devant l'*e*. Ainsi le verbe *tocar*, toucher, fera au prétérit défini *toqué*, je touchai; et au présent du subjonctif *que yo toque*, que je touche, au lieu de *tocé* et *toce*.

8°. Verbes terminés en GAR.

L'irrégularité des verbes terminés en *gar* consiste dans le changement du *g* en *gu* dans toutes les personnes où la lettre *g* doit être suivie d'un *e*. Cette irrégularité est causée par la différence de la prononciation du *g* devant l'*a* et devant l'*e*. Ainsi *pagar*, payer, fera au prétérit défini *pagué* et au subjonctif présent *pague*, au lieu de *pagé* et *page*.

Seconde conjugaison.

9°. ABSOLVER, absoudre.

Ce verbe a la même irrégularité que le verbe *acostar*, c'est-à-dire qu'il change *o* en *ue* dans les mêmes temps et les mêmes personnes.

INDICATIF.

PRÉSENT.

Singulier.

Yo absuelvo,	*j'absous.*
Tú absuelves,	*tu absous.*
Él absuelve,	*il absout.*

Pluriel.

Nosotros absolvemos,	*nous absolvons.*
Vosotros absolveis,	*vous absolvez.*
Ellos absuelven,	*ils absolvent.*

IMPÉRATIF.

Singulier.

(*Point de première personne.*)

Absuelve tú,	*absous.*
Absuelva él,	*qu'il absolve.*

Pluriel.

Absolvamos,	*absolvons.*
Absolved,	*absolvez.*
Absuelvan ellos,	*qu'ils absolvent.*

SUBJONCTIF.

PRÉSENT.

Singulier.

Que yo absuelva, que j'absolve.
Que tú absuelvas, que tu absolves.
Que él absuelva, qu'il absolve.

Pluriel.

Que nosotros absolvamos, que nous absolvions.
Que vosotros absolvais, que vous absolviez.
Que ellos absuelvan, qu'ils absolvent.

Les verbes suivans ont la même irrégularité :

Cocer,	cuire;	cuece.
Condoler,	compatir;	conduele.
Conmover,	émouvoir;	conmueve.
Demoler,	démolir;	demuele.
Desenvolver,	dérouler;	desenvuelve.
Destorcer,	détordre;	destuerce.
Devolver,	renvoyer;	devuelve.
Disolver,	dissoudre;	disuelve.
Doler,	faire mal;	duele.
Envolver,	envelopper;	envuelve.
Escocer,	cuire, démanger;	escuece.
Llover,	pleuvoir;	llueve.
Moler,	moudre;	muele.
Morder,	mordre;	muerde.
Mover,	mouvoir;	mueve.
Oler,	sentir, flairer;	huele.
Promover,	élever à une dignité;	promueve.
Rocecer,	recuire;	recuece.

Remorder,	remordre, causer des remords;	remuerde.
Remover,	remuer;	remueve.
Resolver,	résoudre;	resuelve.
Retorcer,	retordre, rétorquer;	retuerce.
Revolver,	remuer, troubler;	revuelve.
Soler,	avoir coutume;	suele.
Torcer,	tordre;	tuerce.
Volver,	revenir, rendre;	vuelve.

10°. AscENDER, monter.

Ce verbe a la même irrégularité que le verbe *acertar*, c'est-à-dire qu'il prend un *i* devant l'*e* dans les mêmes temps et les mêmes personnes.

INDICATIF.

PRÉSENT.

Singulier.

Yo asciendo,	je monte.
Tú asciendes,	tu montes.
Él asciende,	il monte.

Pluriel.

Nosotros ascendemos,	nous montons.
Vosotros ascendeis,	vous montez.
Ellos ascienden,	ils montent.

IMPÉRATIF.

Singulier.

(*Point de première personne.*)

Asciende tú,	monte.
Ascienda él,	qu'il monte.

Pluriel.

Ascendamos,	*montons.*
Ascended,	*montez.*
Asciendan ellos,	*qu'ils montent.*

SUBJONCTIF.

PRÉSENT.

Singulier.

Que yo ascienda,	*que je monte.*
Que tú asciendas,	*que tu montes.*
Que él ascienda,	*qu'il monte.*

Pluriel.

Que nosotros ascendamos,	*que nous montions.*
Que vosotros ascendais,	*que vous montiez.*
Que ellos asciendan,	*qu'ils montent.*

Les verbes suivans ont la même irrégularité :

Atender,	*considérer;*	atiende.
Cerner,	*bluter;*	cierne.
Condescender,	*condescendre;*	condesciende.
Contender,	*disputer;*	contiende.
Defender,	*défendre;*	defiende.
Desatender,	*ne pas faire attention;*	desatiende.
Descender,	*descendre;*	desciende.
Desentender,	*feindre d'ignorer;*	desentiende.
Encender,	*allumer;*	enciende.
Entender,	*entendre;*	entiende.

Extender,	*étendre;*	extiende.
Heder,	*puer;*	hiede.
Hender,	*fendre;*	hiende.
Perder,	*perdre;*	pierde.
Reverter,	*déborder;*	revierte.
Tender,	*tendre;*	tiende.
Trascender,	*pénétrer;*	trasciende.
Verter,	*verser;*	vierte.

11°. CABER, contenir.

INDICATIF.

PRÉSENT.

Singulier.

Yo quepo,   *je contiens.*
Tú cabes,   *tu contiens.*
Él cabe,   *il contient.*

Pluriel.

Nosotros cabemos,   *nous contenons.*
Vosotros cabeis,   *vous contenez.*
Ellos caben,   *ils contiennent.*

PRÉTÉRIT DÉFINI.

Singulier.

Yo cupe,   *je contins.*
Tú cupiste,   *tu contins.*
Él cupo,*   *il contint.*

* Autrefois *copo.*

DES VERBES.

Pluriel.

Nosotros cupimos,	*nous contînmes.*
Vosotros cupísteis,	*vous contîntes.*
Ellos cupiéron,	*ils continrent.*

FUTUR SIMPLE.

Singulier.

Yo cabré,	*je contiendrai.*
Tú cabrás,	*tu contiendras.*
Él cabrá,	*il contiendra.*

Pluriel.

Nosotros cabrémos,	*nous contiendrons.*
Vosotros cabréis,	*vous contiendrez.*
Ellos cabrán,	*ils contiendront.*

CONDITIONNEL.

PRÉSENT.

Singulier.

Yo cabria,	*je contiendrais.*
Tú cabrias,	*tu contiendrais.*
Él cabria,	*il contiendrait.*

Pluriel.

Nosotros cabríamos,	*nous contiendrions.*
Vosotros cabríais,	*vous contiendriez.*
Ellos cabrian,	*ils contiendraient.*

Autrement.

Singulier.

Yo cupiera,	*je contiendrais.*
Tú cupieras,	*tu contiendrais.*
Él cupiera,	*il contiendrait.*

Pluriel.

Nosotros cupiéramos,	*nous contiendrions.*
Vosotros cupiérais,	*vous contiendriez.*
Ellos cupieran,	*ils contiendraient.*

IMPÉRATIF.

Singulier.

(*Point de première personne.*)

Cabe tú,	*contiens.*
Quepa él,	*qu'il contienne.*

Pluriel.

Quepamos,	*contenons.*
Cabed,	*contenez.*
Quepan ellos,	*qu'ils contiennent.*

SUBJONCTIF.

PRÉSENT.

Singulier.

Que yo quepa,	*que je contienne.*
Que tú quepas,	*que tu contiennes.*
Que él quepa,	*qu'il contienne.*

Pluriel.

Que nosotros quepamos, *que nous contenions.*
Que vosotros quepais, *que vous conteniez.*
Que ellos quepan, *qu'ils contiennent.*

1ᵉʳ IMPARFAIT.

Singulier.

Que yo cupiese, *que je continsse.*
Que tú cupieses, *que tu continsses.*
Que él cupiese, *qu'il contînt.*

Pluriel.

Que nosotros cupiésemos, *que nous continssions.*
Que vosotros cupiéseis, *que vous continssiez.*
Que ellos cupiesen, *qu'ils continssent.*

Le second imparfait est semblable au second présent du conditionnel.

FUTUR SIMPLE.

Singulier.

Cuando yo cupiere, *quand je contiendrai.*
Cuando tú cupieres, *quand tu contiendras.*
Cuando él cupiere, *quand il contiendra.*

Pluriel.

Cuando nosotros cupiéremos, *quand nous contiendrons.*
Cuando vosotros cupiéreis, *quand vous contiendrez.*
Cuando ellos cupieren, *quand ils contiendront.*

12°. CAER, tomber.

INDICATIF.

PRÉSENT.

Singulier.

Yo caigo,*	*je tombe.*
Tú caes,	*tu tombes.*
Él cae,	*il tombe.*

Pluriel.

Nosotros caemos,	*nous tombons.*
Vosotros caeis,	*vous tombez.*
Ellos caen,	*ils tombent.*

PRÉTÉRIT DÉFINI.

Singulier.

Yo caí,	*je tombai.*
Tú caiste,	*tu tombas.*
Él cayó,	*il tomba.*

Pluriel.

Nosotros caimos,	*nous tombâmes.*
Vosotros caísteis,	*vous tombâtes.*
Ellos cayéron,	*ils tombèrent.*

* On disait autrefois *cayo, caya, cayas, caya, cayamos, cayais, cayan,* au lieu de *caigo, caiga,* etc.

CONDITIONNEL.

2ᵉ PRÉSENT.

Singulier.

Yo cayera,	*je tomberais.*
Tú cayeras,	*tu tomberais.*
Él cayera,	*il tomberait.*

Pluriel.

Nosotros cayéramos,	*nous tomberions.*
Vosotros cayérais,	*vous tomberiez.*
Ellos cayeran,	*ils tomberaient.*

IMPÉRATIF.

Singulier.

(*Point de première personne.*)

Cae tú,	*tombe.*
Caiga él,	*qu'il tombe.*

Pluriel.

Caigamos,	*tombons.*
Caed,	*tombez.*
Caigan ellos,	*qu'ils tombent.*

SUBJONCTIF.

PRÉSENT.

Singulier.

Que yo caiga,	*que je tombe.*
Que tú caigas,	*que tu tombes.*
Que él caiga,	*qu'il tombe.*

Pluriel.

Que nosotros caigamos, *que nous tombions.*
Que vosotros caigais, *que vous tombiez.*
Que ellos caigan, *qu'ils tombent.*

1ᵉʳ IMPARFAIT.

Singulier.

Que yo cayese, *que je tombasse.*
Que tú cayeses, *que tu tombasses.*
Que él cayese, *qu'il tombât.*

Pluriel.

Que nosotros cayésemos, *que nous tombassions.*
Que vosotros cayéseis, *que vous tombassiez.*
Que ellos cayesen, *qu'ils tombassent.*

Le second imparfait est semblable au second présent du conditionnel.

FUTUR SIMPLE.

Singulier.

Cuando yo cayere, *quand je tomberai.*
Cuando tú cayeres, *quand tu tomberas.*
Cuando él cayere, *quand il tombera.*

Pluriel.

Cuando nosotros cayéremos,   *quand nous tomberons.*
Cuando vosotros cayéreis,   *quand vous tomberez.*
Cuando ellos cayeren,   *quand ils tomberont.*

INFINITIF.
PARTICIPE ACTIF.
Présent.

Cayendo,   *tombant.*

Ainsi se conjuguent *decaer*, déchoir ; *recaer*, retomber ; *raer*, raser ; et *roer*, ronger.

13°. HABER, avoir.

Voyez la conjugaison de ce verbe, page 71.

14°. PODER, pouvoir.
INDICATIF.
PRÉSENT.
Singulier.

Yo puedo,   *je peux.*
Tú puedes,   *tu peux.*
Él puede,   *il peut.*

Pluriel.

Nosotros podemos,   *nous pouvons.*
Vosotros podeis,   *vous pouvez.*
Ellos pueden,   *ils peuvent.*

DES VERBES.

PRÉTÉRIT DÉFINI.

Singulier.

Yo pude,   *je pus.*
Tú pudiste,   *tu pus.*
Él pudo,   *il put.*

Pluriel.

Nosotros pudimos,   *nous pûmes.*
Vosotros pudísteis,   *vous pûtes.*
Ellos pudiéron,   *ils purent.*

FUTUR SIMPLE.

Singulier.

Yo podré,   *je pourrai.*
Tú podrás,   *tu pourras.*
Él podrá,   *il pourra.*

Pluriel.

Nosotros podrémos,   *nous pourrons.*
Vosotros podréis,   *vous pourrez.*
Ellos podrán,   *ils pourront.*

CONDITIONNEL.

PRÉSENT.

Singulier.

Yo podria,   *je pourrais.*
Tú podrias,   *tu pourrais.*
Él podria,   *il pourrait.*

Pluriel.

Nosotros podríamos,	*nous pourrions.*
Vosotros podríais,	*vous pourriez.*
Ellos podrian,	*ils pourraient.*

Autrement.

Singulier.

Yo pudiera,	*je pourrais.*
Tú pudieras,	*tu pourrais.*
Él pudiera,	*il pourrait.*

Pluriel.

Nosotros pudiéramos,	*nous pourrions.*
Vosotros pudiérais,	*vous pourriez.*
Ellos pudieran,	*ils pourraient.*

SUBJONCTIF.

PRÉSENT.

Singulier.

Que yo pueda,	*que je puisse.*
Que tú puedas	*que tu puisses.*
Que él pueda,	*qu'il puisse.*

Pluriel.

Que nosotros podamos,	*que nous puissions.*
Que vosotros podais,	*que vous puissiez.*
Que ellos puedan,	*qu'ils puissent.*

1ᵉʳ IMPARFAIT.

Singulier.

Que yo pudiese,   *que je pusse.*
Que tú pudieses,   *que tu pusses.*
Que él pudiese,   *qu'il pût.*

Pluriel.

Que nosotros pudiésemos,   *que nous pussions.*
Que vosotros pudiéseis,   *que nous pussiez.*
Que ellos pudiesen,   *qu'ils pussent.*

Le second imparfait est semblable au second présent du conditionnel.

FUTUR SIMPLE.

Singulier.

Cuando yo pudiere,   *quand je pourrai.*
Cuando tú pudieres,   *quand tu pourras.*
Cuando él pudiere,   *quand il pourra.*

Pluriel.

Cuando nosotros pudiéremos,   *quand nous pourrons.*
Cuando vosotros pudiéreis,   *quand vous pourrez.*
Cuando ellos pudieren,   *quand ils pourront.*

INFINITIF.

PARTICIPE ACTIF.

Présent.

Pudiendo,   *pouvant.*

15°. Poner, mettre.
INDICATIF.
PRÉSENT.
Singulier.

Yo pongo,	je mets.
Tú pones,	tu mets.
Él pone,	il met.

Pluriel.

Nosotros ponemos,	nous mettons.
Vosotros poneis,	vous mettez.
Ellos ponen,	ils mettent.

PRÉTÉRIT DÉFINI.
Singulier.

Yo puse,	je mis.
Tú pusiste,	tu mis.
Él puso,	il mit.

Pluriel.

Nosotros pusimos,	nous mîmes.
Vosotros pusísteis,	vous mîtes.
Ellos pusiéron,	ils mirent.

FUTUR SIMPLE.
Singulier.

Yo pondré,	je mettrai.
Tú pondrás,	tu mettras.
Él pondrá,	il mettra.

Pluriel.

Nosotros pondrémos,   *nous mettrons.*
Vosotros pondréis,   *vous mettrez.*
Ellos pondrán,   *ils mettront.*

CONDITIONNEL.

PRÉSENT.

Singulier.

Yo pondria,   *je mettrais.*
Tú pondrias,   *tu mettrais.*
Él pondria,   *il mettrait.*

Pluriel.

Nosotros pondríamos,   *nous mettrions.*
Vosotros pondríais,   *vous mettriez.*
Ellos pondrian,   *ils mettraient.*

Autrement.

Singulier.

Yo pusiera,   *je mettrais.*
Tú pusieras,   *tu mettrais.*
Él pusiera,   *il mettrait.*

Pluriel.

Nosotros pusiéramos,   *nous mettrions.*
Vosotros pusiérais,   *vous mettriez.*
Ellos pusieran,   *ils mettraient.*

IMPÉRATIF.
Singulier.
(Point de première personne.)

Pon tú,	mets.
Ponga él,	qu'il mette.

Pluriel.

Pongamos,	mettons.
Poned,	mettez.
Pongan ellos,	qu'ils mettent.

SUBJONCTIF.
PRÉSENT.
Singulier.

Que yo ponga,	que je mette.
Que tú pongas,	que tu mettes.
Que él ponga,	qu'il mette.

Pluriel.

Que nosotros pongamos,	que nous mettions.
Que vosotros pongais,	que vous mettiez.
Que ellos pongan,	qu'ils mettent.

1er IMPARFAIT.
Singulier.

Que yo pusiese,	que je misse.
Que tú pusieses,	que tu misses.
Que él pusiese,	qu'il mît.

Pluriel.

Que nosotros pusiésemos, *que nous missions.*
Que vosotros pusiéseis, *que vous missiez.*
Que ellos pusiesen, *qu'ils missent.*

Le second imparfait est semblable au second présent du conditionnel.

FUTUR SIMPLE.

Singulier.

Cuando yo pusiere, *quand je mettrai.*
Cuando tú pusieres, *quand tu mettras.*
Cuando él pusiere, *quand il mettra.*

Pluriel.

Cuando nosotros pusiéremos, *quand nous mettrons.*
Cuando vosotros pusiéreis, *quand vous mettrez.*
Cuando ellos pusieren, *quand ils mettront.*

Ainsi se conjuguent les composés de *poner*, tels que *componer*, composer; *deponer*, déposer, etc.

16°. QUERER, vouloir.
INDICATIF.
PRÉSENT.
Singulier.

Yo quiero, *je veux.*
Tú quieres, *tu veux.*
Él quiere, *il veut.*

Pluriel.

Nosotros queremos,   *nous voulons.*
Vosotros quereis,   *vous voulez.*
Ellos quieren,   *ils veulent.*

PRÉTÉRIT DÉFINI.

Singulier.

Yo quise,   *je voulus.*
Tú quisiste,   *tu voulus.*
Él quiso,   *il voulut.*

Pluriel.

Nosotros quisimos,   *nous voulûmes.*
Vosotros quisisteis,   *vous voulûtes.*
Ellos quisiéron,   *ils voulurent.*

FUTUR SIMPLE.

Singulier.

Yo querré,   *je voudrai.*
Tú querrás,   *tu voudras.*
Él querrá,   *il voudra.*

Pluriel.

Nosotros querrémos,   *nous voudrons.*
Vosotros querréis,   *vous voudrez.*
Ellos querrán,   *ils voudront.*

CONDITIONNEL.

PRÉSENT.

Singulier.

Yo querria,	*je voudrais.*
Tú querrias,	*tu voudrais.*
Él querria,	*il voudrait.*

Pluriel.

Nosotros querríamos	*nous voudrions.*
Vosotros querriais,	*vous voudriez.*
Ellos querrian,	*ils voudraient.*

Autrement.

Singulier.

Yo quisiera,	*je voudrais.*
Tú quisieras,	*tu voudrais.*
Él quisiera,	*il voudrait.*

Pluriel.

Nosotros quisiéramos,	*nous voudrions.*
Vosotros quisiérais,	*vous voudriez.*
Ellos quisieran,	*ils voudraient.*

IMPÉRATIF.

Singulier.

(*Point de première personne.*)

Quiere tú,	
Quiera él,	*qu'il veuille.*

DES VERBES.

Pluriel.

Queramos.
Quered,   veuillez.
Quieran ellos,   qu'ils veuillent.

SUBJONCTIF.

PRÉSENT.

Singulier.

Que yo quiera,   que je veuille.
Que tú quieras,   que tu veuilles.
Que él quiera,   qu'il veuille.

Pluriel.

Que nosotros queramos,   que nous voulions.
Que vosotros querais,   que vous vouliez.
Que ellos quieran,   qu'ils veuillent.

1ᵉʳ IMPARFAIT.

Singulier.

Que yo quisiese,   que je voulusse.
Que tú quisieses,   que tu voulusses.
Que él quisiese,   qu'il voulût.

Pluriel.

Que nosotros quisiésemos,   que nous voulussions.
Que vosotros quisiéseis,   que vous voulussiez.
Que ellos quisiesen,   qu'ils voulussent.

Le second imparfait est semblable au second présent du conditionnel.

FUTUR SIMPLE.

Singulier.

Cuando yo quisiere, *quand je voudrai.*
Cuando tú quisieres, *quand tu voudras.*
Cuando él quisiere, *quand il voudra.*

Pluriel.

Cuando nosotros quisiéremos, *quand nous voudrons.*
Cuando vosotros quisiéreis, *quand vous voudrez.*
Cuando ellos quisieren, *quand ils voudront.*

17°. SABER, savoir.

INDICATIF.

PRÉSENT.

Singulier.

Yo sé, *je sais.*
Tú sabes, *tu sais.*
Él sabe, *il sait.*

Pluriel.

Nosotros sabemos, *nous savons.*
Vosotros sabeis, *vous savez.*
Ellos saben, *ils savent.*

PRÉTÉRIT DÉFINI.

Singulier.

Yo supe,	je sus.
Tú supiste,	tu sus.
Él supo,*	il sut.

Pluriel.

Nosotros supimos,	nous sûmes.
Vosotros supísteis,	vous sûtes.
Ellos supiéron,	ils surent.

FUTUR SIMPLE.

Singulier.

Yo sabré,	je saurai.
Tú sabrás,	tu sauras.
Él sabrá,	il saura.

Pluriel.

Nosotros sabrémos,	nous saurons.
Vosotros sabréis,	vous saurez.
Ellos sabrán,	ils sauront.

CONDITIONNEL.

PRÉSENT.

Singulier.

Yo sabria,	je saurais.
Tú sabrias,	tu saurais.
Él sabria,	il saurait.

* On disait autrefois *sopo.*

DES VERBES.

Pluriel.

Nosotros sabríamos, *nous saurions.*
Vosotros sabríais, *vous sauriez.*
Ellos sabrian, *ils sauraient.*

Autrement.

Singulier.

Yo supiera, *je saurais.*
Tú supieras, *tu saurais.*
Él supiera, *il saurait.*

Pluriel.

Nosotros supiéramos, *nous saurions.*
Vosotros supiérais, *vous sauriez.*
Ellos supieran, *ils sauraient.*

IMPÉRATIF.

Singulier.

(*Point de première personne.*)

Sabe tú, *sache.*
Sepa él, *qu'il sache.*

Pluriel.

Sepamos, *sachons.*
Sabed, *sachez.*
Sepan ellos, *qu'ils sachent.*

SUBJONCTIF.
PRÉSENT.
Singulier.

Que yo sepa,   *que je sache.*
Que tú sepas,   *que tu saches.*
Que él sepa,   *qu'il sache.*

Pluriel.

Que nosotros sepamos,   *que nous sachions.*
Que vosotros sepais,   *que vous sachiez.*
Que ellos sepan,   *qu'ils sachent.*

1ᵉʳ IMPARFAIT.
Singulier.

Que yo supiese,   *que je susse.*
Que tú supieses,   *que tu susses.*
Que él supiese,   *qu'il sût.*

Pluriel.

Que nosotros supiésemos, *que nous sussions.*
Que vosotros supiéseis,   *que vous sussiez.*
Que ellos supiesen,   *qu'ils sussent.*

Le second imparfait est semblable au second présent du conditionnel.

FUTUR SIMPLE.
Singulier.

Cuando yo supiere,   *quand je saurai.*
Cuando tú supieres,   *quand tu sauras.*
Cuando él supiere,   *quand il saura.*

DES VERBES.

Pluriel.

Cuando nosotros supiéremos, *quand nous saurons.*
Cuando vosotros supiéreis, *quand vous saurez.*
Cuando ellos supieren, *quand ils sauront.*

18°. SER, être.

Voyez la conjugaison de ce verbe, page 88.

19°. TENER, avoir, tenir.

Voyez la conjugaison de ce verbe, page 80. Ses composés, tels que *contener*, contenir; *detener*, détenir, etc. se conjuguent de même.

20°. TRAER, porter.

INDICATIF.

PRÉSENT.

Singulier.

Yo traigo,*   *je porte.*
Tú traes,   *tu portes.*
Él trae,   *il porte.*

Pluriel.

Nosotros traemos,   *nous portons.*
Vosotros traeis,   *vous portez.*
Ellos traen,   *ils portent.*

* Autrefois on disait *trayo, traya, trayas, traya, trayamos, trayais, trayan,* au lieu de *traigo, traiga,* etc.

PRÉTÉRIT DÉFINI.

Singulier.

Yo traje,*	*je portai.*
Tú trajiste,	*tu portas.*
Él trajo,	*il porta.*

Pluriel.

Nosotros trajemos,	*nous portâmes.*
Vosotros trajísteis,	*vous portâtes.*
Ellos trajéron,	*ils portèrent.*

CONDITIONNEL.

2° PRÉSENT.

Singulier.

Yo trajera,	*je porterais.*
Tú trajeras,	*tu porterais.*
Él trajera,	*il porterait.*

Pluriel.

Nosotros trajéramos,	*nous porterions.*
Vosotros trajérais,	*vous porteriez.*
Ellos trajeran,	*ils porteraient.*

* Autrefois on disait *truje, trujera, trujese, trujere,* etc. au lieu de *traje, trajera,* etc.

IMPÉRATIF.

Singulier.

(*Point de première personne.*)

Trae tú,	*porte.*
Traiga él.	*qu'il porte.*

Pluriel.

Traigamos,	*portons.*
Traed,	*portez.*
Traigan,	*qu'ils portent.*

SUBJONCTIF.

PRÉSENT.

Singulier.

Que yo traiga,	*que je porte.*
Que tú traigas,	*que tu portes.*
Que él traiga,	*qu'il porte.*

Pluriel.

Que nosotros traigamos,	*que nous portions.*
Que vosotros traigais,	*que vous portiez.*
Que ellos traigan,	*qu'ils portent.*

1ᵉʳ IMPARFAIT.

Singulier.

Que yo trajese,	*que je portasse.*
Que tú trajeses,	*que tu portasses.*
Que él trajese,	*qu'il portât.*

Pluriel.

Que nosotros trajésemos, *que nous portassions.*
Que vosotros trajéseis, *que vous portassiez.*
Que ellos trajesen, *qu'ils portassent.*

Le second imparfait est semblable au second présent du conditionnel.

FUTUR SIMPLE.
Singulier.

Cuando yo trajere, *quand je porterai.*
Cuando tú trajeres, *quand tu porteras.*
Cuando él trajere, *quand il portera.*

Pluriel.

Cuando nosotros trajéremos, *quand nous porterons.*
Cuando vosotros trajéreis, *quand vous porterez.*
Cuando ellos trajeren, *quand ils porteront.*

Ainsi se conjuguent les composés de *traer*, tels que *atraer*, attirer; *contraer*, contracter, etc.

21°. VALER, valoir.

INDICATIF.

PRÉSENT.

Singulier.

Yo valgo,* *je vaux.*
Tú vales, *tu vaux.*
Él vale, *il vaut.*

* Autrefois on disait *valo, vala, valas,* etc. au lieu de *valgo, valga,* etc.

Pluriel.

Nosotros valemos, *nous valons.*
Vosotros valeis, *vous valez.*
Ellos valen, *ils valent.*

FUTUR SIMPLE.

Singulier.

Yo valdré, *je vaudrai.*
Tú valdrás, *tu vaudras.*
Él valdrá, *il vaudra.*

Pluriel.

Nosotros valdrémos, *nous vaudrons.*
Vosotros valdréis, *vous vaudrez.*
Ellos valdrán, *ils vaudront.*

CONDITIONNEL.

1er PRÉSENT.

Singulier.

Yo valdria, *je vaudrais.*
Tú valdrias, *tu vaudrais.*
Él valdria, *il vaudrait.*

Pluriel.

Nosotros valdríamos, *nous vaudrions.*
Vosotros valdríais, *vous vaudriez.*
Ellos valdrian. *ils vaudraient.*

IMPÉRATIF.

Singulier.

(Point de première personne.)

Vale tú,	*vaux.*
Valga él,	*qu'il vaille.*

Pluriel.

Valgamos,	*valons.*
Valed,	*valez.*
Valgan ellos,	*qu'il vaillent.*

SUBJONCTIF.

PRÉSENT.

Singulier.

Que yo valga,	*que je vailles.*
Que tú valgas,	*que tu vailles.*
Que él valga.	*qu'il vaille.*

Pluriel.

Que nosotros valgamos,	*que nous valions.*
Que vosotros valgais,	*que vous valiez.*
Que ellos valgan,	*qu'ils vaillent.*

Equivaler, équivaloir, se conjugue de même.

22°. VER, voir.

INDICATIF.

PRÉSENT.

Singulier.

Yo veo,	*je vois.*
Tú ves,	*tu vois.*
Él ve,	*il voit.*

Pluriel.

Nosotros vemos,	*nous voyons.*
Vosotros veis,	*vous voyez.*
Ellos ven,	*ils voient.*

IMPARFAIT.

Singulier.

Yo veia, *	*je voyais.*
Tú veias,	*tu voyais.*
Él veia,	*il voyait.*

Pluriel.

Nosotros veíamos,	*nous voyions.*
Vosotros veíais,	*vous voyiez.*
Ellos veian,	*ils voyaient.*

* On disait autrefois *via, vias, via,* etc. et l'imparfait était ainsi régulier, tandis que le prétérit défini, qui est aujourd'hui régulier, ne l'était pas alors : car on disait *vide,* je vis ; *vido,* il vit.

IMPÉRATIF.

Singulier.

(*Point de première personne.*)

Ve tú,	vois.
Vea él,	qu'il voie.

Pluriel.

Veamos,	voyons.
Ved,	voyez.
Vean ellos,	qu'il voient.

SUBJONCTIF.

PRÉSENT.

Singulier.

Que yo véa,	que je voie.
Que tú veas,	que tu voies.
Que él vea,	qu'il voie.

Pluriel.

Que nosotros veamos,	que nous voyions.
Que vosotros veais,	que vous voyiez.
Que ellos vean,	qu'ils voient.

23°. Verbes terminés en CER.

Les verbes terminés en *cer* n'ont d'autre irrégularité que de changer le *c* en *z* toutes les fois que cette lettre doit être suivie d'un *a* ou d'un *o*, dans les changemens de terminaison que le verbe éprouve d'après les règles de la formation des temps. Cette irrégularité dans l'orthographe est nécessitée par la différence qu'il y a dans la prononciation du *c* devant l'*e* et devant l'*a* et l'*o*. Ainsi le verbe *vencer*, vaincre, fera *venzo, venza*, etc. et non *venco, venca*, etc.

Il faut en excepter les verbes terminés en *acer*, *ecer* et *ocer*, dont l'irrégularité est différente, ainsi qu'on va le voir.

24°. Verbes terminés en ACER, ECER et OCER.

Les verbes terminés en *acer*, *ecer* et *ocer* prennent un *z* devant le *c* de leur finale à la première personne du présent de l'indicatif, et à toutes les personnes du présent du subjonctif, ainsi qu'à la troisième personne du singulier et du pluriel, et à la première personne du pluriel de l'impératif. Par conséquent *nacer*, naître; *empobrecer*, appauvrir, et *conocer*, connaître, feront à la première personne du singulier du présent de l'indicatif *nazco*, *empobrezco*, *conozco*; et à la première personne du présent du subjonctif, *nazca*, *empobrezca*, *conozca*, etc.

Quoique les verbes *hacer*, faire, et *cocer*, cuire, et leurs dérivés soient terminés en *acer* et en *ocer*, leur irrégularité est différente, comme on va le voir.

25°. HACER, faire.

INDICATIF.

PRÉSENT.

Singulier.

Yo hago,	*je fais.*
Tú haces,	*tu fais.*
Él hace,	*il fait.*

Pluriel.

Nosotros hacemos,	*nous faisons.*
Vosotros haceis,	*nous faites.*
Ellos hacen,	*ils font.*

PRÉTÉRIT DÉFINI.

Singulier.

Yo hice,	*je fis.*
Tú hiciste,	*tu fis.*
Él hizo,	*il fit.*

Pluriel.

Nosotros hicimos,	*nous fîmes.*
Vosotros hicísteis,	*vous fîtes.*
Ellos hiciéron,	*ils firent.*

DES VERBES.

FUTUR SIMPLE.

Singulier.

Yo haré, je ferai.
Tú harás, tu feras.
Él hará, il fera.

Pluriel.

Nosotros harémos, nous ferons.
Vosotros haréis, vous ferez.
Ellos harán, ils feront.

CONDITIONNEL.

PRÉSENT.

Singulier.

Yo haria, je ferais.
Tú harias, tu ferais.
Él haria, il ferait.

Pluriel.

Nosotros hariamos, nous ferions.
Vosotros hariais, vous feriez.
Ellos harian, ils feraient.

Autrement.

Singulier.

Yo hiciera, je ferais.
Tú hicieras, tu ferais.
Él hiciera, il ferait.

DES VERBES.

Pluriel.

Nosotros hiciéramos,   nous ferions.
Vosotros hiciérais,   vous feriez.
Ellos hicieran,   ils feraient.

IMPÉRATIF.

Singulier.

(*Point de première personne.*)

Haz tú,   fais.
Haga él,   qu'il fasse.

Singulier.

Hagamos,   faisons.
Haced,   faites.
Hagan ellos, qu'ils fassent.

SUBJONCTIF.

PRÉSENT.

Singulier.

Que yo haga,   que je fasse.
Que tú hagas,   que tu fasses.
Que él haga,   qu'il fasse.

Pluriel.

Que nosotros hagamos, que nous fassions.
Que vosotros hagais,   que vous fassiez.
Que ellos hagan,   qu'ils fassent.

1ᵉʳ IMPARFAIT.

Singulier.

Que yo hiciese, *que je fisse.*
Que tú hicieses, *que tu fisses.*
Que él hiciese, *qu'il fît.*

Pluriel.

Que nosotros hiciésemos, *que nous fissions.*
Que vosotros hiciéseis, *que vous fissiez.*
Que ellos hiciesen, *qu'ils fissent.*

Le second imparfait est semblable au second présent du conditionnel.

FUTUR SIMPLE.

Singulier.

Cuando yo hiciere, *quand je ferai.*
Cuando tú hicieres, *quand tu feras.*
Cuando él hiciere, *quand il fera.*

Pluriel.

Cuando nosotros hiciéremos, *quand nous ferons.*
Cuando vosotros hiciéreis, *quand vous ferez.*
Cuando ellos hicieren, *quand ils feront.*

Ainsi se conjuguent tous les composés de *hacer*, tels que *deshacer*, défaire; *rehacer*, refaire, etc. *Satisfacer*, satisfaire, suit aussi la même conjugaison; mais il fait à l'impératif *satisface* et *satisfaz*.

26°. COCER, cuire.

Cocer, cuire, et ses dérivés n'ont pas la même irrégularité que les verbes en *ocer* ; ils réunissent l'irrégularité des verbes en *cer* à celle du verbe *absolver*, c'est-à-dire qu'ils changent dans les mêmes temps et les mêmes personnes la lettre *c* en *z*, et la lettre *o* en *ue*. Ex. *cocer*, cuire ; *yo cuezo*, je cuis ; *que yo cueza*, que je cuise, etc.

27°. Verbes terminés en GER.

Les verbes terminés en *ger* n'ont d'autre irrégularité que de changer *g* en *j* toutes les fois que cette lettre doit être suivie d'un *a* ou d'un *o*, dans les changemens de terminaison que le verbe éprouve d'après les règles de la formation des temps. Cette irrégularité est nécessitée par la différence qu'il y a dans la prononciation du *g* devant l'*e* et devant l'*a* et l'*o*. Ainsi *escoger*, choisir, fera au présent de l'indicatif *escojo*, je choisis, et au présent du subjonctif *que yo escoja*, etc. que je choisisse, etc. et non *escogo*, *escoga*, etc.

28°. Verbes terminés en EER.

L'irrégularité des verbes terminés en *eer* consiste dans le changement de l'*i* en *y* à la troisième personne du singulier et du pluriel du prétérit défini, à toutes les personnes du second présent du conditionnel, du premier et du second imparfait du subjonctif, et du futur simple du même mode, et au participe présent. Ex. *creer*, croire; *creyó, creyera, creyese, creyendo.*

Troisième conjugaison.

29°. ASIR, saisir.

Ce verbe qui est aujourd'hui très-peu usité prend un *g* après l'*s* à la première personne du singulier du présent de l'indicatif, à la troisième personne du singulier et du pluriel, et à la troisième personne du pluriel de l'impératif, ainsi qu'à toutes les personnes du subjonctif. Ex. *asgo*, je saisis; *que yo asga*, que je saisisse, etc. etc.

30°. DECIR, dire.

INDICATIF.

PRÉSENT.

Singulier.

Yo digo,	*je dis.*
Tú dices,	*tu dis.*
Él dice,	*il dit.*

Pluriel.

Nosotros decimos,	*nous disons.*
Vosotros decis,	*vous dites.*
Ellos dicen,	*ils disent.*

PRÉTÉRIT DÉFINI.

Singulier.

Yo dije,	*je dis.*
Tú dijiste,	*tu dis.*
Él dijo,	*il dit.*

Pluriel.

Nosotros dijimos,	*nous dîmes.*
Vosotros dijísteis,	*vous dîtes.*
Ellos dijéron,	*ils dirent.*

FUTUR SIMPLE.

Singulier.

Yo diré,	*je dirai.*
Tú dirás,	*tu diras.*
Él dirá,	*il dira.*

Pluriel.

Nosotros dirémos,	*nous dirons.*
Vosotros diréis,	*vous direz.*
Ellos dirán,	*ils diront.*

DES VERBES.

CONDITIONNEL.

PRÉSENT.

Singulier.

Yo diria,	*je dirais.*
Tú dirias,	*tu dirais.*
Él diria,	*il dirait.*

Pluriel.

Nosotros diríamos,	*nous dirions.*
Vosotros diríais,	*vous diriez.*
Ellos dirian,	*ils diraient.*

Autrement.

Singulier.

Yo dijera,	*je dirais.*
Tú dijeras,	*tu dirais.*
Él dijera,	*il dirait.*

Pluriel.

Nosotros dijéramos,	*nous dirions.*
Vosotros dijérais,	*vous diriez.*
Ellos dijeran.	*ils diraient.*

IMPÉRATIF.

Singulier.

(*Point de première personne.*)

Di tú,	*dis.*
Diga él,	*qu'il dise.*

Pluriel.

Digamos,	*disons.*
Decid,	*dites.*
Digan ellos,	*qu'ils disent.*

SUBJONCTIF.

PRÉSENT.

Singulier.

Que yo diga,	*que je dise.*
Que tú digas,	*que tu dises.*
Que él diga,	*qu'il dise.*

Pluriel.

Que nosotros digamos,	*que nous disions.*
Que vosotros digais,	*que vous disiez.*
Que ellos digan,	*qu'ils disent.*

1ᵉʳ IMPARFAIT.

Singulier.

Que yo dijese,	*que je disse.*
Que tú dijeses,	*que tu disses.*
Que él dijese,	*qu'il dît.*

Pluriel.

Que nosotros dijésemos,	*que nous dissions.*
Que vosotros dijéseis,	*que vous dissiez.*
Que ellos dijesen,	*qu'ils dissent.*

Le second imparfait est semblable au second présent du conditionnel.

FUTUR SIMPLE.

Singulier.

Cuando yo dijere, *quand je dirai.*
Cuando tú dijeres, *quand tu diras.*
Cuando él dijere, *quand il dira.*

Pluriel.

Cuando nosotros dijéremos, *quand nous dirons.*
Cuando vosotros dijéreis, *quand vous direz.*
Cuando ellos dijeren, *quand ils diront.*

INFINITIF.

PARTICIPE ACTIF.

Présent.

Diciendo, *disant.*

Predecir, prédire, se conjugue comme *decir*. *Contradecir*, contredire; *desdecir*, dédire; *bendecir*, bénir, et *maldecir*, maudire, se conjuguent de même, sauf à la seconde personne du singulier de l'impératif, où ils font *contradice*, *desdice*, *bendice* et *maldice;* mais *bendecir* et *maldecir* sont en outre réguliers au futur de l'indicatif et au premier présent du conditionnel.

31°. DELINQUIR, manquer.

L'irrégularité de ce verbe consiste dans le changement de *qu* en *c* à la première personne du présent de l'indicatif, à la troisième du singulier et du pluriel, et à la première du pluriel de l'impératif, ainsi qu'à toutes les personnes du présent du subjonctif. Ex. *yo delinco*, je manque ; *que yo delinca*, que je manque, etc.

32°. DORMIR, dormir.

INDICATIF.

PRÉSENT.

Singulier.

Yo duermo,	*je dors.*
Tú duermes,	*tu dors.*
Él duerme,	*il dort.*

Pluriel.

Nosotros dormimos,	*nous dormons.*
Vosotros dormis,	*vous dormez.*
Ellos duermen,	*ils dorment.*

PRÉTÉRIT DÉFINI.

Singulier.

Yo dormí,	*je dormis.*
Tú dormiste,	*tu dormis.*
Él durmió,*	*il dormit.*

* On disait autrefois *dormió*.

DES VERBES.

Pluriel.

Nosotros dormímos,   *nous dormîmes.*
Vosotros dormísteis,   *vous dormîtes.*
Ellos durmiéron,   *ils dormirent.*

CONDITIONNEL.

2ᵉ PRÉSENT.

Singulier.

Yo durmiera,   *je dormirais.*
Tú durmieras,   *tu dormirais.*
Él durmiera,   *il dormirait.*

Pluriel.

Nosotros durmiéramos,   *nous dormirions.*
Vosotros durmiérais,   *vous dormiriez.*
Ellos durmieran,   *ils dormiraient.*

IMPÉRATIF.

Singulier.

(*Point de première personne.*)

Duerme tú,   *dors.*
Duerma él,   *qu'il dorme.*

Pluriel.

Durmamos,   *dormons.*
Dormid,   *dormez.*
Duerman ellos,   *qu'ils dorment.*

SUBJONCTIF.

PRÉSENT.

Singulier.

Que yo duerma,   que je dorme.
Que tú duermas,   que tu dormes.
Quo él duerma,   qu'il dorme.

Pluriel.

Que nosotros durmamos, que nous dormions.
Que vosotros durmais, que vous dormiez.
Que ellos duerman,   qu'ils dorment.

1er IMPARFAIT.

Singulier.

Que yo durmiese,   que je dormisse.
Que tú durmieses,   que tu dormisses.
Que él durmiese,   qu'il dormît.

Pluriel.

Que nosotros durmiésemos, que nous dormissions.
Que vosotros durmiéseis, que vous dormissiez.
Que ellos durmiesen,   qu'ils dormissent.

Le second imparfait est semblable au second présent du conditionnel.

FUTUR SIMPLE.

Singulier.

Cuando yo durmiere,   quand je dormirai.
Cuando tú durmieres,   quand tu dormiras.
Cuando él durmiere,   quand il dormira.

Pluriel.

Cuando nosotros durmiéremos, quand nous dormirons.
Cuando vosotros durmiéreis, quand vous dormirez.
Cuando ellos durmieren, quand ils dormiront.

INFINITIF.

PARTICIPE ACTIF.

Présent.

Durmiendo, dormant.

Le verbe *morir*, mourir, se conjugue comme dormir.

33°. IR, aller.

INDICATIF.

PRÉSENT.

Singulier.

Yo voy,[*] je vais.
Tú vas, tu vas.
Él va, il va.

Pluriel.

Nosotros vamos, nous allons.
Vosotros vais, vous allez.
Ellos van, ils vont.

[*] Autrefois *vo*.

IMPARFAIT.

Singulier.

Yo iba,	*j'allais.*
Tú ibas,	*tu allais.*
Él iba,	*il allait.*

Pluriel.

Nosotros íbamos,	*nous allions.*
Vosotros íbais,	*vous alliez.*
Ellos iban,	*ils allaient.*

PRÉTÉRIT DÉFINI.

Yo fui, semblable au prétérit du verbe *ser,* être.

CONDITIONNEL.

2ᵉ PRÉSENT.

Yo fuera, semblable au temps correspondant du verbe *ser,* être.

IMPÉRATIF.

Singulier.

(*Point de première personne.*)

Ve tú,	*va.*
Vaya él,	*qu'il aille.*

Pluriel.

Vayamos *ou* vamos,	*allons.*
Id,	*allez.*
Vayan ellos,	*qu'ils aillent.*

SUBJONCTIF.

PRÉSENT.

Singulier.

Que yo vaya,	*que j'aille.*
Que tú vayas,	*que tu ailles.*
Que él vaya,	*qu'il aille.*

Pluriel.

Que nosotros vayamos *ou* vamos,	*que nous allions.*
Que vosotros vayais,	*que vous alliez.*
Que ellos vayan,	*qu'ils aillent.*

IMPARFAIT.

Le premier et le second imparfait sont semblables aux temps correspondans du verbe *ser*, être.

FUTUR SIMPLE.

Cuando yo fuere, semblable au futur simple du subjonctif du vérbe *ser,* être.

INFINITIF.

PARTICIPE ACTIF.

Présent.

Yendo,	*allant.*

34°. OIR, entendre.

INDICATIF.

PRÉSENT.

Singulier.

Yo oigo,*	j'entends.
Tú oyes,	tu entends.
Él oye,	il entend.

Pluriel.

Nosotros oimos,	nous entendons.
Vosotros ois,	vous entendez.
Ellos oyen,	ils entendent.

PRÉTÉRIT DÉFINI.

Singulier.

Yo oí,	j'entendis.
Tú oiste,	tu entendis.
Él oyó,	il entendit.

Pluriel.

Nosotros oímos,	nous entendîmes.
Vosotros oisteis,	vous entendîtes.
Ellos oyéron,	ils entendirent.

* On disait autrefois *oyo, oya, oyas, oyamos, oyais, oyan*, au lieu de *oigo, oiga*, etc.

DES VERBES.

CONDITIONNEL.

2ᵉ PRÉSENT.

Singulier.

Yo oyera,	*j'entendrais.*
Tú oyeras,	*tu entendrais.*
Él oyera,	*il entendrait.*

Pluriel.

Nosotros oyéramos,	*nous entendrions.*
Vosotros oyérais,	*vous entendriez.*
Ellos oyeran,	*ils entendraient.*

IMPÉRATIF.

Singulier.

(*Point de première personne.*)

Oye tú,	*entends.*
Oiga él,	*qu'il entende.*

Pluriel.

Oigamos,	*entendons.*
Oid,	*entendez.*
Oigan ellos,	*qu'ils entendent.*

SUBJONCTIF.

PRÉSENT.

Singulier.

Que yo oiga,	*que j'entende.*
Que tú oigas,	*que tu entendes.*
Que él oiga,	*qu'il entende.*

Pluriel.

Que nosotros oigamos,   que nous entendions.
Que vosotros oigais,   que vous entendiez.
Que ellos oigan,   qu'ils entendent.

1ᵉʳ IMPARFAIT.

Singulier.

Que yo oyese,   que j'entendisse.
Que tú oyeses,   que tu entendisses.
Que él oyese,   qu'il entendît.

Pluriel.

Que nosotros oyésemos, que nous entendissions.
Que vosotros oyéseis,   que vous entendissiez.
Que ellos oyesen,   qu'ils entendissent.

Le second imparfait est semblable au second présent du conditionnel.

FUTUR SIMPLE.

Singulier.

Cuando yo oyere,   quand j'entendrai.
Cuando tú oyeres,   quand tu entendras.
Cuando él oyere,   quand il entendra.

Pluriel.

Cuando nosotros oyéremos,   quand nous entendrons.
Cuando vosotros oyéreis,   quand vous entendrez.
Cuando ellos oyeren,   quand ils entendront.

INFINITIF.

PARTICIPE ACTIF.

Présent.

Oyendo,   *entendant.*

35°. PEDIR, demander.

INDICATIF.

PRÉSENT.

Singulier.

Yo pido,	*je demande.*
Tú pides,	*tu demandes.*
Él pide,	*il demande.*

Pluriel.

Nosotros pedimos,	*nous demandons.*
Vosotros pedis,	*vous demandez.*
Ellos piden,	*ils demandent.*

PRÉTÉRIT DÉFINI.

Singulier.

Yo pedí,	*je demandai.*
Tú pediste,	*tu demandas.*
Él pidió,	*il demanda.*

Pluriel.

Nosotros pedímos,	*nous demandâmes.*
Vosotros pedísteis,	*vous demandâtes.*
Ellos pidiéron,	*ils demandèrent.*

CONDITIONNEL.

2ᵉ PRÉSENT.

Singulier.

Yo pidiera,	*je demanderais.*
Tú pidieras,	*tu demanderais.*
Él pidiera,	*il demanderait.*

Pluriel.

Nosotros pidiéramos,	*nous demanderions.*
Vosotros pidiérais,	*vous demanderiez.*
Ellos pidieran,	*ils demanderaient.*

IMPÉRATIF.

Singulier.

(*Point de première personne.*)

Pide tú,	*demande.*
Pida él,	*qu'il demande.*

Pluriel.

Pidamos,	*demandons.*
Pedid,	*demandez.*
Pidan ellos,	*qu'ils demandent.*

SUBJONCTIF.

PRÉSENT.

Singulier.

Que yo pida,	*que je demande.*
Que tú pidas,	*que tu demandes.*
Que él pida,	*qu'il demande.*

Pluriel.

Que nosotros pidamos,   que nous demandions.
Que vosotros pidais,   que vous demandiez.
Que ellos pidan,   qu'ils demandent.

1ᵉʳ IMPARFAIT.

Singulier.

Que yo pidiese,   que je demandasse.
Que tú pidieses,   que tu demandasses.
Que él pidiese,   qu'il demandât.

Pluriel.

Que nosotros pidiésemos,   que nous demandassions.
Que vosotros pidiéseis,   que vous demandassiez.
Que ellos pidiesen,   qu'ils demandassent.

Le second imparfait est semblable au second présent du conditionnel.

FUTUR SIMPLE.

Singulier.

Cuando yo pidiere,   quand je demanderai.
Cuando tú pidieres,   quand tu demanderas.
Cuando él pidiere,   quand il demandera.

Pluriel.

Cuando nosotros pidiéremos,   quand nous demanderons.
Cuando vosotros pidiéreis,   quand vous demanderez.
Cuando ellos pidieren,   quand ils demanderont.

INFINITIF.

PARTICIPE ACTIF.

Présent.

Pidiendo,   *demandant.*

Les verbes suivans ont la même irrégularité :

Ceñir,	*ceindre;*	ciñe.
Colegir,	*recueillir;*	colige.
Comedirse,	*se civiliser;*	comídese.
Competir,	*rivaliser;*	compite.
Concebir,	*concevoir;*	concibe.
Conseguir,	*obtenir;*	consigue.
Constreñir,	*contraindre;*	constriñe.
Corregir,	*corriger;*	corrige.
Derretir,	*fondre;*	derrite.
Desceñir,	*ôter la ceinture;*	desciñe.
Descomedirse,	*devenir incivil;*	descomídese.
Deservir,	*désobliger;*	desirve.
Desleir.	*délayer;*	deslie.
Despedir,	*congédier;*	despide.
Desteñir,	*déteindre;*	destiñe.
Elegir,	*choisir;*	elige.
Embestir,	*attaquer;*	embiste.
Engreirse,	*se parer;*	engriese.
Envestir,	*investir;*	enviste.
Estreñir,	*étreindre;*	estriñe.
Expedir,	*expédier;*	expide.
Freir,	*frire;*	frie.
Gemir,	*gémir;*	gime.
Impedir,	*empêcher;*	impide.
Investir,	*investir;*	inviste.
Medir,	*mesurer;*	mide.

DES VERBES.

Perseguir,	*persécuter;*	persigue.
Proseguir,	*poursuivre;*	prosigue.
Regir,	*gouverner;*	rige.
Reir,	*rire;*	rie.
Rendir,	*rendre;*	rinde.
Reñir,	*se disputer;*	riñe.
Repetir,	*répéter;*	repite.
Reteñir,	*teindre de nouveau;*	retiñe.
Revestir,	*revêtir;*	reviste.
Seguir,	*suivre;*	sigue.
Servir,	*servir;*	sirve.
Sonreir,	*sourire;*	sonrie.
Teñir,	*teindre;*	tiñe.
Vestir,	*habiller;*	viste.

36°. SALIR, sortir.

INDICATIF.

PRÉSENT.

Singulier.

Yo salgo,	*je sors.*
Tú sales,	*tu sors.*
El sale,	*il sort.*

Pluriel.

Nosotros salimos,	*nous sortons.*
Vosotros salis,	*vous sortez.*
Ellos salen,	*ils sortent.*

10*

FUTUR SIMPLE.

Singulier.

Yo saldré,	*je sortirai.*
Tú saldrás,	*tu sortiras.*
Él saldrá,	*il sortira.*

Pluriel.

Nosotros saldrémos,	*nous sortirons.*
Vosotros saldréis,	*vous sortirez.*
Ellos saldrán,	*ils sortiront.*

CONDITIONNEL.

1ᵉʳ PRÉSENT.

Singulier.

Yo saldria,	*je sortirais.*
Tú saldrias,	*tu sortirais.*
Él saldria,	*il sortirait.*

Pluriel.

Nosotros saldríamos,	*nous sortirions.*
Vosotros saldríais,	*vous sortiriez.*
Ellos saldrian,	*ils sortiraient.*

IMPÉRATIF.

Singulier.

(*Point de première personne.*)

Sale tú,	*sors.*
Salga él,	*qu'il sorte.*

Pluriel.

Salgamos,	*sortons.*
Salgais,	*sortez.*
Salgan ellos,	*qu'ils sortent.*

SUBJONCTIF.

PRÉSENT.

Singulier.

Que yo salga,	*que je sorte.*
Que tú salgas,	*que tu sortes.*
Que él salga,	*qu'il sorte.*

Pluriel.

Que nosotros salgamos,	*que nous sortions.*
Que vosotros salgais,	*que vous sortiez.*
Que ellos salgan,	*qu'ils sortent.*

Sobresalir, exceller, se conjugue comme *salir.*

37°. SENTIR, sentir.

INDICATIF.

PRÉSENT.

Singulier.

Yo siento,	*je sens.*
Tú sientes,	*tu sens.*
Él siente.	*il sent.*

Pluriel.

Nosotros sentimos,   *nous sentons.*
Vosotros sentis,   *vous sentez.*
Ellos sienten,   *ils sentent.*

PRÉTÉRIT DÉFINI.

Singulier.

Yo sentí,   *je sentis.*
Tú sentiste,   *tu sentis.*
Él sintió,   *il sentit.*

Pluriel.

Nosotros sentímos,   *nous sentîmes.*
Vosotros sentísteis,   *vous sentîtes.*
Ellos sintiéron,   *ils sentirent.*

CONDITIONNEL.

2ᵉ PRÉSENT.

Singulier.

Yo sintiera,   *je sentirais.*
Tú sintieras,   *tu sentirais.*
Él sintiera,   *il sentirait.*

Pluriel.

Nosotros sintiéramos, *nous sentirions.*
Vosotros sintiérais,   *vous sentiriez.*
Ellos sintieran,   *ils sentiraient.*

IMPÉRATIF.

Singulier.

(*Point de première personne.*)

Siente tú,	sens.
Sienta él,	qu'il sente.

Pluriel.

Sintamos,	sentons.
Sentid,	sentez.
Sientan ellos,	qu'ils sentent.

SUBJONCTIF.

PRÉSENT.

Singulier.

Que yo sienta,	que je sente.
Que tú sientas,	que tu sentes.
Que él sienta,	qu'il sente.

Pluriel.

Que nosotros sintamos,	que nous sentions.
Que vosotros sintais,	que vous sentiez.
Que ellos sientan,	qu'ils sentent.

1er IMPARFAIT.

Singulier.

Que yo sintiese,	que je sentisse.
Que tú sintieses,	que tu sentisses.
Que él sintiese,	qu'il sentît.

Pluriel.

Que nosotros sintiésemos, que nous sentissions.
Que vosotros sintiéseis, que vous sentissiez.
Que ellos sintiesen, qu'ils sentissent.

Le second imparfait est semblable au second présent du conditionnel.

FUTUR SIMPLE.

Singulier.

Cuando yo sintiere, quand je sentirai.
Cuando tú sintieres, quand tu sentiras.
Cuando él sintiere, quand il sentira.

Pluriel.

Cuando nosotros sintiéremos, quand nous sentirons.
Cuando vosotros sintiéreis, quand vous sentirez.
Cuando ellos sintieren, quand ils sentiront.

Les verbes suivans ont la même irrégularité :

Adherir,	adhérer;	adhiere.
Adquirir,	acquérir;	adquiere.
Advertir,	prendre garde;	advierte.
Arrepentirse,	se repentir;	arrepiéntese.
Asentir,	consentir;	asiente.
Conferir,	conférer;	confiere.
Consentir,	consentir;	consiente.
Controvertir,	disputer sur une matière douteuse;	controvierte.
Convertir,	convertir;	convierte.
Deferir,	déférer;	defiere.
Desconsentir,	refuser son consentement;	desconsiente.

Desmentir,	*démentir;*	desmiente.
Diferir,	*différer;*	difiere.
Digerir,	*digérer;*	digiere.
Disentir,	*être d'avis contraire;*	disiente.
Divertir,	*divertir;*	divierte.
Hervir,	*bouillir;*	hierve.
Herir,	*blesser;*	hiere.
Inferir,	*inférer;*	infiere.
Invertir,	*bouleverser;*	invierte.
Injerir,	*enter, greffer;*	injiere.
Mentir,	*mentir;*	miente.
Pervertir,	*pervertir;*	pervierte.
Preferir,	*préférer;*	prefiere.
Presentir,	*pressentir;*	presiente.
Proferir,	*proférer;*	profiere.
Referir,	*rapporter;*	refiere.
Requerir,	*requérir;*	requiere.
Resentirse,	*se ressentir;*	resiéntese.

38°. VENIR, venir.

INDICATIF.

PRÉSENT.

Singulier.

Yo vengo,	*je viens.*
Tú vienes,	*tu viens.*
Él viene,	*il vient.*

Pluriel.

Nosotros venimos,	*nous venons.*
Vosotros venis,	*nous venez.*
Ellos vienen,	*ils viennent.*

PRÉTÉRIT DÉFINI.

Singulier.

Yo vine,	*je vins.*
Tú viniste, *	*tu vins.*
Él vino,	*il vint.*

Pluriel.

Nosotros vinimos,	*nous vînmes.*
Vosotros vinísteis,	*vous vîntes.*
Ellos viniéron,	*ils vinrent.*

FUTUR SIMPLE.

Singulier.

Yo vendré,	*je viendrai.*
Tú vendrás,	*tu viendras.*
Él vendrá,	*il viendra.*

Pluriel.

Nosotros vendrémos,	*nous viendrons.*
Vosotros vendréis,	*vous viendrez.*
Ellos vendrán,	*ils viendront.*

CONDITIONNEL.

PRÉSENT.

Singulier.

Yo vendria,	*je viendrais.*
Tú vendrias,	*tu viendrais.*
Él vendria,	*il viendrait.*

* On dit aussi *veniste, venimos, venisteis.*

DES VERBES.

Pluriel.

Nosotros vendríamos, *nous viendrions.*
Vosotros vendríais, *vous viendriez.*
Ellos vendrian, *ils viendraient.*

Autrement.

Singulier.

Yo viniera, *je viendrais.*
Tú vinieras, *tu viendrais.*
Él viniera, *il viendrait.*

Pluriel.

Nosotros viniéramos, *nous viendrions.*
Vosotros viniérais, *vous viendriez.*
Ellos vinieran, *ils viendraient.*

IMPÉRATIF.

Singulier.

(*Point de première personne.*)

Ven tú, *viens.*
Venga él, *qu'il vienne.*

Pluriel.

Vengamos, *venons.*
Venid, *venez.*
Vengan ellos, *qu'ils viennent.*

DES VERBES.

SUBJONCTIF.

PRÉSENT.

Singulier.

Que yo venga,	*que je vienne.*
Que tú vengas,	*que tu viennes.*
Que él venga,	*qu'il vienne.*

Pluriel.

Que nosotros vengamos,	*que nous venions.*
Que vosotros vengais,	*que vous veniez.*
Que ellos vengan,	*qu'ils viennent.*

1ᵉʳ IMPARFAIT.

Singulier.

Que yo viniese,	*que je vinsse.*
Que tú vinieses,	*que tu vinsses.*
Que él viniese,	*qu'il vînt.*

Pluriel.

Que nosotros viniésemos,	*que nous vinssions.*
Que vosotros viniéseis,	*que vous vinssiez.*
Que ellos viniesen,	*qu'ils vinssent.*

Le second imparfait est semblable au second présent du conditionnel.

FUTUR SIMPLE.

Singulier.

Cuando yo viniere,	*quand je viendrai.*
Cuando tú vinieres,	*quand tu viendras.*
Cuando él viniere,	*quand il viendra.*

Pluriel.

Cuando nosotros viniéremos,   *quand nous viendrons.*
Cuando vosotros viniéreis,   *quand vous viendrez.*
Cuando ellos vinieren,   *quand ils viendront.*

INFINITIF.
PARTICIPE ACTIF.
Présent.

Viniendo,   *venant.*

Ainsi se conjuguent tous les composés de *venir*, tels que *convenir*, convenir ; *intervenir*, intervenir ; *prevenir*, prévenir, etc. etc.

39°. Verbes terminés en UIR.

L'irrégularité des verbes terminés en *uir* consiste dans le changement de l'*i* en *y* dans plusieurs de leurs temps et de leurs personnes, comme on va le voir par la conjugaison du verbe *atribuir*.

ATRIBUIR, attribuer.
INDICATIF.
PRÉSENT.
Singulier.

Yo atribuyo,   *j'attribue.*
Tú atribuyes,   *tu attribues.*
Él atribuye,   *il attribue.*

Pluriel.

Nosotros atribuimos,   *nous attribuons.*
Vosotros atribuis,   *vous attribuez.*
Ellos atribuyen,   *ils attribuent.*

PRÉTÉRIT DÉFINI.
Singulier.

Yo atribuí,   *j'attribuai.*
Tú atribuiste,   *tu attribuas.*
Él atribuyó,   *il attribua.*

Pluriel.

Nosotros atribuímos,   *nous attribuâmes.*
Vosotros atribuísteis,   *vous attribuâtes.*
Ellos atribuyéron,   *ils attribuèrent.*

CONDITIONNEL.
2ᵉ PRÉSENT.
Singulier.

Yo atribuyera,   *j'attribuerais.*
Tú atribuyeras,   *tu attribuerais.*
Él atribuyera,   *il attribuerait.*

Pluriel.

Nosotros atribuyéramos,   *nous attribuerions.*
Vosotros atribuyérais,   *vous attribueriez.*
Ellos atribuyeran,   *ils attribueraient.*

IMPÉRATIF.

Singulier.

(*Point de première personne.*)

Atribuye tú,   *attribue.*
Atribuya él,   *qu'il attribue.*

Pluriel.

Atribuyamos,   *attribuons.*
Atribuid,   *attribuez.*
Atribuyan ellos,   *qu'ils attribuent.*

SUBJONCTIF.

PRÉSENT.

Singulier.

Que yo atribuya,   *que j'attribue.*
Que tú atribuyas,   *que tu attribues.*
Que él atribuya,   *qu'il attribue.*

Pluriel.

Que nosotros atribuyamos, *que nous attribuions.*
Que vosotros atribuyais,   *que vous attribuiez.*
Que ellos atribuyan,   *qu'ils attribuent.*

1ᵉʳ IMPARFAIT.

Singulier.

Que yo atribuyese,   *que j'attribuasse.*
Que tú atribuyeses,   *que tu attribuasses.*
Que él atribuyese,   *qu'il attribuât.*

Pluriel.

Que nosotros atribuyésemos,	que nous attribuassions.
Que vosotros atribuyéscis,	que vous attribuassiez.
Que ellos atribuyesen,	qu'ils attribuassent.

Le second imparfait est semblable au second présent du conditionnel.

FUTUR SIMPLE.

Singulier.

Cuando yo atribuyere,	quand j'attribuerai.
Cuando tú atribuyeres,	quand tu attribueras.
Cuando él atribuyere,	quand il attribuera.

Pluriel.

Cuando nosotros atribuyéremos,	quand nous attribuerons.
Cuando vosotros atribuyéreis,	quand vous attribuerez.
Cuando ellos atribuyeren,	quand ils attribueront.

40°. Verbes terminés en CIR.

L'irrégularité des verbes terminés en *cir* consiste dans le changement du *c* en *z* toutes les fois que cette lettre doit être suivie d'un *a* ou d'un *o*, dans les changemens de terminaison que le verbe éprouve d'après les règles de la formation des temps. Cette irrégularité dans l'orthographe est nécessitée par la différence qu'il y a dans la prononciation du *c* devant l'*e* et devant l'*a* et l'*o*. Ainsi *resarcir*, dédommager, fera au présent de l'indicatif *resarzo*, je dédommage ; au présent du subjonctif, *que yo resarza*, que je dédommage, etc. et non *resarco, resarca*, etc.

41°. Verbes terminés en UCIR.

Les verbes terminés en *ucir* prennent un *z* devant le *c* de leur finale à la première personne du présent de l'indicatif, et à toutes les personnes du présent du subjonctif, ainsi qu'à la troisième personne du singulier et du pluriel, et à la première personne du pluriel de l'impératif. Par conséquent *lucir*, briller, fera *yo luzco*, je brille ; *que yo luzca*, que je brille, etc.

Les verbes terminés en *ducir*, tels que *conducir*, conduire; *deducir*, déduire ; *traducir*, traduire, etc. outre l'irrégularité dont nous venons de parler, en ont une particulière au prétérit défini, au second conditionnel présent, aux deux imparfaits et au futur du subjonctif, comme on va le voir :

CONDUCIR, conduire.

INDICATIF.

PRÉTÉRIT DÉFINI.

Singulier.

Yo conduje,	*je conduisis.*
Tú condujiste,	*tu conduisis.*
Él condujo,	*il conduisit.*

Pluriel.

Nosotros condujimos, *nous conduisîmes.*
Vosotros condujísteis, *vous conduisîtes.*
Ellos condujéron, *ils conduisirent.*

CONDITIONNEL.

2ᵉ PRÉSENT.

Singulier.

Yo condujera, *je conduirais.*
Tú condujeras, *tu conduirais.*
Él condujera, *il conduirait.*

Pluriel.

Nosotros condujéramos, *nous conduirions.*
Vosotros condujérais, *vous conduiriez.*
Ellos condujeran, *ils conduiraient.*

SUBJONCTIF.

1ᵉʳ IMPARFAIT.

Singulier.

Que yo condujese, *que je conduisisse.*
Qué tú condujeses, *que tu conduisisses.*
Que él condujese, *qu'il conduisît.*

Pluriel.

Que nosotros condujésemos, *que nous conduisissions.*
Que vosotros condujéseis, *que vous conduisissiez.*
Que ellos condujesen, *qu'ils conduisissent.*

Le second imparfait est semblable au second présent du conditionnel.

FUTUR SIMPLE.

Singulier.

Cuando yo condujere, *quand je conduirai.*
Cuando tú condujeres, *quand tu conduiras.*
Cuando él condujere, *quand il conduira.*

Pluriel.

Cuando nosotros condujéremos, *quand nous conduirons.*
Cuando vosotros condujéreis, *quand vous conduirez.*
Cuando ellos condujeren, *quand ils conduiront.*

40°. Verbes terminés en GIR.

Les verbes terminés en *gir* ont la même irrégularité que les verbes terminés en *ger*, c'est-à-dire qu'ils changent le *g* en *j* dans les mêmes temps et les mêmes personnes. Ex. *exigir*, exiger; *exijo*, j'exige ; *que yo exija*, que j'exige, etc.

Participes passifs irréguliers.

Il y a des verbes qui sont irréguliers au participe passif, il y en a d'autres qui ont deux participes passifs, l'un régulier et l'autre irrégulier ; enfin il y a des participes passifs qui ont tantôt une signification passive, et tantôt une signification active.

VERBES DONT LE PARTICIPE PASSIF EST IRRÉGULIER.

Infinitif.		*Participe passé.*
Abrir,	*ouvrir;*	abierto.
Absolver,	*absoudre;*	absuelto.
Anteponer,	*préférer;*	antepuesto.
Antever,	*prévoir;*	antevisto.
Componer,	*arranger;*	compuesto.
Contradecir,	*contredire;*	contradicho.
Contrahacer,	*contrefaire;*	contrahecho.
Cubrir,	*couvrir;*	cubierto.
Decir,	*dire;*	dicho.
Deponer,	*déposer;*	depuesto.
Descomponer,	*déranger;*	descompuesto.
Descubrir,	*découvrir;*	descubierto.
Desdecir,	*dédire;*	desdicho.
Devolver,	*rendre;*	devuelto.
Disolver,	*dissoudre;*	disuelto.
Disponer,	*disposer;*	dispuesto.
Encubrir,	*couvrir;*	encubierto.
Envolver,	*envelopper;*	envuelto.
Escribir,	*écrire;*	escrito.
Exponer,	*exposer;*	expuesto.
Hacer,	*faire;*	hecho.
Imponer,	*imposer;*	impuesto.
Indisponer,	*indisposer;*	indispuesto.
Morir,	*mourir;*	muerto.
Oponer,	*opposer;*	opuesto.
Poner,	*mettre;*	puesto.
Predecir,	*prédire;*	predicho.
Presuponer,	*présupposer;*	presupuesto.
Prever,	*prévoir;*	previsto.
Proponer,	*proposer;*	propuesto.

DES VERBES.

Rehacer,	*refaire;*	rehecho.
Reponer,	*remettre;*	repuesto.
Resolver,	*résoudre;*	resuelto.
Rever,	*revoir;*	revisto.
Revolver,	*remuer;*	revuelto.
Satisfacer,	*satisfaire;*	satisfecho.
Sobreponer,	*mettre sur....*	sobrepuesto.
Solver,	*décider;*	suelto.
Suponer,	*supposer;*	supuesto.
Trasponer,	*transposer;*	traspuesto.
Ver,	*voir;*	visto.
Volver,	*revenir;*	vuelto.

VERBES QUI ONT DEUX PARTICIPES.

Infinitif.		*Partic. rég.*	*Part. irrég.*
Ahitar,	{ *se surcharger l'estomac.* }	ahitado.	ahito.
Bendecir,	*bénir;*	bendecido,	bendito.
Compeler,	*forcer;*	compelido,	compulso.
Concluir,	*conclure;*	concluido,	concluso.
Confundir,	*confondre;*	confundido,	confuso.
Convencer,	*convaincre;*	convencido,	convicto.
Convertir,	*convertir;*	convertido,	converso.
Despertar,	*éveiller;*	despertado,	despierto.
Elegir,	*choisir, élire;*	elegido,	electo.
Enjugar,	*essuyer;*	enjugado,	enjuto.
Excluir,	*exclure;*	excluido,	excluso.
Expeler,	*chasser;*	expelido,	expulso.
Expresar,	*exprimer;*	expresado,	expreso.
Extinguir,	*éteindre;*	extinguido,	extinto.
Fijar,	*fixer;*	fijado,	fijo.
Hartar,	*rassasier;*	hartado,	harto.
Incluir,	*renfermer;*	incluido,	incluso.
Incurrir,	*encourir;*	incurrido,	incurso.

Injerir,	*enter;*	injerido,	injerto.
Insertar,	*insérer;*	insertado,	inserto.
Invertir,	*transposer;*	invertido,	inverso.
Juntar,	*joindre;*	juntado,	junto.
Maldecir,	*maudire;*	maldecido,	maldito.
Manifestar,	*manifester;*	manifestado,	manifiesto.
Marchitar,	*flétrir;*	marchitado,	marchito.
Omitir,	*omettre;*	omitido,	omiso.
Oprimir,	*opprimer;*	oprimido,	opreso.
Perfeccionar,	*perfectionner;*	perfeccionado,	perfecto.
Prender,	*saisir, arrêter;*	prendido,	preso.
Prescribir,	*prescrire;*	prescribido,	prescrito.
Proveer,	*pourvoir;*	proveido,	provisto.
Recluir,	*renfermer;*	recluido,	recluso.
Romper,	*rompre;*	rompido,	roto.
Soltar,	*délier;*	soltado,	suelto.
Suprimir,	*supprimer;*	suprimido,	supreso.

Remarque. La première forme de ces participes, qui est régulière, s'emploie pour la formation des temps composés avec les verbes *haber* ou *tener;* la seconde, qui est irrégulière, s'emploie avec les verbes *ser* et *estar.* Cependant *preso, prescrito, provisto, roto, injerto, opreso, supreso,* peuvent se joindre à l'auxiliaire *haber,* et même *roto* est plus usité que *rompido.*

Participes passifs ayant la signification active.

Acostumbrado,	*celui qui a coutume.*
Agradecido,	*reconnaissant.*
Atrevido,	*hardi.*
Bien cenado,	*celui qui a bien soupé.*
Bien comido,	*celui qui a bien dîné.*

Bien hablado,	*celui qui parle bien.*
Callado,	*discret, qui sait se taire.*
Cansado,	*ennuyeux, qui fatigue les autres.*
Comedido,	*prudent, mesuré.*
Desesperado,	*désespéré.*
Disimulado,	*dissimulé.*
Entendido,	*entendu, intelligent.*
Esforzado,	*brave, audacieux.*
Fingido,	*dissimulé, trompeur.*
Leido,	*instruit, qui a beaucoup lu.*
Medido,	*mesuré, qui agit avec précaution.*
Mirado,	*circonspect, prudent.*
Moderado,	*modéré.*
Ocasionado,	*querelleur, difficile à vivre.*
Osado,	*osé, audacieux.*
Parado,	*lent, tardif.*
Parecido,	*ressemblant.*
Partido,	*libéral.*
Pausado,	*posé, qui agit sans se presser.*
Porfiado,	*obstiné, opiniâtre.*
Precavido,	*qui a de la précaution.*
Preciado,	*vain, présomptueux.*
Presumido,	*présomptueux.*
Recatado,	*avisé, prudent.*
Sabido,	*savant.*
Sacudido,	*qui sait se défendre.*
Sentido,	*susceptible, sensible.*
Sufrido,	*celui qui souffre beaucoup.*
Trascendido,	*qui a de la pénétration.*
Valido,	*qui est en faveur.*

Remarque. Ces participes ont aussi la signification passive dans certains cas : c'est le sens de la phrase qui indique la signification qu'on doit leur donner. Ex. *es un hombre leido*, c'est un homme qui a beaucoup lu ; *la carta será leida,* la lettre sera lue.

Remarque sur l'irrégularité des Verbes.

Quoique les verbes irréguliers soient en grand nombre, ils ne présentent pas cependant autant de difficultés qu'on pourrait le croire d'abord, parce qu'en général l'irrégularité ne porte que sur quelques temps, et que ces temps ont entre eux une relation qu'il a été facile d'apercevoir. En effet, si un verbe est irrégulier au présent de l'indicatif, il l'est à l'impératif et au présent du subjonctif ; s'il l'est au prétérit défini, il l'est aussi au second présent du conditionnel, aux deux imparfaits et au futur du subjonctif ; enfin s'il est irrégulier au futur, il l'est également au premier présent du conditionnel. D'ailleurs l'irrégularité, qui ne consiste ordinairement que dans l'addition, le changement ou la suppression de quelque lettre, n'affecte presque jamais les terminaisons caractéristiques des différentes personnes de chaque temps, qui sont par conséquent les mêmes dans les verbes irréguliers que dans les verbes réguliers.

Il aurait été possible à la vérité de diminuer en apparence le nombre des verbes irréguliers, en ne comprenant point dans les listes les verbes composés qui suivent l'irrégularité des verbes simples d'où ils viennent ; mais cela aurait eu un inconvénient, parce qu'en prenant pour guide la ressemblance que certains verbes ont entre eux, on aurait pu regarder comme irréguliers des verbes qui ne le sont pas. Par exemple, *confesar, renovar* et *defender* ont beaucoup de ressemblance avec *profesar, inovar* et *ofender*; cependant les trois premiers sont réguliers, tandis que les trois derniers sont irréguliers. Nous avons donc cru qu'il valait mieux donner à la suite de chaque verbe irrégulier la liste de tous les verbes qui ont la même irrégularité, sauf dans certains cas où il ne peut y avoir lieu à aucun doute.

VERBES IMPERSONNELS.

Il y a des verbes qui sont impersonnels de leur nature, c'est-à-dire, qui ne s'emploient qu'à l'infinitif et à la troisième personne du singulier de chaque temps ; tels sont les suivans :

Llover, *pleuvoir*. Llueve, *il pleut.*

Relampaguear, *éclairer*. Relampaguea, *il éclaire.*

Tronar, *tonner*. Truena, *il tonne.*

Granizar, *grêler*. Graniza, *il grêle.*

Helar, *geler*. Hiela, *il gèle.*

Nevar, *neiger*. Nieva, *il neige.*

Ces verbes suivent les règles de la formation des temps de la conjugaison à laquelle ils appartiennent d'après la terminaison de leur infinitif, et ceux qui sont irréguliers sont compris dans les listes des verbes irréguliers.

Le verbe impersonnel *falloir* se rend en espagnol par *ser menester*, qui n'est autre chose que le verbe auxiliaire *ser* conjugué impersonnellement en y joignant le mot *menester* qui est invariable. On dit *es menester*, il faut; *era menester*, il fallait, etc.

Le verbe impersonnel *y avoir* se rend simplement en espagnol par le verbe *haber* conjugué impersonnellement; mais dans ce cas on ajoute un *y* à la troisième personne du singulier du présent de l'indicatif, on dit *hay*, il y a; *habia*, il y avait, etc.

D'autres verbes, qui de leur nature ne sont point impersonnels, peuvent le devenir dans certains cas; cela arrive lorsqu'ils sont employés à la troisième personne sans être précédés d'un substantif auquel ils aient rapport. Ex. *parece que llueve*, il paraît qu'il pleut; *hace mal tiempo*, il fait mauvais temps.

Le pronom personnel ne s'exprime jamais en espagnol devant les verbes impersonnels.

VERBES DÉFECTIFS.

1°. *Placer*, plaire, n'est usité qu'à la troisième personne du singulier du présent, de l'imparfait, et du prétérit défini de l'indicatif. Ex. *me place*, il me plaît; *me placia*, il me plaisait; *me plugo*, il me plut; et à la troisième personne du singulier du présent, des deux imparfaits et du futur du subjonctif dans les phrases suivantes : *plegue á Dios*, plaise à Dieu; *pluguiese* ou *pluguiera á Dios*, plût à Dieu; *si me pluguiere*, s'il me plaît.

2°. *Soler*, avoir coutume, est usité à toutes les personnes du présent et de l'imparfait de l'indicatif. Les autres temps ne sont presque point usités.

3°. *Yacer* n'est guère usité qu'à la troisième personne du singulier du présent et de l'imparfait de l'indicatif. Ex. *aqui yace*, ci-gît; *aqui yacia*, ci-gissait.

4°. *Podrir*, pourrir, ne s'emploie qu'au participe passif, à la seconde personne du pluriel de l'impératif, au futur de l'indicatif et au premier présent du conditionnel.

CHAPITRE V.

DE L'ADVERBE.

L'adverbe est un mot invariable, c'est-à-dire, qui n'a ni genres, ni nombres, dont on se sert pour modifier la signification d'un autre mot, ou pour en exprimer quelque circonstance.

Un adverbe peut modifier la signification de trois sortes de mots :

1°. D'un verbe. Ex. *esta muger habla mucho*, cette femme parle beaucoup.

2°. D'un adjectif. Ex. *esta muger es muy hermosa*, cette femme est bien belle.

3°. D'un autre adverbe. Ex. *él lee muy mal*, il lit très-mal.

Dans le premier exemple, l'adverbe *mucho* modifie le verbe *habla* ; dans le second, l'adverbe *muy* modifie l'adjectif *hermosa*, et dans le troisième, il modifie l'adverbe *mal*.

Des différentes sortes d'adverbes.

1°. Il y a des adverbes qui marquent la manière dont les choses se font, tels que *grandemente*, grandement ; *vivamente*, vivement ; *generosamente*, généreusement ; *bien*, bien ; *mal*,

mal ; *asi*, ainsi ; *quedo*, doucement ; *recio*, fortement ; *despacio*, lentement.

2°. Il y a des adverbes qui marquent l'ordre, le rang : comme *primeramente*, premièrement ; *segundamente*, secondement ; *terceramente*, troisièmement ; *luego*, d'abord ; *despues*, ensuite ; *antes*, avant ; *en fin*, enfin, etc.

3°. Il y a des adverbes qui marquent le lieu, la distance : comme *donde*, où ; *aqui*, ici ; *alli*, là ; *arriba*, en haut ; *abajo*, en bas ; *léjos*, loin, etc.

4°. Il y a des adverbes de temps : comme *ahora*, maintenant ; *hoy*, aujourd'hui ; *ayer*, hier ; *mañana*, demain ; *luego*, bientôt ; *tarde*, tard ; *temprano*, de bonne heure ; *presto*, vite ; *pronto*, promptement ; *siempre*, toujours ; *nunca*, *jamas*, jamais, etc.

5°. Il y a des adverbes de quantité : comme *mucho*, beaucoup ; *poco*, peu ; *muy*, très ; *harto*, *bastante*, assez ; *tanto*, autant ; *infinitamente*, infiniment ; *abundantemente*, abondamment, etc.

6°. Il y a des adverbes de comparaison : comme *mas*, plus ; *ménos*, moins ; *tan*, aussi, autant ; *como*, comme ; *asi*, de même ; *mejor*, mieux ; *peor*, pire ; *casi*, presque, etc.

7°. Il y a des adverbes d'affirmation : comme *si*, oui ; *cierto, ciertamente*, certainement ; *verdaderamente*, vraiment, etc.

8°. Il y a des adverbes de négation : comme *no*, non, ne, ne pas ; *nada*, rien.

9°. Il y a des adverbes de doute : comme *acaso*, par hasard ; *quizá*, peut-être.

10°. Enfin il y a des adverbes qui servent à interroger. Ex. *cuando*, quand ? *como*, comment ? *porqué*, pourquoi ? *cuanto*, combien ? etc.

Remarques.

1°. Les adverbes terminés en *mente* dérivent des adjectifs ; ils se forment de l'adjectif féminin en y ajoutant la terminaison *mente*. Ex. *lindo*, joli ; *linda*, jolie ; *lindamente*, joliment ; *grande*, grand, grande ; *grandemente*, grandement.

2°. Beaucoup d'adverbes ont, comme les adjectifs, les trois degrés de signification. Le comparatif et le superlatif se forment dans les adverbes comme dans les adjectifs. Ex. *lindamente*, joliment ; *mas lindamente*, plus joliment ; *muy lindamente*, très-joliment. Les adverbes dérivés des adjectifs, qui peuvent former leur superlatif par le changement de la terminaison, peuvent former également leur superlatif du superlatif féminin de l'adjectif en y ajoutant la terminaison *mente*. Ex. *lindísimo*, très-joli; *lindísima*, très-jolie; *lindísimamente*, très-joliment.

Les adverbes *bien*, bien, et *mal*, mal, font au comparatif *mejor*, mieux; *peor*, pire; et au superlatif *optimamente*, très-bien; *pésimamente*, très-mal.

3°. Comme l'adverbe est ordinairement exprimé par un seul mot, on appelle *locution adverbiale* deux ou plusieurs mots réunis qui ont la force d'un adverbe. Ex. *de veras*, vraiment; *de balde*, en vain; *á hurtadillas*, en cachette; *á sabiendas*, sciemment; *á las mil maravillas*, à merveille.

CHAPITRE VI.

DE LA PRÉPOSITION.

La préposition est un mot qui ne signifie rien par lui-même, mais qui mis devant un substantif, un pronom, ou un verbe à l'infinitif, exprime le rapport qui existe entre ces mots et ce qui précède. La préposition est, comme l'adverbe, un mot invariable qui n'a ni genres, ni nombres.

Les principaux rapports qu'expriment les prépositions sont les rapports de lieu, de temps, d'ordre, d'union, de séparation, d'exclusion, d'opposition, de but, de cause, de moyen.

Des différentes sortes de prépositions.

1°. Pour marquer le lieu :

A, à ; *de*, de ; *en*, en, dans ; *dentro*, dans ; *sobre*, sur ; *debajo, bajo*, sous ; *delante*, devant ; *tras, detras*, derrière ; *entre*, entre, parmi ; *para*, vers ; *cerca*, près ; *desde*, depuis ; *hasta*, jusque, etc.

2°. Pour marquer le temps et l'ordre :

A, à ; *de*, de ; *en*, en, dans ; *ántes*, avant ; *despues*, après ; *durante*, durant, pendant ; *para*, vers ; *desde*, dès ; *entre*, entre ; *desde*, depuis ; *hasta*, jusqu'à, etc.

3°. Pour marquer l'union :

Con, avec ; *segun*, suivant, selon.

4°. Pour marquer la séparation, l'exception, l'exclusion :

Excepto, excepté, hormis ; *salvo*, sauf ; *fuera*, hors ; *sin*, sans ; *ademas*, outre.

5°. Pour marquer l'opposition :

Contra, contre ; *á pesar*, malgré ; *no obstante*, nonobstant.

6°. Pour marquer le but:

De, de; *para, por*, pour; *acerca*, concernant; *para con*, envers.

7°. Pour marquer la cause, le moyen:

Por, par; *mediante*, moyennant.

Remarques.

1°. Les prépositions sont simples ou composées: simples, quand elles s'expriment en un seul mot, comme *con*, avec; *sin*, sans; *para*, pour, etc.; composées, quand elles s'expriment en plusieurs mots, comme *en casa de*, chez; *á pesar de*, malgré; *por el medio de*, à travers, etc.

2°. Il y a des prépositions qui demandent à être suivies d'une autre préposition; ce sont:

Ademas, outre.—*Antes*, avant.

Cerca, environ, près, touchant.

Debajo, sous. —*Delante*, devant. —*Dentro*, dans.—*Despues*, après.—*Detras*, derrière.

Encima, sur.—*Enfrente*, vis-à-vis.

Fuera, hors.

Léjos, loin.

Respecto, relativement à.

Et presque toutes les prépositions composées, qui veulent après elles la préposition *de*. Ex. *cerca de la ciudad*, près de la ville ; *ántes de la noche*, avant la nuit ; *en casa de mi hermano*, chez mon frère, etc.

En órden, en cuanto, quant à, à l'égard de — *junto*, près — *tocante*, touchant ; qui veulent après elles la préposition *á*. Ex. *en cuanto á lo que dice*, quant à ce qu'il dit ; *tocante á este negocio*, touchant cette affaire, etc.

CHAPITRE VII.

DE LA CONJONCTION.

La conjonction est un mot qui sert à lier les différentes parties du discours ; c'est, ainsi que l'adverbe et la préposition, un mot invariable qui n'a ni genres, ni nombres.

Il y a des conjonctions simples, comme *y*, et ; *ni*, ni ; *ó*, ou ; *pero*, mais ; *si*, si, etc. et des conjonctions composées, comme *porque*, parce que ; *pues que*, puisque ; *con tal que*, pourvu que ; *á fin de que*, afin que ; *aunque*, quoique, etc.

Des différentes sortes de conjonctions.

1°. On nomme *copulatives* les conjonctions qui lient simplement deux phrases. Ces conjonctions sont *y*, et, pour l'affirmation ; *ni*, ni, pour la négation.

2°. On nomme *alternatives* ou *disjonctives*, celles qui marquent alternative ou distinction, comme *ó*, ou ; *sea*, soit.

3°. On nomme *adversatives*, celles qui marquent l'opposition, comme *pero, mas*, mais ; *aunque, bien que*, quoique ; *con todo eso*, cependant, etc.

4°. On nomme *conditionnelles*, celles qui marquent une condition, comme *si*, si ; *con tal que*, pourvu que.

5°. On nomme *comparatives*, celles qui marquent une comparaison, comme *así como*, de même que ; *como*, comme ; *así*, ainsi, etc.

6°. On nomme *causatives*, celles qui marquent la cause, la raison, comme *porque*, parce que ; *pues que*, puisque, etc.

7°. Les *conclusives* sont celles qui marquent la conclusion, comme *pues*, donc ; *por consiguiente*, par conséquent, etc.

8°. Enfin il y a des conjonctions qui marquent le temps, comme *cuando*, quand ; *desde que*, dès que ; *miéntras que*, pendant que, etc.

CHAPITRE VIII.

DE L'INTERJECTION.

L'interjection est un mot indéclinable qui exprime les affections subites de l'âme. Il y a autant d'interjections qu'il y a de passions différentes, et l'on emploie quelquefois comme interjections des mots qui expriment des idées ; néanmoins il y a certains mots qui sont adaptés à divers sentimens ; ce sont :

1°. Pour la douleur ou l'affliction ¡*ah!* ah! *oh!* ah! hélas! *Dios mio!* aïe! hélas! ouf! mon Dieu!

2°. Pour la joie et le désir : ¡*ah! bueno! Jesus! qué gusto!* ah! quel plaisir!

3°. Pour la crainte : ¡*ay Jesus! he! y pues!* ah mon Dieu! eh! eh!

4°. Pour l'aversion, le mépris, le dégoût : ¡*vaya! fuera! quita!* fi! fi! donc!

5°. Pour l'admiration : ¡*oh!* oh!

6°. Pour la surprise : ¡*ah!* ah!

7°. Pour encourager : ¡*ea! vamos! ánimo!* allons! courage!

8°. Pour avertir et appeler : ¡*guarda! hola! ola! hé!* gare! hem! holà! hé!

9°. Pour faire faire silence : ¡*chito! chiton! silencio!* chut! paix!

L'interjection *o*, ô, se place, comme en français, devant un substantif en apostrophe.

TROISIÈME PARTIE.
DE LA SYNTAXE.

On appelle *syntaxe* la partie de la grammaire qui traite de la concordance, du régime et de l'arrangement des différentes parties du discours.

Dans toutes les langues, les mots ne sont pas seulement établis pour représenter chacun une idée, ou pour distinguer un objet, ils sont encore destinés à représenter par leur assemblage l'union des idées, pour exprimer un sens suivi, c'est-à-dire l'image de la pensée.

Tout assemblage de mots fait pour rendre un sens, est ce qu'on appelle une *phrase*.

La première chose nécessaire pour former une phrase, est qu'il y ait un *sujet* dont on affirme, ou qu'on regarde avec telle et telle qualité.

Ce qui sert à exprimer ce qu'on affirme du sujet, l'application qu'on en fait, soit d'action, soit de manière d'être, y concourt par la fonction d'attribution ; puisque, par son moyen, on approprie cette action à la personne ou à la chose dont on parle ; c'est ce qu'on appelle l'*attributif* ou *le verbe*. L'attributif est soumis au sujet, et obligé d'en suivre le nombre et la personne, quelquefois même le genre.

Ce qui est destiné à représenter l'objet direct de l'affirmation, s'appelle l'*objectif* ou *le régime direct du verbe.* L'objectif peut être un nom, un pronom, ou un verbe.

Ce qui doit marquer le terme de l'affirmation s'appelle le *terminatif* ou *le régime indirect du verbe.* Le terminatif est le complément indirect de l'attributif, ou verbe auquel il est lié par une préposition exprimée ou sous-entendue, qui indique le rapport qu'il y a de l'un à l'autre.

Ce qu'on emploie à exprimer la manière d'être, la circonstance particulière de l'attributif, se nomme le *circonstanciel*, c'est un adverbe, une phrase subordonnée, ou une phrase adverbiale.

Ce qui sert à joindre la phrase s'appelle le *conjonctif* ou *la conjonction.* Le conjonctif n'est sous le régime d'aucune des autres parties de la phrase, et a souvent l'attributif sous le sien ; il est exprimé par des conjonctions.

Enfin ce qui est mis dans la phrase par forme d'addition pour donner plus de force à l'expression, ou pour énoncer un mouvement de l'âme, se nomme l'*adjonctif.* L'adjonctif n'est pas absolument nécessaire dans la phrase ; on peut le supprimer sans altérer le sens.

Il résulte de ce qui précède que la phrase se compose de sept parties ou membres qui sont : le *sujet*, l'*attributif* ou *verbe*, l'*objectif* ou *régime direct*, le *terminatif* ou *régime indirect*, le *circonstanciel*, le *conjonctif* et l'*adjonctif*.

Il n'est pas absolument nécessaire qu'une phrase renferme tous ces membres ; l'adjonctif s'y trouve rarement, et le conjonctif n'y a lieu que lorsqu'elle doit être jointe à une autre phrase ; il peut encore dans ce cas même n'être pas énoncé. Enfin souvent on n'a dessein que d'exprimer l'action simple du sujet sans lui donner ni terme, ni objet, et sans y joindre de circonstance. On peut donc en conclure qu'une phrase est complète sans comprendre les cinq derniers membres dont nous venons de parler ; mais qu'elle ne saurait se passer d'un sujet, ni d'un verbe exprimés ou sous-entendus ; car on ne peut parler, sans parler d'une chose, et sans en affirmer aussi quelque autre chose.

On appelle *régime* ou *complément* d'un mot, tout mot qui, n'étant point un adverbe, est mis à la suite d'un autre mot pour en restreindre la signification.

Les règles de la syntaxe étant en général les mêmes dans la langue espagnole que dans la langue française, nous ne parlerons que des différences qui existent entre ces deux langues.

CHAPITRE PREMIER.

SYNTAXE DES SUBSTANTIFS.

I. Les substantifs pris dans un sens déterminé sont ordinairement précédés de l'article, qui en suit le genre et le nombre. Ex. *la Naturaleza es el trono exterior de la magnificencia divina;* la nature est le trône extérieur de la magnificence divine.

Remarque. En espagnol, de même qu'en français, l'article se supprime souvent sans qu'il y ait pour cela d'autre règle que l'usage, et il y a à cet égard beaucoup de conformité entre les deux langues ; mais il est bon de faire observer qu'en espagnol l'article se supprime bien plus souvent qu'en français.

1°. On supprime en espagnol l'article qui précède en français les mots *maison, palais, promenade, messe, chasse, pêche,* et quelques autres, après un verbe de mouvement. Ex. en revenant de *la* promenade nous irons *au* palais, *al volver de paseo irémos á palacio*; je sors de *la* maison, *salgo de casa*; allons à *la* messe, *vamos á misa*.

2°. On supprime l'article en espagnol dans les phrases suivantes et autres semblables : c'est *l*'usage en France, *es costumbre en Francia*; en *l*'absence du Roi, *en ausencia del Rey*; à *l*'imitation des anciens, *á imitacion de los antiguos*; je le donnerai à *l*'épreuve, *yo lo daré á prueba*; il a *la* fièvre, *él tiene calentura*; le beau raisonnement ! *¡ buen raciocinio !* le fleuve *du* Tage, *el rio Tajo*.

3°. On supprime ordinairement l'article en espagnol devant les noms de royaumes et de provinces. Ex. *Francia es rica*, la France est riche; *Andalucia es buena tierra*, l'Andalousie est un bon pays.

II. On met l'article devant les mots *señor, señora, señorita, señores, señoras, señoritas*, qui se traduisent en français par *monsieur, madame, mademoiselle, messieurs, mesdames, mesdemoiselles*; et lorsqu'ils sont suivis d'un nom de dignité, l'article qui se met en français devant le nom de dignité ne se rend pas en espagnol. Ex. *el señor Sancho, la señora Sancho, la señorita Villegas*; monsieur Sancho, madame Sancho, mademoiselle Villegas. *El señor presidente,* monsieur le président ; *la señora marquesa,* madame la marquise.

Mais lorsque les mots *señor, señora, señorita,* etc. sont précédés d'un pronom possessif, ils ne prennent point l'article ; et alors s'ils sont suivis d'un nom de dignité, l'article qui se met en français devant le nom de dignité, s'exprime en espagnol. Ex. *se lo diré á mi señora del Campo,* je le dirai à madame del Campo ; *póngome á los pies de mi señora la marquesa,* je présente mes respects à madame la marquise.

Dans l'un comme dans l'autre cas, lorsqu'on adresse la parole à la personne, les mots *señor, señora,* etc. et les noms de dignité qui les suivent ne prennent point l'article. Ex. *buenos dias, señor Josef,* bon jour, monsieur Joseph ; *señor médico, estoy malo,* monsieur le médecin, je suis malade ; *¿qué pide V. E. mi señora duquesa?* que demandez-vous, madame la duchesse ?

Remarque. Lorsqu'on nomme une personne élevée en dignité, ou à laquelle on témoigne du respect, on emploie ces mots *señor don, señora* ou *señorita doña ;* mais il ne faut pas manquer de faire précéder le nom de famille du nom de baptême de la personne. On peut bien dire *el señor* ou *mi señor de Matallanas, la señora* ou *mi señora de Villatorre;* mais on ne peut pas dire *el señor don de Matallanas, la señora doña de Villatorre,* il faut dire *el señor don Pedro de Matallanas, la señora doña María de Villatorre,* etc. Il est bon d'observer aussi que *mi señor, mi señora, mi señorita,* marquent plus de respect que *el señor, la señora, la señorita.*

III. Les infinitifs des verbes et les adverbes employés substantivement prennent l'article *el.* Ex. *el pasear es necesario,* la promenade est nécessaire ; *el leer me gusta,* la lecture me plaît ; *ignoro el porque,* j'ignore le pourquoi. Les infinitifs des verbes s'emploient substantivement beaucoup plus souvent en espagnol qu'en français.

IV. Les adjectifs employés substantivement prennent tantôt l'article *lo* et tantôt l'article *el.* Ils prennent l'article *lo* toutes les fois qu'étant seuls, on ne peut leur joindre aucun substantif; mais lorsqu'on peut leur joindre un substantif, ils prennent l'article *el.* Ex. *el hombre sabio prefiere siempre lo útil á lo agradable,* l'homme sage préfère toujours l'utile à l'agréable ; *el malo será castigado,* le méchant sera puni ; *el azul de este paño es muy subido,* le bleu de ce drap est très-vif. Dans le premier exemple les adjectifs *útil* et *agradable* sont précédés de l'article *lo,* parce qu'on ne peut leur joindre aucun substantif, et dans les deux derniers les adjectifs *malo* et *azul* sont précédés de l'article *el,* parce que *hombre* est sous-entendu devant *malo,* et *color* devant *azul*.

V. Lorsqu'un substantif est pris dans un sens indéterminé, on le fait précéder en français de *un, une, de, du,* ou *de la* pour le singulier, et de *des* ou *de* pour le pluriel; en espagnol on rend *un, une,* par *un, una,* et *de, du, de la, des* ne s'expriment pas.

EXEMPLES.

Un hombre sabio, un homme sage.

Una muger jóven y hermosa, une femme jeune et belle.

Hombres sabios, des hommes sages.

Mugeres jóvenes y hermosas, des femmes jeunes et belles.

He bebido vino exquisito, j'ai bu du vin excellent.

Remarque. Un, une, ne s'expriment pas en espagnol devant l'adjectif *otro, otra,* autre. Ex. *esta es otra historia,* c'est une autre histoire. Ils ne s'expriment pas non plus dans les phrases suivantes et autres semblables, mais il n'y a pour cela d'autre règle que l'usage. Marseille est un port de mer, *Marsella es puerto de mar;* c'est une femme de mérite, *es muger de prendas;* dans un demi siècle, *en medio siglo;* une entreprise si difficile demande de la constance, *tan ardua empresa pide constancia;* il a un droit sur ce fonds, *tiene derecho sobre este caudal.*

VI. Les substantifs pris dans un sens partitif s'emploient sans article : ainsi *de, du, de la, des,* qui précèdent dans ce cas les substantifs français, ne se rendent pas en espagnol. Ex. *dame pan,* donne-moi du pain ; *comeré carne,* je mangerai de la viande ; *compraré manzanas,* j'acheterai des pommes.

Remarque. Comme *de, du, de la, des,* ne s'expriment pas en espagnol quand les substantifs qu'ils précèdent sont pris dans un sens indéterminé ou partitif, tandis qu'ils s'expriment quand les substantifs qu'ils précèdent sont pris dans un sens déterminé, il faut bien faire attention au sens de la phrase où ils se trouvent, pour savoir s'il faut les exprimer ou ne pas les exprimer. Cependant *de* ou *des* placés devant un substantif pris dans un sens indéterminé ou partitif se rendent quelquefois par *unos, unas,* ou *algunos, algunas;* mais cela n'a lieu que très-rarement, et lorsqu'ils peuvent se tourner par *quelques.* Ex. *conozco hombres sabios que no le aproban,* ou bien *conozco unos* ou *algunos hombres sabios que no le aproban,* je connois des hommes sages qui ne l'approuvent pas ; *daránle ciruelas,* ou bien *daránle unas* ou *algunas ciruelas,* ils lui donneront des prunes.

VII. En français quand plusieurs substantifs sont de suite, on répète les articles et les prépositions qui les précèdent devant chaque substantif : mais en espagnol cela n'est pas nécessaire ; on se contente souvent de mettre la préposition et l'article devant le premier substantif, sans les répéter devant les autres, même quand ces substantifs sont de genres différens. Ex. un bon gouvernement doit tendre au bonheur, à l'utilité et à la sûreté de la nation, *un buen gobierno debe dirigir sus miras á la felicidad, provecho y seguridad de la nacion.*

CHAPITRE II.

SYNTAXE DES ADJECTIFS.

I. Les adjectifs qui ont un régime veulent en général après eux la même préposition qu'en français. Ex. *Pedro es digno de premio,* Pierre est digne de récompense ; *esta tela es suave al tacto,* cette toile est douce au toucher. Il y a cependant des adjectifs espagnols qui veulent après eux une préposition différente de celle qui accompagne en français les adjectifs qui leur correspondent. On en trouvera la liste à la fin de la grammaire.

II. Lorsqu'un adjectif est suivi d'un infinitif, la préposition *de* qui les joint en français ne s'exprime pas en espagnol. Ex. *és necesario trabajar*, il est nécessaire de travailler; *es fácil decir la verdad*, il est facile de dire la vérité.

III. En français les adjectifs *demi*, *nu* et *feu* sont invariables, les deux premiers quand ils précèdent leur substantif, et le dernier quand il précède l'article ou le pronom possessif qui accompagne son substantif; mais en espagnol *medio*, *desnudo*, *descubierto* et *difunto*, s'accordent toujours avec leur substantif selon la règle générale. Ex. dans une demi-heure, *dentro de una media hora;* une demi-livre, *una media libra;* feu la reine, *la reina difunta;* feu ma mère, *mi difunta madre;* il va nu-pieds, nu-jambes, nu-tête, *va con los pies desnudos, con las piernas desnudas, con la cabeza descubierta.*

IV. Lorsque le comparatif est formé à l'aide de *mas* ou de *ménos*, le *que* qui suit le comparatif français, se rend en espagnol par *que;* mais lorsque le comparatif est formé à l'aide de l'adverbe *tan*, le *que* français se rend par *como*. Ex. *Pedro es mas dichoso que Juan,* Pierre est plus heureux que Jean; *el dia es mas agradable que la noche,* le jour est plus agréable que la nuit; *no es tan liberal como su padre,* il n'est pas si généreux que son père; *la historia es tan útil como agradable,* l'histoire est aussi utile qu'agréable. Quelquefois aussi *que* se rend par *de*, et même par *de lo que.* Ex. *es mas amargo de la hiel,* c'est plus amer que du fiel; *es mas de lo que oso rogar,* c'est plus que je n'ose demander.

V. En français, lorsqu'il y a de suite plusieurs adjectifs au comparatif, on exprime devant chacun d'eux l'adverbe qui sert à former le comparatif, en espagnol, on peut se contenter de mettre l'adverbe devant le premier adjectif, et le supprimer devant les autres. Ex. il est plus jeune et plus aimable que son frère, mais il est moins sage et moins prudent, *él es mas jóven y amable que su hermano, pero es ménos sabio y prudente.* On supprime aussi en espagnol l'article qui sert à former le superlatif relatif, lorsque celui-ci est précédé du substantif auquel il se rapporte. Ex. c'est le chemin le plus court et le plus sûr, *es el camino mas corto y mas seguro.*

CHAPITRE III.

SYNTAXE DES NOMS DE NOMBRE.

I. Pour exprimer les jours du mois, on se sert comme en français du nombre ordinal pour le premier, et du nombre cardinal pour les autres ; mais on les fait suivre de la préposition *de*.

EXEMPLES.

El dia primero, ou *el primero de enero,* le premier janvier.

El diez, ou *el dia diez de febrero,* le dix de février.

El quince, ou *el dia quince de marzo,* le quinze mars.

Dans les dates on se sert également du nombre ordinal pour le premier et du nombre cardinal pour les autres, avec la préposition *de;* mais on les fait précéder de la préposition *á* ou *en :* on peut aussi dans les lettres, quand on écrit la date en chiffres, se dispenser d'écrire la préposition.

EXEMPLES.

A primero de febrero, le premier février.
En cuatro de marzo, le quatre mars.
A quince de mayo, ou 15 *de mayo,* le 15 mai.

La date de l'année s'exprime par les nombres cardinaux, en faisant précéder le premier de la préposition *de*, et le dernier de la conjonction *y*; et lorsque la date de l'année n'est point précédée de la date du mois, il faut toujours mettre devant les nombres qui l'expriment l'article et le substantif *año*, an.

EXEMPLES.

A dos de enero de mil ochocientos y diez, le deux janvier mil huit cent dix.

El año de mil ochocientos y quince, l'an mil huit cent quinze.

Nació en el año de mil setecientos cuarenta y uno, á tres de octubre, il naquit en mil sept cent quarante-un, le trois octobre.

On peut aussi dans la date des lettres mettre le nom du mois avant le quantième, alors on le fait précéder de la conjonction *y*.

EXEMPLE.

Paris, y febrero 20 *de* 1821, ou *Paris,* 20 *febrero de* 1821, Paris, le 20 février 1821.

II. Quand il s'agit de dire ou de demander l'heure qu'il est, on se sert du nombre cardinal précédé de l'article *la* ou *las*, et le substantif *heure* ou *heures*, qui est dans le français, ne se rend pas en espagnol.

EXEMPLES.

Quelle heure est-il ? *¿ qué hora es?* Il est une heure, *es la una;* une heure et demie, *la una y media;* une heure trois quarts, *la una y tres cuartos.*

Il est deux heures, *son las dos;* deux heures et demie, *las dos y media;* trois heures moins un quart, *las tres ménos cuarto.*

Quatre heures vont sonner, *las cuatro estan para dar,* ou *pronto darán las cuatro.*

Cinq heures viennent de sonner, *las cinco acaban de dar;* six heures ont sonné, *ou* il est six heures sonnées, *son las seis dadas,* ou *han dado las seis.*

A midi, *á las doce;* à minuit, *á las doce de la noche.*

A cinq heures de l'après-midi, *á las cinco de la tarde.*

A dix heures du soir, *á las diez de la noche.*

III. Quand on emploie les nombres pour distinguer entre eux les rois et les princes d'un même nom, on se sert des nombres ordinaux.

EXEMPLES.

Felipe segundo, Philippe second.
Fernando séptimo, Ferdinand sept.
Henrique cuarto, Henri quatre, etc.

IV. En français, on se sert souvent des nombres cardinaux au lieu des nombres ordinaux, et l'on dit, par exemple, *chapitre quatre, page cinq,* etc. au lieu de *chapitre quatrième, page cinquième,* etc.; mais en espagnol, il faut employer le nombre ordinal, et dire *capítulo cuarto, página quinta,* etc. Cependant quand le nombre passe *dix,* on peut se servir indifféremment du nombre cardinal ou ordinal. Ex. *capítulo quince,* ou *décimo quinto, página veinte,* ou *vigésima,* chapitre quinze, page vingt.

CHAPITRE IV.

SYNTAXE DES PRONOMS.

I. Les pronoms personnels *yo,* je, moi; *tú,* tu, toi, sont toujours sujets de la phrase. *Me,* me; *te,* te; *se,* se; *os,* vous; *le,* lui, le; *lo,* le; *la,* la; *los, las,* les; *les,* leur, sont toujours régimes d'un verbe. *Mí,* moi; *ti,* toi; *sí,* soi, lui, elle, etc. sont toujours régimes d'une préposition. *Nosotros, nosotras,* nous; *vos, vosotros, vosotras,* vous; *él,* il, lui; *ella,* elle; *ellos,* ils, eux; *ellas,* elles, peuvent être sujets de la phrase, ou régimes d'une préposition. *Nos,* nous, peut être sujet de la phrase, ou régime soit d'un verbe, soit d'une préposition. Ex. *él me dijo,* il me dit; *yo te veo,* je te vois; *ella les ha hablado,* elle leur a parlé.

II. Les pronoms régimes des verbes doivent toujours se placer à la suite du verbe, à l'impératif, à l'infinitif et au participe présent ; alors ils s'unissent au verbe de manière à ne former avec lui qu'un seul mot. Ex. *aplícate al estudio*, applique-toi à l'étude ; *no queria decirlo*, il ne voulait pas le dire ; *escribiéndolo*, en l'écrivant. Ils doivent toujours se placer avant le verbe auxiliaire dans les temps composés, excepté au prétérit de l'infinitif et au participe passé qu'ils se placent après lui. Ex. *él me habia hablado*, il m'avait parlé ; *habiéndolo visto*, l'ayant vu. Dans tous les autres temps ils se placent avant le verbe. Ex. *yo te dijo*, je te dis ; *él me escribirá*, il m'écrira. On trouve cependant des exemples de pronoms régimes placés après les verbes, à d'autres temps simples que l'infinitif, l'impératif et le participe présent ; on dit, *sucedióme un lance inesperado*, il m'arriva un événement inattendu ; *dígolo*, je le dis ; *harélo*, je le ferai ; mais comme c'est l'oreille qui doit déterminer dans quelles circonstances on peut s'autoriser de ces exemples, il est mieux de suivre la règle générale, jusqu'à ce qu'on possède bien la langue.

Remarque. Lorsque le pronom *nos* régime du verbe se place après lui à la première personne du pluriel, le verbe perd son *s* finale. Ex. *amá-*

monos mucho, nous nous aimons beaucoup ; *divertirémonos*, nous nous divertirons.*

III. Lorsqu'il y a deux pronoms régimes, ils se mettent avant ou après le verbe, conformément à la règle précédente ; et s'ils se mettent après le verbe, il s'y joignent l'un et l'autre de manière à ne former qu'un seul mot. Quant à l'ordre que ces pronoms doivent avoir entre eux, il est toujours le même : *me, te, se, nos, os, le, les*, se placent avant *lo, la, los* et *las*, et pour éviter le son désagréable qu'occasionnerait la rencontre de *le* et de *les* avec *lo, la, los* et *las*, on leur substitue le pronom *se*. Ex. *te lo diré*, je te le dirai ; *diciéndomelo* en me le disant ; *se lo daré*, je le lui donnerai, *ou* je le leur donnerai ; *quiero darselo*, je veux le lui donner, *ou* le leur donner ; *se las enviaré*, je les lui, *ou* je les leur enverrai.

IV. Les anciens auteurs espagnols, même les plus estimés, ne semblent pas avoir fait attention à la différence qui existe entre les pronoms *le, lo, la, los, las* et *les*, car ils ont souvent employé *la* au lieu de *le* ; *los, las* au lieu de *les*, et surtout *lo*, à la place de *le*. Il ne faut pas les imiter

---

* Autrefois lorsqu'un verbe à l'infinitif était suivi des pronoms *le, lo, los, las, les*, l'*r* final se changeait en *l*, et l'on disait *amallo, temello*, etc. au lieu de *amarlo, temerlo*, etc. : mais cela n'a plus lieu aujourd'hui, si ce n'est quelquefois dans la poésie.

à cet égard; car l'usage qui alors n'était peut-être pas entièrement fixé, est aujourd'hui invariable. *Le* répond aux pronoms français *lui* et *le*; *lo* à *le*, lorsqu'il peut se tourner par *cela*; *la* à *la*, *los*, *las* à *les*, et *les* à *leur*, comme on l'a vu dans première partie de cette grammaire au chapitre des pronoms. Ce serait aujourd'hui une faute grossière de dire *persiguiéron á este ladron,* lo *prendiéron* y lo *castigáron*, ils poursuivirent ce voleur, le prirent et le punirent; *compuso un libro, y* lo *imprimió*, il composa un livre et l'imprima, etc.; il faut dire *persiguiéron á este ladron*, le *prendiéron y* le *castigáron; compuso un libro y* le *imprimió,* etc.

V. Les Espagnols ne se servent presque jamais de la seconde personne, quand ils parlent directement à quelqu'un; mais ils emploient toujours la troisième personne avec les titres suivans exprimés ou sous-entendus : *vuestra merced,* votre grâce; *vuestra señoria,* votre seigneurie; *vuestra excelencia,* votre excellence, et quelques autres que l'usage apprendra. Le titre de *vuestra merced*, qui se prononce par abréviation *vuesa merced*, mais plus ordinairement *usted*, et qui s'écrit *vm.* ou *vmd.* est celui qui se donne à tout le monde en général ; ceux de *vuestra señoria,* et de *vuestra excelencia* sont réservés pour les personnes d'un rang élevé. Ces deux titres s'abrègent aussi dans la prononciation et dans l'écriture, de même que *vuestra merced;* on dit *vuesa señoría*, mais plus ordinairement *usía*, et l'on écrit *V. S.* au lieu de *vuestra señoría;* on dit *vuecelencia* ou *vuesencia*, et l'on écrit *V. E.* au lieu de *vuestra excelencia*. Si l'on veut témoigner plus de respect à la personne à qui l'on parle, au lieu de se servir du pronom *vuestra* devant les titres, on emploie le pronom *su*, et l'on dit *su merced, su señoría, su excelencia*.

En français, soit qu'on adresse la parole à une seule personne, soit qu'on l'adresse à plusieurs, on se sert du pronom de la seconde personne *vous,* et le verbe qui l'accompagne se met à la seconde personne du pluriel; mais en espagnol, on emploie les titres dont nous venons de parler, au singulier lorsqu'on s'adresse à une seule personne, et au pluriel lorsqu'on s'adresse à plusieurs. Le verbe se met par conséquent à la troisième personne du singulier dans le premier cas, et à la troisième personne du pluriel dans le second. Ex. avez-vous parlé à mon frère? oui, je lui ai parlé, *ha hablado vm. á mi hermano? sí, le he hablado;* avez-vous rencontré mon père? oui, nous l'avons rencontré, *han encontrado vms. á mi padre? si, le hemos encontrado.*

On évite autant que possible la répétition des mots *usted, ustedes,* etc. C'est pourquoi, lorsqu'il se trouve dans la phrase française plusieurs pronoms personnels de la seconde personne, et qu'on a rendu le premier par l'un de ces mots, on exprime les autres par un pronom personnel de la troisième personne, du singulier ou du pluriel, masculin ou féminin, selon que l'on adresse la parole à une ou à plusieurs personnes du sexe masculin ou du sexe féminin. Ex. comment, messieurs, vous ne vous souvenez donc pas que je vous ai vus et que je vous ai parlé ce matin? *¿ pues qué, señores, vms. no se acuerdan ya de que los vi y les hablé esta mañana?* Souvent même, surtout dans la conversation familière, lorsqu'on peut le faire sans obscurcir le sens de la phrase, on n'exprime ni les mots *usted, ustedes,* etc. ni les pronoms qui en tiennent lieu, et l'on se contente de mettre le verbe à la troisième personne du singulier ou du pluriel.

Lorsqu'un adjectif se rapporte à la personne à qui l'on s'adresse, il s'accorde en genre avec cette personne, et non avec les titres de *vuestra merced*, *vuestra señoría*, *vuestra excelencia*.

Ainsi en parlant à un homme, on dira *vm. es muy cumplido,* vous êtes bien honnête ; et en parlant à une femme, *vm. es muy cumplida,* vous êtes bien honnête.

Le pronom de la seconde personne du singulier ne sert que dans la poésie et dans le tutoiement de l'amitié intime, ou d'une grande supériorité, comme d'un maître vis-à-vis de son domestique. Le pronom de la seconde personne du pluriel s'emploie de même que celui de la seconde personne du singulier; il sert aussi quand on s'adresse à Dieu ou aux Saints, et quelquefois quand on parle aux Souverains ou aux grands seigneurs.

VI. Dans les actes émanés de l'autorité, et dans quelques autres cas où l'on emploie en français le pronom *nous,* quoiqu'il ne s'agisse que d'une seule personne, on se sert en espagnol de *nos,* et non de *nosotros, nosotras. Vos* s'emploie dans le même style en s'adressant à une ou à plusieurs personnes ; mais partout ailleurs il ne s'applique qu'à une seule personne. Si l'on parle à plusieurs personnes en employant le pronom de la seconde personne, il faut se servir de *vosotros, vosotras.*

VII. Les Espagnols emploient souvent les pronoms personnels sans qu'ils soient nécessaires pour le sens de la phrase, mais seulement pour donner plus de force à l'expression. Ex. *le estiman á él*, ils l'estiment ; *me han escrito á mí*, ils m'ont écrit ; *yo á tí no te quiero*, moi je ne t'aime pas ; *se lo prometo á vm.* je vous le promets ; *ya lo han dicho, señora, jamas la visitarán á vm.* ils l'ont dit, madame, jamais ils ne vous verront.

VIII. Comme les pronoms personnels de la seconde personne, qui se trouvent dans la phrase française, sont remplacés dans la phrase espagnole par les pronoms correspondans de la troisième, il faut également remplacer les pronoms possessifs de la seconde personne par ceux de la troisième personne. Ex. c'est votre livre, *es su libro*; ce sont vos affaires, *son sus asuntos*. On peut aussi, au lieu du pronom possessif, se servir des titres *usted*, *ustedes*, etc. et dire, *es el libro de vm.* ; *son los asuntos de vms.* ou bien *es su libro de vm.* ; *son sus asuntos de vms.*

Les pronoms *vuestro*, *vuestra*, etc. ne s'emploient que dans le style élevé, et lorsqu'on s'adresse à Dieu, aux Saints et aux Princes. Ex. *señor, imploro vuestro amparo*, Seigneur, j'implore votre secours.

IX. Les pronoms possessifs se retranchent lorsqu'on peut le faire sans que le sens de la phrase en souffre, et surtout devant les noms de parenté. Ex. écoute, mon fils, *escucha, hijo ;* ma mère, que me voulez-vous? *qué me quiere vm. madre?* adieu, mon ami, *á Dios, amigo.*

X. Quelquefois, surtout dans les exclamations et dans les apostrophes, on emploie les pronoms possessifs relatifs à la place des pronoms possessifs absolus ; alors ils ne prennent point d'article et se mettent après le substantif. Ex. mon Dieu ! *Dios mio !* ma mère, *madre mia ;* viens, mon ami, *ven, amigo mio.*

Les pronoms possessifs relatifs peuvent encore s'employer à la place des pronoms possessifs absolus dans les expressions suivantes, et autres semblables. Ex. un de mes parens, *un pariente mio ;* deux de tes lettres, *dos cartas tuyas ;* plusieurs de ses amis, *varios amigos suyos,* ou *varios amigos de él.*

XI. Le pronom relatif *cuyo,* dont, duquel, etc. ne peut s'employer que lorsqu'il est accompagné d'un substantif avec lequel on puisse le faire accorder, et l'on supprime l'article qui accompagne ce substantif. Ex. Dieu dont nous admirons les ouvrages, *Dios cuyas obras admiramos ;* c'est une dame dont les qualités sont connues, *es una señora cuyas prendas son conocidas ;* le prince à la protection duquel je dois ma fortune, *el principe á cuya proteccion yo debo mi fortuna.*

Partout ailleurs les pronoms relatifs *dont, duquel, de laquelle, desquels,* doivent se rendre par *de quien, de quienes,* ou *de que,* quand il s'agit des personnes ; et par *de que,* quand il s'agit des choses. Ex. l'homme dont vous me parlez, *el hombre de quien* ou *de que vm. me habla;* les affaires dont nous traitons, *los asuntos de que tratamos.*

XII. *Quel* interrogatif se rend toujours par *que,* lorsqu'il est suivi immédiatement d'un substantif auquel il se rapporte ; mais s'il n'est pas suivi immédiatement de son substantif, il se rend par *cual,* quand il s'agit des choses ; et par *quien,* lorsqu'il s'agit des personnes. Ex. quelle profession exercez-vous ? *¿qué profesion ejercita vm.?* quelles sont ses connaissances ? *¿cuales son sus conocimientos?* quelle est cette femme ? *¿quien es esa muger?*

XIII. Lorsque *en* et *y* tiennent lieu en français des pronoms personnels, ou des pronoms démonstratifs et des prépositions *de* ou *à,* ils se rendent en espagnol par les pronoms personnels ou démonstratifs auxquels ils sont équivalens, précédés de la préposition que demande le verbe. Ex. connaissez-vous monsieur Charles ? oui, nous en parlions, *¿conoce vm. al señor Cárlos? sí, estábamos hablando de él;* en avez-vous parlé? *¿ha hablado vm. de ello?* pensez-vous à mon frère? oui, j'y pense, *¿piensa vm. en mi hermano? sí, pienso en él;* qu'en dites-vous? *¿qué dice vm. de eso?*

Toutes les fois que *en* peut se tourner par *quelques-uns d'eux, quelques-unes d'elles*, il se rend par *unos, unas,* ou *algunos, algunas.* Ex. si vous aimez ces fruits, je vous en enverrai ; *si le gustan á vm. estas frutas, le enviaré unas* ou *algunas.* Si *quelques-uns* ou *quelques-unes* étaient exprimés dans la phrase *en* ne s'exprimerait pas. Ex. j'ai acheté des poires superbes, je vous en enverrai quelques-unes ; *he comprado hermosas peras, le enviaré á vm. algunas.*

En se supprime en espagnol lorsque l'objet dont il s'agit est suffisamment désigné. Ex. combien a-t-il de frères? il en a trois, *¿cuantos hermanos tiene? tiene tres;* voulez-vous ce chapeau ? non, j'en veux un autre, *¿quiere vm. este sombrero? no, quiero otro.*

En se traduit aussi souvent par *le, la, lo, los, las,* comme dans les phrases suivantes : Il cherche une place, mais il n'en mérite pas, *busca un puesto, pero no lo merece;* voulez-vous acheter du drap? j'en ai de très-beau, *¿quiere vm. com-*

prar paño? lo tengo muy rico; je boirai du vin, s'il y en a, *beberé vino, si lo* hay;* prêtez-moi quinze piastres, j'en ai besoin, *préstame quince pesos, los he menester.*

Lorsque *en* se rapporte à des choses inanimées, et qu'il tient lieu des pronoms possessifs, il se rend par les pronoms possessifs dont il tient la place, ou il ne s'exprime pas. Ex. voilà un bel arbre, j'en admire les fleurs, les fruits, *he aqui un hermoso árbol, admiro sus flores, sus frutos;* il a acheté une épée, la garde en est très-belle, *ha comprado una espada, la guarnicion es muy rica.*

XIV. Lorsque *où, d'où, par où,* tiennent lieu en français d'un pronom relatif précédé d'une préposition, ils se rendent en espagnol par le pronom relatif auquel ils équivalent, précédé de la préposition que demande le verbe. Ex. la maison où je demeure, *la casa en que vivo;* il y a des circonstances où il faut agir avec prudence, *hay circunstancias en que es preciso obrar prudentemente.*

---

* Quoique ce soit un usage général d'employer *la* dans cette phrase et les précédentes, ainsi que dans les autres semblables, on devrait cependant plutôt employer *le*. Voy. page 276, IV.

XV. Lorsque le pronom *que* tient lieu en français d'un pronom relatif et d'une préposition, il se rend en espagnol par le pronom relatif dont il tient la place, précédé de la préposition que demande le verbe. Ex. c'est à Pierre que (à qui) vous devez vous adresser, *es á Pedro á quien vm. ha de dirigirse;* c'est de soi-même qu'on (de qui on) doit se défier, *de si mismo es de quien uno debe desconfiar.*

XVI. Le pronom indéfini *on* se rend en espagnol de plusieurs manières, comme on va le voir par les exemples suivans:

On dit qu'il est arrivé, mais on se trompe; *dicen que ha llegado, pero se engañan.*

On promit une récompense, *prometióse una recompensa.*

On dit beaucoup de mensonges dans les gazettes, *en las gazetas se dicen muchas mentiras.*

On croit aisément ce qu'on désire, *uno cree fácilmente aquello que desea.*

Si l'on me demande, je répondrai; *si alguno me preguntare, yo responderé.*

On ne peut être heureux sans la vertu, *nadie puede ser feliz sin la virtud.*

On hait celui que l'on craint, *el hombre odia al que teme.*

On frémit devant la mort, *nos estremecemos à la vista de la muerte.*

XVII. Le pronom indéfini *personne*, lorsqu'il n'est point suivi d'une négation, équivaut à *quelqu'un*, et se rend par *alguno* ou *otro*. Ex. connaissez-vous personne plus vertueux que lui? *¿conoce vm. alguno oû otro mas virtuoso que él?* Lorsqu'il est suivi d'une négation, il se rend par *nadie* ou *ninguno*, et la négation ne s'exprime pas. Ex. personne ne le connaît, *ninguno* ou *nadie le conoce.*

Personne et *aucun* dans les phrases interrogatives et exprimant le doute, se rendent par *uno* ou *alguno*. Ex. y en a-t-il aucun qui ait à se plaindre? *¿hay acaso uno* ou *alguno que tenga motivo de quejarse?*

XVIII. Lorsque les pronoms indéfinis *nadie, ninguno,* personne, aucun, nul, pas un; *ni uno ni otro*, ni l'un ni l'autre; *nada*, rien, sont placés devant le verbe, on ne met pas de négation dans la phrase; mais lorsqu'ils sont placés après le verbe, celui-ci doit être précédé d'une négation. Ex. je n'ai parlé à aucune d'elles, *á ninguna de ellas he hablado*, ou *no he hablado á ninguna de ellas;* il ne peut nous égaler en rien, *en nada puede igualarnos*, ou *no puede igualarnos en nada.*

XIX. *Qui que ce soit,* suivi d'une négation, se rend par *ninguno* ou *nadie,* et la négation se supprime. Ex. qui que ce soit n'est venu à la maison, *ninguno* ou *nadie ha venido á casa.*

Quoi que ce soit, précédé d'un verbe et d'une négation, se rend par *nada*, et la préposition s'exprime ou se supprime selon la tournure de la phrase. Ex. il ne peut réussir en quoi que ce soit, *en nada puede acertar,* ou *no puede acertar en nada.*

XX. *Quel que, quelle que, quels que, quelles que, quelque... que,* se rendent par *por mas...que, por mucho....que;* et lorsqu'ils sont accompagnés d'un substantif auquel ils se rapportent, *mucho* s'accorde en genre et en nombre avec ce substantif.

EXEMPLES.

Quel que soit son mérite, *por mucho que sea su mérito.*

Quelles que soient ses espérances, *por muchas que sean sus esperanzas.*

Quelque talent que vous ayez, *por mucho talento que vm. tenga.*

Les enfans quelque aimables qu'ils soient, ne laissent pas d'avoir bien des défauts, *los niños por mas amables que sean, no dejan de tener muchos defectos.*

Quoi que, quelque chose que, se rendent par *cualquiera cosa que*, ou *por mas que*. Ex. quoi qu'il fasse, quelque chose qu'il dise, *cualquiera cosa que haga, cualquiera cosa que diga*, ou *por mas que haga, por mas que diga*.

XXI. *Tout, toute*, devant un nom au singulier sans article s'expriment par *cada*. Ex. tout homme est exposé à la censure publique, *cada hombre está expuesto á la censura pública*.

Tout le monde, pouvant se tourner par *tous*, se rend par *todos*. Ex. tout le monde en parle comme d'une chose certaine, *todos hablan de ello como si fuera cierto*.

Tout, signifiant *entièrement*, se rend par *enteramente*. Ex. ces fleurs-là sont tout autres que les premières, *estas flores son enteramente otras que las primeras*; elles furent toutes surprises de nous voir, *quedáron enteramente sorprendidas de vernos*.

Tout...que s'exprime par *aunque*, ou *por mas que*. Ex. la vertu tout austère qu'elle est, fait goûter de véritables plaisirs, *la virtud aunque austera*, ou *por mas austera que sea, hace gustar verdaderos placeres*.

Tout ne s'exprime pas dans les phrases suivantes, et autres semblables : il parlait tout haut, *hablaba alto*; il lui dit tout froidement son avis, *le dijo friamente su parecer;* tout comme il vous plaira, *como vm. guste.*

Todo, tout, employé substantivement prend l'article *lo,* lorsqu'il n'est pas précédé d'une préposition. Ex. il a tout vendu, *todo lo ha vendido;* il a tout avoué, *lo ha confesado todo;* il pense à tout, *piensa en todo.*

CHAPITRE V.

SYNTAXE DES VERBES.

I. *De l'emploi des verbes* SER *et* ESTAR.

Les deux verbes *ser* et *estar* signifient *être;* mais ils ne s'emploient pas indifféremment l'un pour l'autre. *Ser* s'emploie pour exprimer les qualités habituelles et permanentes de l'âme et du corps; *estar,* pour exprimer tout ce qui n'est qu'accidentel ou passager.

EXEMPLES.

Él es arquitecto, il est architecte.
Él es chico, il est petit.
Está en el paseo, il est à la promenade.
Está enfadado, il est fâché.

Il y a des expressions dont le sens est tout-à-fait différent, selon qu'on se sert de *ser* ou de *estar*. Ex. *él es bueno*, il est bon ; *él está bueno*, il est bien portant.

Le verbe *ser*, joint au participe passif, sert à former les verbes passifs ; le verbe *estar*, joint au participe actif, sert à former un verbe actif qui exprime une situation, ou une manière d'être passagère. Ex. *estoy escribiendo*, je suis écrivant, je suis à écrire, j'écris ; *estaba escribiendo*, j'étais à écrire, j'écrivais, etc.

Être signifiant *appartenir*, s'exprime par *ser*; et la préposition *à* qui l'accompagne, se rend par *de*. Ex. à qui est cette maison ? elle est à Pierre ; *¿de quien es esta casa? es de Pedro*. Au lieu de la préposition *de* et du pronom interrogatif, on peut aussi se servir du pronom *cuyo*, qui s'accorde avec le substantif; et dire *¿ cuya es esta casa ?*

Estar, suivi de la préposition *para*, se rend en français par *être sur le point de*. Ex. *estaba para salir*, j'étais sur le point de sortir, j'allais sortir.

Le verbe impersonnel *c'est*, qui ne se conjugue en français qu'à la troisième personne, tant du singulier que du pluriel, n'est point impersonnel en espagnol.

C'est moi, s'exprime par *yo soy.*
C'est toi,   *tú eres.*
C'est lui,   *él es.*
C'est nous,   *nosotros somos.*
C'est vous,   *vosotros sois.*
Ce sont eux,   *ellos son.*

Et ainsi de suite dans les autres temps : c'était moi *yo era* ; ce sera moi, *yo seré,* etc. Ce serait une faute de dire, *es yo, es nosotros,* etc.

Le pronom démonstratif *ce*, qui en français précède le verbe *être* employé impersonnellement, ne se rend pas ordinairement en espagnol. Ex. c'est une merveille, *es una maravilla* ; ce sont des fous, *son unos locos.* Cependant on l'exprimerait, si on voulait désigner expressément un objet. Ex. c'était son avis, *este era su parecer* ; est-ce là la récompense de mes services ? *¿ es este el premio de mis servicios ?*

II. *De l'emploi des verbes* HABER *et* TENER.

Les verbes *haber* et *tener,* avoir, servent l'un et l'autre comme auxiliaires pour la conjugaison des verbes actifs ; mais *haber* est celui qui sert ordinairement.

Le verbe *haber* s'emploie encore pour exprimer l'obligation de faire une chose, comme nous employons en français le verbe *devoir*.

EXEMPLES.

He de hablar, *je dois parler.*
Habia de hablar, *je devais parler.*
Hube de hablar, *je dus parler*, etc. etc.

III. *De l'accord du verbe avec son sujet.*

En espagnol, de même qu'en français, le verbe s'accorde avec son sujet.

EXEMPLES.

La virtud es el don mas precioso del cielo, la vertu est le plus précieux des dons du ciel.

Naturaleza ¡qué hermosa eres en tu amable sencillez! Nature, que tu es belle dans ton aimable simplicité !

La fe y la razon prueban igualmente esta verdad, la foi et la raison prouvent également cette vérité.

Mais si le sujet est un substantif collectif, c'est-à-dire un substantif qui, quoiqu'au singulier, exprime une réunion de personnes ou de choses, il faut examiner s'il exprime une réunion de personnes ou de choses déterminées, comme *ejército*, armée ; *rebaño*, troupeau ; *arboleda*, lieu planté d'arbres, etc. qui signifient une réunion d'hommes armés, d'animaux, d'arbres, etc.; ou s'il exprime une réunion de personnes ou de choses indéterminées, comme *una multitud*, une multitude; *una tropa*, une troupe; *una infinidad*, une infinité, etc. Dans le premier cas le verbe se met au singulier, et dans le second il se met au pluriel. Ex. *el ejército pereció*, l'armée périt; *entráron en la ciudad una multitud de ladrones*, une multitude de voleurs entra dans la ville.

IV. *Régime des verbes.*

Lorsque le régime direct du verbe est un substantif de chose animée, on le fait précéder de la préposition *á*; mais lorsque c'est un substantif de chose inanimée, il se met comme en français, sans préposition. Ex. j'aime Dieu, *amo á Dios*; c'est un homme que je déteste, *es un hombre á quien aborrezco*; j'aime la vertu, *amo la virtud*; c'est une chose que je ne peux concevoir, *es una cosa que yo no puedo concebir.*

Cette règle souffre quelques exceptions; car souvent la préposition *á* se supprime devant un substantif de chose animée régime du verbe, lorsque l'harmonie de la phrase l'exige, et souvent elle se met devant un substantif de chose inanimée régime du verbe, lorsque ce substantif est un nom de ville ou de pays, que l'harmonie de la phrase l'exige, ou que le sens devient par là plus clair. Ex. *dichosos los padres que tienen buenos hijos*, heureux les pères qui ont de bons enfans ; *Fernando sitió y tomó á Granada*, Ferdinand assiégea et prit Grenade.

Les verbes espagnols veulent en général devant leur régime indirect la même préposition que les verbes français auxquels ils correspondent ; mais cette règle est soumise à beaucoup d'exceptions, qui ne peuvent s'apprendre que par l'usage. On trouvera dans l'appendice, qui est à la fin de cette grammaire, une liste de presque tous les verbes espagnols, qui ne prennent pas après eux la même préposition que les verbes français auxquels ils correspondent.

Les verbes qui expriment le mouvement veulent après eux la préposition *á*. Ex. *iré á América*, j'irai en Amérique ; *vuelve á España*, il revient en Espagne.

Les verbes qui expriment une situation sans idée de mouvement, prennent après eux la préposition *en*. Ex. *está en Paris*, il est à Paris ; *vivia en Madrid*, il demeurait à Madrid.

V. *De l'emploi des modes et des temps des verbes.*

L'emploi des modes et des temps des verbes est le même dans la langue espagnole que dans la langue française, sauf quelques différences dont nous allons parler.

1°. En français, on se sert bien plus souvent du prétérit indéfini que du prétérit défini ; en espagnol au contraire, on se sert presque toujours du prétérit défini, et rarement du prétérit indéfini. Il serait impossible de donner une règle fixe pour l'emploi de ces deux temps ; mais on peut remarquer, que le prétérit indéfini ne s'emploie que rarement, et seulement quand le temps est indéterminé. Ex. *le encontré esta mañana, y le hablé en el asunto,* je l'ai rencontré ce matin et je lui ai parlé de l'affaire ; *fué loco por la caza,* il a été fou de la chasse.

2°. Le conditionnel espagnol qui est semblable à l'imparfait du subjonctif, et qui s'employait autrefois au lieu du plusqueparfait de l'indicatif, sert pour exprimer le désir ; c'est à proprement parler l'optatif. Ex. *quisiera yo que se acabase la guerra,* je souhaiterais que la guerre finît. Il sert aussi dans les interrogations et dans les exclamations, pour marquer la surprise. Ex. *¿quien* *lo creyera?* qui le croirait ? *¿quien lo imaginara ?* qui l'imaginerait ?

3°. Le verbe se met en espagnol à l'imparfait du subjonctif, lorsqu'il est en français à l'imparfait de l'indicatif précédé de *si*, ou au conditionnel précédé de *quand*, de toute autre conjonction, ou de l'un de ces mots *celui qui, celle qui, ce qui, ceux qui, celles qui, celui que*, etc. *tout ce qui, tout ce que*, etc. qui se en rendent en espagnol par *el que, la que, lo que, los que, las que, quien, quienes, todo lo que, cuanto*, etc.

EXEMPLES.

Si j'étais riche, je secourrais les pauvres; *si yo fuera* ou *fuese rico, yo socorreria á los pobres.*

Il promit de me donner tout l'argent dont j'aurais besoin, *prometió darme todo el dinero que yo necesitara* ou *necesitase.*

Je lui dis de prendre dans mon jardin tout ce qu'il voudrait, *le dije que tomase en mi huerta todo lo que,* ou *cuanto quisiera* ou *quisiese.*

S'il y avait de la bonne foi, il y aurait plus de sûreté dans les conventions; *si hubiera* ou *hubiese buena fe, seria mayor la solidez de los contratos.*

4°. Après les verbes qui marquent promesse ou affirmation, on emploie le conditionnel terminé en *ria*. Ex. il promit, il assura, il jura qu'il le ferait, *prometió, aseguró, juró que lo haria ;* il annonçait que tout irait bien, *aseguraba que todo iria bien.*

5°. Après les verbes *penser, s'imaginer, croire,* et autres, lorsqu'ils marquent l'incertitude, l'imparfait de l'indicatif français se rend en espagnol par l'imparfait du subjonctif terminé en *se*, et le conditionnel par le conditionnel ou par l'imparfait du subjonctif.

EXEMPLES.

Je croyais, je me figurai, j'avais pensé que c'était un honnête homme, *yo creya, me figuré, habia pensado que fuese un hombre honrado.*

Il présumait, il avait imaginé, espéré que je le ferais, *él presumia, habia imaginado, esperado que yo lo haria, hiciera* ou *hiciese.*

6°. Le verbe se met en espagnol au présent ou au futur du subjonctif, lorsqu'il est en français au futur de l'indicatif précédé de *quand,* de toute autre conjonction, ou de *celui qui, celle qui, tout ce qui,* etc. qui se rendent en espagnol par *el que, quien, todo lo que, cuanto,* etc.

Cependant on trouve quelquefois le verbe au futur de l'indicatif, comme en français.

EXEMPLES.

Comme vous voudrez, *como vm. quiera, quisiere,* ou *querrá.*

Ce que vous voudrez, *lo que vm. quiera, quisiere,* ou *querrá.*

Celui qui l'insultera, aura à faire à moi, *él que le insulte, insultare,* ou *insultará, las tendrá conmigo.*

Venez toutes les fois que cela vous fera plaisir, *venga vm. siempre que le dé, diere,* ou *dará la gana.*

Nous le verrons quand, aussitôt qu'il arrivera, *le verémos cuando, luego que llegue, llegare,* ou *llegará.*

7°. Le verbe se met en espagnol au futur du subjonctif, lorsqu'il est en français au présent de l'indicatif, après *si* conditionnel. Cependant dans ce cas, on trouve aussi quelquefois le verbe au présent de l'indicatif, comme en français.

EXEMPLES.

Je ne te dis pas de vivre ou de mourir; vis, si tu peux; meurs, si tu ne peux mieux faire, *no te digo que vivas, ni que mueras; vive, si pudieres; muere, si no pudieres mas.*

S'il vient, dites-lui que je suis sorti, *si viene,* ou *viniere, dile que salí.*

Remarque. Les règles que nous venons de donner pour l'imparfait et le futur simple de l'indicatif et du subjonctif, et pour le conditionnel présent s'appliquent également au plus-queparfait et au futur composé de ces deux modes, et au conditionnel passé.

8°. Le verbe qui est à l'impératif en français doit se mettre au subjonctif en espagnol, lorsqu'il est précédé d'une négation. Ex. ne sois pas si paresseux, *no seas tan perezoso;* mes amis ne m'abandonnez pas, *no me abandoneis, amigos.*

9°. L'infinitif des verbes s'emploie très-souvent en espagnol comme substantif avec l'article *el.* Ex. *no me gusta el dormir tan tarde,* je n'aime pas dormir si tard. Il s'emploie aussi avec l'article composé *al,* et avec la préposition *con,* au lieu du participe présent. Ex. *al entrar en su casa encontró á su hermano,* en entrant chez lui il rencontra son frère ; *todo está acabado con decir que se engañó,* tout est fini en disant qu'il s'est trompé.

10°. La préposition *en* se supprime ordinairement devant le participe présent des verbes espagnols ; mais on l'exprime lorsque le participe présent peut se tourner par un autre temps du verbe précédé de *quand, après que, dès que*, etc. Ex. *en acabando de comer irémos á paseo*, quand nous aurons diné, nous irons à la promenade.

11°. Le participe présent des verbes se joint souvent en espagnol aux différens temps des verbes *estar, ir, continuar, seguir*, et de quelques autres, pour donner plus de force à l'expression.

EXEMPLES.

Yo estaba hablando cuando entró, je parlais quand il entra.

Estuvo lloviendo toda la mañana, il a plu toute la matinée.

Vaya vm. escribiendo, le iré dictando, écrivez, je vous dicterai.

Me fuí paseando todo el dia, je me suis promené toute la journée.

Continuó hablando, il continua de parler.

Vamos andando, allons, continuons.

12°. Le participe passé est toujours invariable en espagnol, lorsqu'il est joint au verbe auxiliaire *haber*, avoir, pour former les temps composés. Ex. *las casas que he comprado*, les maisons que j'ai achetées ; *su hermana ha llegado*, sa sœur est arrivée.

Mais si le verbe auxiliaire *haber* est remplacé

par le verbe *tener*, le participe s'accorde alors avec le substantif. Ex. as-tu commencé l'ouvrage ? *¿ tienes empezada la obra ?* la maison que mon oncle a achetée, *la casa que mi tio tiene comprada.*

13°. Le présent et l'imparfait du verbe *aller*, employés pour exprimer la proximité d'une action future, se rendent bien en espagnol par le présent et l'imparfait du verbe *ir* suivis de la préposition *á;* mais le présent et l'imparfait du verbe *venir*, employés pour exprimer la proximité d'une action passée, ne se rendent point par les temps correspondans du verbe *venir* : on se sert de ceux du verbe *acabar*. Ex. je vais te le dire, *voy á decírtelo ;* je viens d'apprendre de bonnes nouvelles, *acabo de oir buenas noticias ;* il venait de sortir, *acababa de salir.*

14°. *Ne faire que de*, employé au lieu de *venir* pour exprimer la proximité d'une action passée, se rend aussi par *acabar*. Ex. il ne fait que d'arriver, *acaba de llegar.*

15°. *Penser*, employé dans le sens de *être sur le point de*, ne peut pas se traduire par *pensar*, mais par *estar á pique de, estar á punto de, estar para*, avec l'infinitif, ou par *faltar poco para que* avec le subjonctif. Ex. j'ai pensé me tuer, *estuve á pique de matarme ;* mon frère a pensé tomber, *poco faltó para que mi hermano cayese;* j'ai pensé t'écrire ce matin, *estuve para escribirte esta mañana.*

16°. Le verbe *savoir* employé au lieu du verbe *pouvoir* doit se rendre par le verbe *poder.* Ex. je crois qu'il est à Londres, mais je ne saurais l'assurer, *creo que está en Londres, mas no puedo asegurarlo.*

17°. Il y a encore quelques différences entre la langue espagnole et la langue française dans l'emploi des temps des verbes, mais ils serait impossible de les assujétir à des règles générales, et l'usage seul peut les apprendre : les exemples suivans serviront à en donner une idée.

Puisqu'il n'écrit pas, c'est qu'il est malade, *estará malo, pues no escribe.*

Je ne le trouve pas, je l'ai perdu, *no le encuentro, le habré perdido.*

Il pouvait y avoir vingt personnes, *habia unas veinte personas.*

Dites-moi quand il viendra, *decidme cuando viene.*

Je ne sais que dire, je ne sais que faire, *no sé que me diga que me haga.*

Il y a bientôt dix ans qu'il est mort, *presto hará diez años que murió.*

CHAPITRE VI.

SYNTAXE DES ADVERBES.

I. Quand deux ou plusieurs adverbes terminés en *mente* se rencontrent de suite, on ne conserve la finale *mente* qu'au dernier, on la supprime aux autres. Ex. *escribe clara, concisa y elegantemente,* il écrit avec clarté, concision et élégance.

II. La préposition *de* qui suit en français les adverbes de quantité, ne s'exprime pas en espagnol ; et les adverbes *mucho*, beaucoup ; *poco*, peu ; *cuanto*, combien ; *tanto*, tant ; *bastante*, assez ; *demasiado*, trop, deviennent des adjectifs qui s'accordent en genre et en nombre avec le substantif suivant.

EXEMPLES.

Beaucoup de vin, *mucho vino.*
Bien des fois, *muchas veces.*
Combien de temps ? *¿Cuanto tiempo?*
Peu de monde, *poca gente.*

III. *Y* et *en*, adverbes de lieu, se rendent le premier par *allí* ou *ahí* quand il n'y a pas de mouvement, et par *allá* quand il y en a ; et le second par *de allí* quand il n'y a pas de mouvement, et par *de allá* quand il y en a. Ex. j'y vais, *allá voy ;* il y est, *allí está ;* j'en viens, *de allá vengo.*

IV. *Combien* et *que* admiratifs se rendent par *cuanto* ou *lo que* devant un verbe, et par *cuan, que, lo...que* devant un adjectif ou un adverbe.

EXEMPLES.

Vous ne sauriez croire combien ce livre est mal écrit, *no pudiera vm. creer cuanto está mal escrito, lo que está mal escrito ese libro,* ou *cuan mal escrito, que mal escrito, lo mal escrito que está ese libro.*

Que ce site est agréable ! *¡cuan,* ou *qué ameno es este sitio! lo ameno que es este sitio!* ou *cuanto es ameno, lo que es ameno este sitio!*

V. *Trop* suivi de *pour* se rend par *muy* devant un adjectif ou un adverbe, et par *mucho* devant un verbe. Ex. il est trop tard pour y aller, *es muy tarde para ir allá.*

VI. *Assez...pour* se rend de la manière suivante :

C'en était assez pour le fâcher, *esto bastaba para enfadarle.*

Il n'est pas assez heureux pour que cela arrive, *no tendrá la dicha,* ou *tal dicha que esto suceda.*

Nous fûmes assez malheureux pour ne pas le

trouver, *fuimos tan desgraciados que no lo hallemos.*

Qui serait assez téméraire pour oser le faire? *¿Quien seria tan temerario que osase hacerlo?*

VII. *Plus de...que* et *plus...que* se rendent par *mas...que.*

EXEMPLES.

Il a plus de prudence que vous, *tiene mas prudencia que vm.*

Nous avons plus d'ennemis que d'amis, *tenemos mas enemigos que amigos.*

Nous agissons plus prudemment qu'eux, *obramos mas prudentemente que ellos.*

Plus de, quand il n'y a pas de comparaison, se traduit par *mas de*, ou *mas que*. Ex. il a plus de dix ans, *tiene mas de*, ou *que diez años*.

VIII. *Moins de....que* et *moins....que* se rendent par *ménos que.*

EXEMPLES.

Il a moins de prudence que vous, *tiene ménos prudencia que vm.*

Vous étudiez moins que nous, *vm. estudia ménos que nosotros.*

Ils agissent moins prudemment que vous, *obran ménos prudentemente que vm.*

Moins de, quand il n'y a pas de comparaison, se traduit par *ménos de*, ou *ménos que*. Ex. il a moins de vingt ans, *tiene ménos de*, ou *que veinte años.*

IX. *Ne....pas tant de...que, ne pas autant de...que, ne...pas tant...que, ne... pas autant que* se rendent par *no...tanto... como*, et *ne...pas si...que, ne....pas aussi...que* se rendent par *no...tan...como.*

EXEMPLES.

Je n'ai pas tant d'argent que vous, *no tengo tanto dinero como vm.*

Pierre n'a pas autant d'ambition que Jean, *Pedro no tiene tanta ambicion como Juan.*

Je ne l'aime pas autant que je l'estime, *no le quiero tanto como*, ou *cuanto le estimo.*

Ils n'agissent pas si prudemment que vous, *no obran tan prudentemente como vm.*

X. *Ne...pas moins de...que, ne...pas moins... que* se rendent par *no...ménos...que.*

EXEMPLES.

Nous n'avons pas moins d'amis que vous, *no tenemos ménos amigos que vm.*

Il ne mange pas moins que son frère, *no come ménos que su hermano.*

Je n'écris pas moins correctement que vous, *no escribo ménos correctamente que vm.*

XI. *Autant de....que* et *autant....que* se rendent par *tanto...como*, et *aussi...que* par *tan... como*.

EXEMPLES.

Elle a autant de douceur que sa sœur, *tiene tanta dulzura como su hermana.*

Il agit avec autant de rigueur que de justice, *obra con tanto rigor como justicia.*

Je le châtie autant qu'il le mérite, *le castigo tanto como* ou *cuanto merece.*

Je chante aussi bien que vous, *canto tan bien como vm.*

XII. *Le plus, le moins,* devant un adverbe ou un verbe, se rendent par *lo mas, lo ménos;* mais après un verbe ils se rendent par *mas* et *ménos* sans article.

EXEMPLES.

Le plus exactement que je pourrai, *lo mas exactamente que pueda* ou *pudiere.*

Le moins que je peux, *lo ménos que puedo.*

C'est l'homme que j'aime le plus, *él es el hombre que mas quiero.*

XIII. *Plus* et *moins* répétés se rendent par *cuanto mas...tanto mas,* et par *cuanto ménos... tanto ménos,* qui sont invariables.

EXEMPLES.

Plus les hommes sont vertueux, plus ils sont

heureux, *cuanto mas virtuosos son los hombres, tanto mas* ou *mas felices son.*

Moins on étudie, moins on sent le besoin d'étudier, *cuanto ménos se estudia, tanto ménos* ou *ménos se conoce la necesidad de estudiar.*

XIV. On se sert souvent en espagnol de deux négations pour donner plus de force à l'expression. Ex. *no quiero nada*, je ne veux rien ; *no salga ninguno*, que personne ne sorte. On pourrait dire aussi, *nada quiero, ninguno salga ;* mais l'expression aurait moins de force. Il est seulement bon de remarquer que les deux négations ne peuvent jamais être de suite, et qu'on ne pourrait pas dire : *no nada quiero, no ninguno salga.*

XV. *No* ne s'emploie pas toujours comme négation ; il sert quelquefois à donner plus de force à l'affirmation, alors il pourrait être supprimé sans changer le sens de la phrase. Ex. *mejor es la virtud que no las riquezas*, la vertu est préférable aux richesses.

XVI. *Jamas* s'emploie dans le sens de *nunca*. Ex. *jamas le hablaré*, je ne lui parlerai jamais ; *jamas vi tal cosa*, je n'ai jamais rien vu de pareil. Mais souvent il se joint à *nunca* et à *por* ou *para siempre ;* alors il ne sert qu'à donner plus de force au mot auquel il est joint. Ex. *nunca jamas lo haré*, jamais je ne le ferai ; *por siempre*, ou *para siempre jamas me acordaré de ti*, je me souviendrai toujours de toi.

XVII. La négation *pas*, qui accompagne presque toujours en français la négation *ne*, ne s'exprime pas en espagnol, et *ne* se rend par *no*. Ex. Je ne veux pas le faire, *no quiero hacerlo*.

XVIII. La négation qui se met en français après certains verbes, tels que *douter*, *craindre*, *empêcher*, etc. après les comparatifs, après l'adjectif *autre*, et dans certaines phrases marquant l'incertitude, ne se rend point en espagnol.

EXEMPLES.

Je crains qu'il ne meure, *temo que muera*.

Je ne doute pas qu'il ne le fasse, *no dudo que lo haga*.

Il empêcha qu'ils ne sortissent, *impedió que saliesen*.

Je lui demandai s'il ne me voyait pas, *le pregunté si me veia*.

Il est plus savant que vous ne pensez, *es mas docto de lo que vm. piensa*.

Il est autre que je ne le croyais, *es distinto de lo que yo pensaba*.

Il est tout autre que vous ne l'avez vu, *es muy distinto de cuando le visteis.*

XIX. *Ne...que*, signifiant *seulement*, se rend par *sino*. Ex. il ne vient que rarement, *no viene sino raramente.* Lorsqu'il signifie *rien autre chose que*, il se rend par *no mas que*, ou par *sino*. Ex. *no hace mas que cantar*, ou *sino cantar.*

CHAPITRE VII.

SYNTAXE DES PRÉPOSITIONS.

I. Les prépositions *para* et *por* signifient également *pour ;* les règles suivantes apprendront dans quel cas on doit faire usage de l'une ou de l'autre.

1°. *Para* s'emploie pour indiquer 1°. la personne ou la chose vers laquelle une action est dirigée. Ex. cette lettre est pour moi, *esta carta es para mí.* 2°. le lieu où l'on va. Ex. je pars pour l'Italie, *salgo para Italia.* 3°. un temps ou un terme fixe auquel une action est renvoyée. Ex. nous le laisserons pour demain, *lo dejarémos por mañana;* je paierai à la Saint Jean, *para San Juan pagaré.* 4°. le rapport d'une personne, d'une chose, ou d'une action avec une autre. Ex. il ne l'a pas mal fait pour un commençant, *para un principiante no lo ha hecho mal;* pour être si riche, il dépense peu, *para ser tan rico, es poco lo que gasta.*

2°. *Por* s'emploie pour exprimer 1°. le temps qu'une chose a duré ou durera. Ex. je quitte Madrid pour un mois, *salgo de Madrid por un mes.* 2°. la valeur d'une chose. Ex. je vous donnerai cette maison pour cent piastres, *yo le daré á vm. esta casa por cien pesos.* 3°. un échange. Ex. je te donne mon habit pour ton manteau, *te doy mi casaca por tu capa.* 4°. en faveur de, à la place de. Ex. je parlerai pour ton ami, *hablaré por tu amigo;* j'assisterai pour mon frère, *assistiré por mi hermano.* 5°. une opinion bonne ou mauvaise de quelqu'un. Ex. il passe pour méchant, *está tenido por malo.*

3°. On emploie indifféremment *para* ou *por* pour exprimer le but qu'on se propose. Ex. je travaille pour gagner, *trabajo por* ou *para ganar.*

4°. *Para* s'emploie souvent joint à d'autres mots pour donner plus de force à leur signification. Ex. *Para entre amigos es escusado el cumplimiento,* entre amis on ne fait pas de complimens; *para ahora lo quiero,* je le veux maintenant; *para cuando venga,* quand il viendra; *para entónces lo verémos,* alors nous le verrons; *para dentro de un mes,* dans un mois.

5°. *Por* s'emploie dans les manières de parler suivantes : *Por la mañana,* dans la matinée ; *por la tarde,* dans l'après-midi ; *va por vino, por leña,* etc. il va chercher du vin, du bois, etc.

6°. *Por* et *para,* joints au verbe *estar,* ont une signification tout-à-fait différente. Ex. *estoy para partir,* je suis sur le point de partir ; *está aun por pagarme,* il est encore à me payer.

II. Les prépositions *sobre* et *tras* s'emploient quelquefois dans le sens de *outre que.* Ex. *sobre ser reo, quiere que le absuelvan,* outre qu'il est criminel, il veut être absous ; *tras ser culpado, es él que mas levanta el grito,* outre qu'il est coupable, c'est lui qui crie le plus.

III. La préposition *par* signifiant *par le moyen de,* s'exprime par *con,* avec. Ex. c'est par sa vertu qu'il a gagné mon estime, *con su virtud se ha grangeado mi estimacion;* il faudrait le prouver par des exemples, *seria menester probarlo con ejemplos.*

IV. *Par,* dans les expressions suivantes et autres semblables, se rend par *cada :* je paie une piastre par jour, par mois, par an, *pago un peso cada dia, cada mes, cada año.* On peut aussi dire *al dia, al mes, al año.*

V. La préposition *con* s'exprime en espagnol

dans beaucoup de phrases où la préposition *avec* est sous-entendue en français.

EXEMPLES.

Il entra l'épée à la main, *entró con la espada en la mano.*

Il reste les bras croisés, *se mantiene con los brazos cruzados.*

Il vint les larmes aux yeux, *vino con las lágrimas en los ojos.*

VI. *Chez* signifiant *dans la maison de* se rend par *en casa de,* lorsqu'il n'y a pas de mouvement ; et par *á casa de,* lorsqu'il y en a ; et s'il est suivi d'un pronom personnel, ce pronom se change en pronom possessif.

EXEMPLES.

J'étais chez mon frère, *estaba en casa de mi hermano.*

Je vais chez ma sœur, *voy á casa de mi hermana.*

Je viens de chez mon frère, *vengo de casa de mi hermano.*

Je serai chez moi, *estaré en mi casa.*

Venez chez moi, *venga vm. á mi casa.*

Chez signifiant *parmi* se rend par *entre.* Ex. c'était une costume chez les Romains, *era una costumbre entre los Romanos.*

DE LA SYNTAXE. 315

Chez signifiant *dans le pays de* se rend par *la tierra de*. Ex. ils arrivèrent chez les Patagons, *llegáron á la tierra de los Patagones;* il revient de chez les Antropophages, *vuelve de la tierra de los Antropófagos.*

Chez signifiant *dans* s'exprime par *en*. Ex. cette expression se rencontre chez les poëtes, *esta expresion se encuentra en los poetas.*

VII. La préposition *de*, précédée des verbes *dire, prier, conseiller, ordonner, empêcher, permettre, défendre*, ou autres semblables, et suivie d'un verbe à l'infinitif, se rend en espagnol par *que*, et le verbe qui est à l'infinitif se met au subjonctif. Ex. je vous prie de lui pardonner, *le suplico á vm. que le perdone;* je lui dis toujours d'étudier, *le digo siempre que estudie.* Souvent dans ce cas on supprime la conjonction *que*. Ex. je vous prie de me rendre ce service, *suplico á vm. me haga este favor.*

De précédé des verbes *craindre, jurer, résoudre, promettre, tâcher, entreprendre, feindre,* ou d'un impersonnel, tel que *il est facile, il importe, il convient,* etc. et suivi d'un verbe à l'infinitif, ne s'exprime pas en espagnol, et le verbe se met à l'infinitif. Ex. je crains de le déranger, *temo incomodarle;* je tâcherai de le dissuader, *procuraré disuadirle;* il importe de le faire, *conviene hacerlo;* le mieux est de travailler, *lo mejor es trabajar.*

De ne se rend pas non plus dans les expressions suivantes, et autres semblables : rien de bon, *nada bueno;* quelque chose de pareil, *algo semejante.*

En espagnol la préposition *de* signifie quelquefois *comme, en qualité de.* Ex. il vint à Rome comme ambassadeur, *vino de embajador á Roma.*

VIII. La préposition *à* se rend en espagnol par *de* dans les expressions suivantes :

Il n'est pas homme à se contenter de cela, *no es hombre de contentarse con esto.*

Il est à craindre, à espérer, à croire, *es de temer, de esperar, de creer.*

Nous aimons à nous promener, à rire, etc. *gustamos de pasearnos, de reir,* etc.

Il est mort à l'âge de vingt ans, *murió de edad de veinte años.*

J'ai mal à la jambe, aux pieds, etc. *estoy malo de la pierna, de los pies,* etc.

Un moulin à vent, à huile, *un molino de viento, de aceite.*

Un maître à danser, *un maestro de bailar.*

Une arme à feu, *una arma de fuego.*

Quelquefois aussi *à* se rend par *para.* Ex. une boîte à tabac, *una caja para tabaco.*

Après les verbes *obliger, contraindre, forcer, engager, disposer,* et autres semblables, *à* peut se rendre en espagnol par *á que;* alors le verbe suivant, qui est en français à l'infinitif, se met au subjonctif. Ex. je l'obligerai à le faire, *le obligaré á que lo haga,* ou *le obligaré á hacerlo.*

En espagnol on emploie la préposition *á* après les verbes de prix ou d'estime. Ex. ce livre se vend trois piastres, *este libro se vende á tres pesos.*

CHAPITRE VIII.

SYNTAXE DES CONJONCTIONS.

I. La conjonction *y* se change en *é* quand le mot suivant commence par *i* ou *hi.* Ex. *es un hombre cruel é injusto,* c'est un homme cruel et injuste; *ella sabe coser é hilar,* elle sait coudre et filer.

II. La conjonction *ó* se change en *ú* quand le mot suivant commence par *o* ou *ho.* Ex. *siete ú ocho hombres,* sept ou huit hommes.

III. On a déjà vu, dans l'emploi des temps des verbes, dans quel cas la conjonction *si* veut le verbe suivant au subjonctif; cette conjonction peut aussi se supprimer souvent, et alors le verbe qui l'accompagne se met à l'infinitif précédé de la préposition *á*. Ex. si je ne l'avais pas vu, je ne le croirais pas, *á no haberle visto, no lo creyera;* si cela était, j'y consentirais, *á ser esto asi, yo lo consentiria.*

IV. Les conjonctions composées de *que*, telles que, *aunque, bien que, porque,* etc. veulent que le verbe qui les accompagne se mette au subjonctif. Ex. quoique l'ambition soit un vice, elle est néanmoins la base de bien des vertus, *bien que* ou *aunque la ambicion sea un vicio, es no obstante la base de muchísimas virtudes.* Cependant lorsque la phrase n'exprime aucun doute, on met le verbe à l'indicatif. Ex. quoiqu'il ne m'ait rien fait, je ne l'aime pas, *aunque no me ha hecho nada, no le quiero;* quoique je fusse présent, je ne le vis pas, *aunque estaba presente, yo no le vi.*

V. La conjonction *que* ne s'exprime pas en espagnol, lorsqu'elle est employée dans le second membre d'une phrase pour éviter la répétition d'une autre conjonction. Ex. s'il ne pleut pas, et qu'il ne fasse pas froid, nous partirons, *si no lloviere, y no hiciere frio, partirémos;* comme il était riche, et qu'il avait du crédit, il réussissait en tout, *como era rico, y tenia crédito, todo lo alcanzaba.*

Que se supprime aussi en espagnol dans le sens optatif. Ex. que je meure, si cela n'est pas vrai, *muera yo, si no es verdad.*

VI. *Que* signifiant *pourquoi* se send par *porque.* Ex. que ne le faites-vous ? *¿porqué no lo hace vm.?*

VII. Les Espagnols font souvent précéder la conjonction *que* des prépositions *de* ou *á*, et quelquefois aussi ils la font précéder de l'article *el.* Ex. je consens qu'il le fasse, *consiento á que lo haga;* je suis sûr qu'il ne se trompe pas, *estoy seguro de que no se engaña;* je serai charmé que vous réussissiez, *celebraré mucho el que vm. logre su intento.*

VIII. On emploie souvent en espagnol la conjonction *que* dans le sens de *parce que, car,* dans des phrases où l'on ne met point de conjonction en français. Ex. allons-nous-en, je ne veux pas attendre davantage, *vámonos que no quiero aguardar mas.*

CHAPITRE IX.

DE LA CONSTRUCTION.

Quoique la *construction*, c'est-à-dire l'arrangement des mots dans le discours, soit plus libre dans la langue espagnole que dans la langue française, elle a néanmoins, dans le langage ordinaire, beaucoup de conformité avec la construction française ; ce n'est que dans le style élevé, et surtout dans la poésie, qu'elle s'en éloigne davantage, et devient à peu près arbitraire. Il n'y a que l'usage et la lecture des bons auteurs, qui, en guidant dans le choix des expressions, puissent apprendre à les ranger dans l'ordre convenable ; c'est pourquoi nous ne donnerons ici aucune règle à cet égard. On trouvera dans les règles de syntaxe qui précèdent, et dans les remarques qui accompagnent le Cours de Thèmes qui fait suite à cette Grammaire, tout ce qu'il est indispensable de savoir pour bien traduire le français en espagnol, et l'espagnol en français ; mais c'est dans les ouvrages de Cervantes, de Garcilaso, de Leon, de Herrera, de Rioja, de Lope de Vega, de Jauregui, de Góngora, de Quevedo, de Feijoo, de Isla, de Cadalso, de Melendez, d'Iglesias, et des autres grands maîtres de de la littérature espagnole, qu'il faut apprendre à connaître le vrai génie de cette langue.

QUATRIÈME PARTIE.

DE L'ORTHOGRAPHE,
DE LA PONCTUATION ET DE LA PROSODIE.

CHAPITRE PREMIER.

ORTHOGRAPHE ET PONCTUATION.

L'ORTHOGRAPHE est la manière d'écrire les mots d'une langue, conformément à l'usage reçu et adopté unanimement par les meilleurs écrivains.

L'orthographe espagnole a été long-temps incertaine; mais depuis l'établissement de l'Académie espagnole, cette société savante s'est constamment occupée avec le plus grand succès de la fixation et de la simplification de l'orthographe. Il serait inutile d'entrer ici dans les détails de cette réforme salutaire, il suffit de comparer les anciennes éditions d'auteurs espagnols avec les différentes éditions que l'Académie a publiées de son traité d'orthographe et de son dictionnaire, pour apprécier tout le mérite de ses travaux et les avantages qui en ont résulté pour la langue espagnole.

L'orthographe espagnole est aujourd'hui si simple qu'elle ne présente presque aucune difficulté. Tous les mots s'écrivant tels qu'ils se prononcent, on ne peut être embarrassé que dans l'emploi de quelques lettres dont le son est absolument ou à peu près semblable ; mais comme l'emploi de ces lettres ne peut être déterminé par des règles précises et générales, nous nous contenterons de faire observer qu'on levera facilement la difficulté qui en résulte, en se rappelant quelles sont les terminaisons caractéristiques des différentes variations que les mots peuvent éprouver, telles que nous les avons expliquées dans la première partie de cette grammaire, et en consultant un dictionnaire conforme au système d'orthographe adopté par l'Académie.*

Quand un mot qui termine une ligne est trop long pour y entrer en entier, on le divise en deux parties, dont la seconde se transporte à la ligne suivante, en employant le trait d'union, comme cela se pratique en français. Alors pour ne pas séparer les lettres qui appartiennent à une même

---

* Le Dictionnaire de poche français-espagnol et espagnol-français que nous avons publié en 1820, est le seul conforme au système d'orthographe établi par l'Académie espagnole dans la dernière édition de son dictionnaire.

syllabe, il faut faire attention aux règles suivantes :

1°. Dans les mots composés, la séparation doit avoir lieu au point de la réunion des parties qui les composent ; ainsi *abnegacion, subrogar, preámbulo,* etc. se diviseront ainsi : *ab-negacion, sub-rogar, pre-ámbulo,* etc.

Il faut excepter de cette règle les mots où après la séparation la lettre *s* se trouverait commencer une syllabe et précéder une autre consonne ; cela ne pouvant jamais avoir lieu en espagnol, il faut partager ces mots de manière que la lettre *s* appartienne à la syllabe précédente ; ainsi *construir, inspirar,* etc. se diviseront de cette manière : *cons-truir, ins-pirar,* et non *con-struir, in-spirar,* etc.

2°. Les voyelles qui sont réunies pour former une diphtongue ne peuvent pas se séparer. *Gracioso, apreciais,* etc. se partageront ainsi : *gra-cio-so, a-pre-ciais,* etc. et non *gra-ci-o-so, apre-ci-a-is,* etc. ; mais lorsque des voyelles sont de suite sans former de diphtongue, elles peuvent se séparer. Ex. *a-le-gri-a, fri-o,* etc.

3°. Les consonnes simples ne peuvent pas se séparer de la voyelle qui les suit. Ex. *a-mo, flu-xion.*

4°. Lorsqu'il y a deux ou plusieurs consonnes de suite, elles peuvent se séparer; la première appartient à la première syllabe, les autres appartiennent à la seconde. Ex. *per-pen-di-cu-lar, in-com-pre-hen-si-ble*, etc.; si néanmoins d'après cette division la lettre *s* se trouvait commencer la seconde syllabe, et précéder une autre consonne, il faudrait diviser le mot de manière que la lettre *s* appartînt à la première syllabe, comme on vient de le voir, règle première.

Les lettres *b, c, d, f, g, p, t,* suivies de *l, n, r,* ne peuvent pas s'en séparer; elles doivent appartenir à la seconde syllabe. Ex. *ca-te-drá-tico, in-gle-te*, etc.

Les lettres *ch* et *ll* représentant un son simple, ne peuvent jamais se séparer, et elles doivent appartenir à la seconde syllabe. Ex. *mu-cho, he-bi-lla*, etc.

L'accent (′) est un signe orthographique qui se met sur une voyelle longue. L'accent sert à distinguer des mots semblables, dont la signification est différente. Ex. *está*, il est; *esta*, celle-ci; *mí*, moi; *mi*, mon, etc.; il se met aussi sur les voyelles finales des mots, lorsqu'on doit appuyer dessus dans la prononciation. Ex. *allá*, là; *café*, café, etc.

Le tréma (¨) est un signe orthographique

qui se met sur la voyelle *u*, lorsqu'elle doit se prononcer après la lettre *g*.

La *ponctuation* est l'art d'indiquer dans l'écriture, par des signes reçus, la proportion des pauses que l'on doit faire en parlant.

Les signes de ponctuation sont la virgule (,), le point et virgule (;), les deux points (:), le point (.), le point d'interrogation (?), et le point d'exclamation (!) : leur usage est le même en espagnol qu'en français. Il est seulement bon de remarquer que les Espagnols sont dans l'usage de mettre un point d'interrogation renversé (¿), et un point d'exclamation aussi renversé (¡), au commencement des phrases interrogatives et exclamatives, surtout lorsqu'elles sont longues, et que faute d'apercevoir le point d'interrogation ou d'exclamation qui les termine, on pourrait ne pas prendre dès le commencement l'inflexion de voix convenable.

CHAPITRE II.

PROSODIE.

Ce qui a été dit dans la première partie de cette Grammaire sur la prononciation des lettres, soit voyelles, soit consonnes, suffit pour connaître la prononciation; mais cela ne suffit pas pour bien lire, il faut encore connaître la *prosodie*, c'est-à-dire la manière de prononcer régulièrement chaque syllabe, en lui donnant l'accent et la quantité convenables.

ARTICLE PREMIER.

DE L'ACCENT.

On entend par accent les différentes inflexions de voix qui se font sentir dans la prononciation des mots d'une langue; cette espèce de modulation dans le discours, particulière à chaque pays, constitue l'*accent national*.

L'accent national se règle sur la prononciation des personnes qui sont nées dans l'endroit où une langue se parle le mieux, et qui ont vécu dans le grand monde.

Les inflexions de la voix varient suivant la nature des syllabes. Dans toutes les langues, il y a des syllabes sur lesquelles le ton doit être élevé; c'est ce qu'on appelle l'*accent aigu*. D'autres sur lesquelles il doit être abaissé; c'est ce qu'on appelle l'*accent grave*; et d'autres enfin sur lesquelles le ton doit être élevé d'abord, et ensuite abaissé; c'est ce qu'on appelle l'*accent circonflexe*.

Dans plusieurs langues anciennes, ces trois accens sont marqués par des signes dans l'écriture; mais dans la langue espagnole, et dans la plupart des langues modernes, on n'en fait pas usage, et il n'y a que l'habitude qui puisse apprendre à donner à chaque syllabe l'accent qui lui convient.

Il ne faut pas croire que dans l'emploi qu'il a ordinairement, le signe appelé accent, dont nous avons parlé au chapitre de l'*Orthographe*, serve à marquer les inflexions de la voix: c'est un simple signe orthographique destiné à marquer la quantité, et non l'accent.

ARTICLE II.

DE LA QUANTITÉ.

La *quantité* exprime une émission de voix plus longue ou plus courte. La quantité diffère de l'accent, en ce qu'elle marque le plus ou le moins de temps qui s'emploie à prononcer une syllabe, tandis que l'accent marque l'élévation ou l'abaissement de la voix.

On ne saurait faire trop d'attention à la quantité; car, outre qu'elle est nécessaire pour bien prononcer, la connaissance en est indispensable pour la versification.

Il y a dans tous les mots espagnols une syllabe longue ; cette syllabe est ordinairement la dernière, la pénultième ou l'antépénultième, mais plus souvent la pénultième ; dans les mots composés seulement, et dans les adverbes terminés en *mente*, la syllabe longue se trouve être la quatrième, et quelquefois la cinquième avant la fin du mot.

L'accent aigu (′) étant le signe qu'on emploie pour marquer la syllabe longue, dire qu'une syllabe porte l'accent, c'est dire qu'elle est longue ; mais comme il serait fastidieux de mettre l'accent à chaque mot sur la syllabe qui doit le porter, on ne le met que lorsqu'il n'y a pas de règle fixe pour connaître quelle est la syllabe longue, ou que l'usage l'a ainsi décidé. Voici les règles à suivre à cet égard.

I. Les monosyllabes terminés par une voyelle ou une consonne ne doivent jamais être accentués, parce qu'ils sont tous longs. Ex. *da, ve, vi, no, hoy, dad, vil, pan,* etc.

On en excepte ceux qui ayant plusieurs significations ou des significations différentes, se prononcent plus longs dans un cas que dans l'autre. Alors pour établir une différence, on les accentue dans la signification où ils se prononcent avec plus de force. Ainsi on accentuera *mí* et *tú*, pronoms personnels; *dé* et *sé*, temps des verbes *dar* et *saber; si*, pronom personnel et conjonction affirmative, pour les distinguer de *mi* et *tu*, pronoms possessifs; *de* et *se*, préposition et pronom personnel; et *si* conjonction conditionnelle. Il en est de même de quelques autres.

On en excepte aussi la préposition *á*, et les conjonctions *é*, *ó* et *ú*, qui sont toujours accentuées.

II. Les mots de deux ou plusieurs syllabes, terminés par une seule voyelle ayant en général la pénultième syllabe longue, ne seront accentués que lorsque la syllabe longue ne sera pas la pénultième. Ex. *dinero, tengo, entretengo, café, Perú, espíritu, santísimo, mírame, búscamelo, bárbaramente*, etc.

Mais les personnes des verbes qui sont accentuées sur la dernière syllabe, seront encore accentuées lorsque cette syllabe devient la pénultième par l'adjonction d'un pronom. Ex. *daré, daréte, habló, hablóme, hallé, halléme*, etc.

III. Les mots de deux syllabes terminés par deux voyelles ne s'accentuent pas lorsque la première syllabe est longue, parce que cette syllabe est ordinairement longue dans ces mots. Ex. *nao, cae, sea, reo, via, rio, loa, duo*, etc.

On n'accentuera pas les mots de deux syllabes

terminés par *ia*, *ie*, *io*, *ua*, *ue*, *uo*, où ces deux voyelles forment une diphtongue, parce qu'ils rentrent dans la classe des mots de deux syllabes. Ex. *India, serie, julio, agua, fragüe, mutuo*, etc.

Mais on accentuera tous les mots de deux syllabes terminés par deux voyelles, lorsque la syllabe longue est la dernière, comme cela arrive dans certains verbes à la première et à la troisième personne du singulier du prétérit défini, et dans quelques autres mots. Ex. *menjuí, leí, reí, pidió, fragüé, fraguó*, etc.

Cependant on n'accentuera pas les mots de deux syllabes ou plus terminés en *ay*, *ey*, *oy*, parce que la dernière syllabe de ces mots, qui est une diphtongue, est toujours longue. Ex. *Muley, estoy, Paraguay*, etc.

IV. Dans les mots de trois syllabes ou plus, qui sont terminés par deux voyelles, on marquera d'un accent celle des deux voyelles qui est longue ; ainsi l'on accentuera la dernière voyelle de *puntapié, tirapié*, et généralement la première et la troisième personne du singulier du prétérit défini des verbes.

On accentuera l'avant-dernière voyelle des noms ou verbes terminés en *ee*, *ia*, *ie*, *io*, *ua*, *ue*, *uo*, lorsque les deux voyelles font deux syllabes. Ex. *provée*, *filosofía*, *desvía*, *desafío* *ganzúa*, *gradúo*. Mais on se dispensera d'accentuer les personnes de l'imparfait de l'indicatif et du conditionnel terminées en *ia*, parce que l'accent y porte toujours sur la première des deux voyelles, ainsi que les mots où les voyelles *ia, ie, io, ua, ue, uo*, forment une diphtongue, parce qu'alors la syllabe longue est toujours la pénultième du mot. Ex. *experiencia, enturbie, imperio, nicaragua, desaguo*.

On n'accentuera pas non plus les mots terminés en *ae, ao, au, ea, eo, oa, oe, oo*, tels que *decae, bacalao, hermosea, arcabuceo, linaloe, Feijoo*, etc. parce que presque tous ces mots ont la pénultième voyelle longue ; et l'on accentuera seulement ceux, tels que *héroe, cesárea, línea, cutáneo, momentáneo, purpúreo*, etc. où les deux voyelles finales formant une diphtongue, la syllabe longue est la pénultième.

V. Les mots terminés par une consonne ayant en général la dernière syllabe longue, ne s'accentueront que lorsque la syllabe longue ne sera pas la dernière. Ex. *necesidad, penetrad, badil, aquel, almidon, tambien, manten, amar, hacer, discurrir, ayer, mejor, árbol, mártir, énfasis, éxtasis*, etc.

On excepte de cette règle les personnes du

singulier des verbes, qui s'accentueront sur la dernière syllabe, quand elle est longue. Ex. *amarás, serás*, etc.

On en excepte aussi les noms patronimiques terminés en *ez*, qui ne s'accentueront point, quoique leur syllabe longue soit la pénultième, parce que tous ces mots ont la pénultième longue. Ex. *Sanchez, Fernandez.*

Remarques.

Le pluriel dans les noms suit en général la règle du singulier, de sorte que les mots accentués au singulier le seront au pluriel; il n'y a guère que le mot *carácter*, dont le pluriel *caractéres* ne porte pas l'accent sur la même syllabe.

La conjugaison des verbes indique les personnes où l'accent se marque, et les autres mots qui doivent être accentués le sont dans le dictionnaire.

APPENDICE.

I.—DES ABRÉVIATIONS.

On employait autrefois beaucoup d'abréviations dans l'impression et dans l'écriture : il n'en reste plus aujourd'hui qu'un petit nombre dans l'impression ; mais il s'en est conservé beaucoup dans l'écriture. Voici la table explicative de celles qui se rencontrent le plus fréquemment.

A. C.	Año Cristiano ó comun.
@.	arroba ó arrobas.
AA.	Autores.
Adm^{or}.	Administrador.
Ag^{to}.	Agosto.
am^o.	amigo,
An^{io}.	Antonio.
app^{co}. app^{ca}.	apostólico, apostólica,
Art. Art^o.	Artículo.
Arzbpo.	Arzobispo.
B.	Beato.
b. (*en las citas*)	vuelta.
B^r.	Bachiller.
B. L. M. ó *Bl . m.*	beso ó besa la mano ó las manos.
B. L. P. ó *Bl . p^s.*	beso ó besa los pies.
C. M. B.	cuyas manos beso.
C. P. B.	cuyos pies beso.

$B^{mo}.\ P^e.$	Beatisimo Padre.
Cap.	Capítulo.
$Cap^n.$	Capitan.
$Capp^n.$	Capellan.
col.	coluna.
$Comis^o.$	Comisario.
$comp^a.$	compañia.
$cons^o.$	Consejo (tribunal).
$conven^{te}.\ conv^{te}.$	conveniente.
$Corr^{te}.$	corriente.
$D^n.\ D.$	Don (tratamiento).
$D^a.$	Doña.
DD.	Doctores.
$D^r.$	Doctor.
dño., dha.	dicho, dicha.
dro.	derecho.
$Dic^{re}.\ 10^{re}.$	Diciembre.
$Dom^o.$	Domingo.
$ecc^o.,\ ecc^a.$	eclesiástico, eclesiástica.
$En^o.$	Enero.
$Ex^{mo}.,\ Ex^{ma}.$	Excelentísimo, Excelentísima.
fho., fha.	fecho, fecha.
$Feb^o.$	Febrero.
fol.	folio.
Fr.	Fray ó Frey.
Fran.	Francisco.
Franz.	Fernandez.
$g^{de}.\ ó\ gue.$	guarde.
$Gen^l.$	General (dignidad).

gral.	general.
Igla.	Iglesia.
Inq^{or}.	Inquisidor.
Intend^{te}.	Intendente.
Ilt^e.	Ilustre.
Illmo. Illma.	Ilustrisimo, ilustrisima.
Ihs.	Jesus.
Jph.	Josef.
Ju^n.	Juan.
lib. (en las citas)	libro.
lib^s.	libras.
lin.	línea.
Lic^{do}.	Licenciado.
M. P. S.	Muy Poderoso Señor.
M^e.	Madre.
M^r.	Monsiur.
m^{or}.	mayor.
m^s. a^s.	muchos años.
Mag^d.	Magestad.
Man.	Manuel.
May.	Mayordomo.
Mig^l.	Miguel.
Minro.	Ministro.
mrd.	merced.
Mrn.	Martin.
Mrnz.	Martinez.
Mro.	Maestro.

APPENDICE.

mrs.	maravedís.
MS.	manuscrito.
MSS.	manuscritos.
N. S.	Nuestro Señor.
N. S^{ra}.	Nuestra Señora.
nro., nra.	nuestro, nuestra.
Nov^{re}. 9re.	Noviembre.
Obpo.	Obispo.
Oct^{re}. 8^{tre}.	Octubre.
@.	onza ú onzas.
Orn.	órden.
P. D.	posdata.
p^a.	para.
P^e.	Padre.
P^o.	Pedro.
p^r.	por.
	plata.
	parte.
	página.
pl.	plana.
pp^{co}.	público.
pral.	principal.
Pror.	Procurador.
Prov^{or}.	Provisor.
q^e. ó q^e.	que.
q^n.	quien.
R. P. M.	Reverendo Padre Maestro.

$R^l.\ R^{les}.$	Real, Reales.
$r^s.$	reales (moneda).
$R^{mo}.\ R^{ma}.$	Reverendísimo, Reverendísima.
$R^{do}.\ R^{da}.$	Reverendo, Reverenda.
$R^{bi}.$	recibí.
$S.$	San ó Santo.
$S^n.$	San.
$S^{tc}.\ S^{ta}.$	Santo, Santa.
$S.\ M.$	Su Magestad.
$S.\ S^t.$	Su Santidad.
$S^r.\ S^{or}.\ S^{ra}.$	Señor, Señora.
$Seb^n.$	Sebastian.
$S^{ria}.\ Secret^a.$	Secretaría.
$S^o.\ Secret^o.$	Secretario.
$Set^{re}.\ 7^{re}.$	Setiembre.
$Ser^{mo}.\ S^{ma}.$	Serenísimo, Serenísima.
$serv^o.$	servicio.
$serv^{or}.$	servidor.
$sig^e.$	siguiente.
$SS^{mo}.$	Santísimo (el sacramento).
$SS^{mo}.\ P^e.$	Santísimo Padre.
$SS^{no}.$	Escribano.
$súp^{ca}.\ supp^{ca}.$	súplica, suplica.
$sup^{te}.$	suplicante.
$super^{te}.$	superintendente.
$ten^{te}.$	teniente.
$tom.$	tomo.
$tpo.$	tiempo.

APPENDICE.

V. V⁺. Ven⁺.	Venerable.
V. A.	Vuestra Alteza.
V. B⁺.	Vuestra Beatitud.
V. E. V. Ex.	Vuecelencia.
v. g.	verbigracia.
V. M.	Vuestra Magestad.
Vm. Vmd.	Vuesa merced ó Usted.
V. P.	Vuesa Paternidad.
V. R⁺.	Vuesa Reverencia.
V. S.	Vueseñoría ó Usía.
V. S⁺.	Vuestra Santidad.
V. S. I.	Vueseñoría ó Usía Ilustrísima.
v⁺.	vellon.
vol.	volúmen.
vro., vra.	vuestro, vuestra.
x^{mo}.	diezmo.
Xptiano.	Cristiano.
Xpto.	Cristo.
Xptóbal.	Cristóbal.

II. — MANIÈRE DE FORMER DU FRANÇAIS BEAUCOUP DE MOTS ESPAGNOLS.

Beaucoup de mots espagnols ne diffèrent des mots français auxquels ils correspondent, que par une légère altération, qui souvent n'a lieu que dans la terminaison. Il est vrai que les règles que l'on peut donner sur la manière dont cette altération s'opère, sont sujettes à des exceptions nombreuses; mais comme elles prouvent l'affinité qui existe entre les deux langues, et qu'elles facilitent, jusqu'à un certain point, le travail pénible d'apprendre les mots, ils est bon de les connaître.

1°. Beaucoup de substantifs français terminés en *ance* ou *ence*, se terminent en espagnol en *ancia* ou *encia*. Exemples:

Constance,	*constancia.*
France,	*Francia.*
Clémence,	*clemencia.*
Différence,	*diferencia.*

2°. Beaucoup de substantifs terminés en *agne* se terminent en espagnol en *aña*. Exemples:

Montagne,	*montaña.*
Campagne,	*campaña.*

3°. Beaucoup de substantifs terminés en *té* se terminent en *dad*. Exemples:

Bonté,	*bondad.*
Libéralité,	*liberalidad.*
Familiarité,	*familiaridad.*

4°. Beaucoup de substantifs terminés en *ure* se terminent en *ura*. Exemples:

Figure,	*figura.*
Imposture,	*impostura.*

5°. Beaucoup de substantifs terminés en *ment* se terminent en *mento* ou *miento*. Exemples :

Sacrement, *sacramento.*
Compliment, *cumplimiento.*

6°. Beaucoup de substantifs terminés en *ie* se terminent en *ia*. Exemples :

Poésie, *poesia.*
Comédie, *comedia.*

7°. Beaucoup de substantifs terminés en *eur* se terminent en *or*.

Valeur, *valor.*
Fleur, *flor.*
Humeur, *humor.*

8°. Beaucoup de substantifs terminés en *on* se terminent en *on* ou en *ion*. Exemples :

Prison, *prision.*
Baron, *baron.*
Nation, *nacion.*

9°. Beaucoup de mots terminés eu *oire* se terminent en *orio*, quand ils sont masculins, et en *oria*, quand ils sont féminins. Exemples :

Transitoire, *transitorio, a.*
Victoire, *victoria.*
Gloire, *gloria.*

10°. Beaucoup de mots terminés en *aire* se

terminent en *ario*, quand ils sont masculins, et en *aria*, quand ils sont féminins. Exemples :

Téméraire, *temerario, a.*
Salaire, *salario.*

11°. Beaucoup d'adjectifs terminés en *ile* se terminent en *il.* Exemples:

Facile, *fácil.*
Difficile, *dificil.*
Utile, *útil.*

12°. Beaucoup de substantifs et d'adjectifs terminés en *al* se terminent en *al.* Exemples :

Fanal, *fanal.*
Canal, *canal.*
Principal, *principal.*
Fatal, *fatal.*

13°. La plus grande partie des substantifs et des adjectifs terminés en *at*, se termine en *ado* ou en *ato.* Exemples :

Attentat, *atentado.*
Sénat, *senado.*
État, *estado.*
Ingrat, *ingrato.*

14°. Beaucoup de substantifs et d'adjectifs terminés en *anc* se terminent en *anco.* Exemp.

Banc, *banco.*

Blanc, *blanco.*
Flanc, *flanco.*
Franc, *franco.*

15°. La plus grande partie des substantifs et des adjectifs terminés en *an* ou en *ain*, se termine en *ano*. Exemples :

Mahométan, *mahometano.*
Océan, *oceano.*
Grain, *grano.*
Sain, *sano.*

16°. Beaucoup de substantifs terminés en *ice* se terminent en *icio*, lorsqu'ils sont masculins, et en *icia*, lorsqu'ils sont féminins. Exemples :

Sacrifice, *sacrificio.*
Exercice, *ejercicio.*
Justice, *justicia.*

17°. Beaucoup d'adjectifs terminés en *ide* se terminent en *ido*. Exemples :

Aride, *árido.*
Perfide, *pérfido.*
Solide, *sólido.*

18°. Beaucoup de mots terminés en *in* se terminent en *in* ou en *ino*. Exemples :

Fin, *fin.*
Jardin, *jardin.*

Destin, *destino.*
Masculin, *masculino.*

19°. Beaucoup de substantifs terminés en *isme* se terminent en *ismo*. Exemples :

Athéisme, *ateismo.*
Christianisme, *cristianismo.*

20°. Beaucoup de substantifs terminés en *iste* se terminent en *ista*. Exemples :

Liste, *lista.*
Dentiste, *dentista.*

21°. Beaucoup de mots terminés en *ule* se terminent en *ulo*, lorsqu'ils sont masculins, et en *ula*, lorsqu'ils sont féminins. Exemples :

Crédule, *crédulo.*
Ridicule, *ridículo.*
Crépuscule, *crepúsculo.*
Particule, *partícula.*

22°. Beaucoup d'adjectifs terminés en *ble* se terminent de même. Exemples :

Favorable, *favorable.*
Agréable, *agradable.*

23°. Beaucoup d'adjectifs terminés en *eux* se terminent en *oso*. Exemples :

Gracieux, *gracioso.*
Généreux, *generoso.*

24°. Beaucoup de noms de nations terminés en *an*, en *en*, ou en *ain*, se terminent en *ano*. Exemples :

Toscan,	*Toscano.*
Italien,	*Italiano.*
Romain,	*Romano.*

25°. Beaucoup de noms de nations terminés en *ais* se terminent en *es*. Exemples :

Français,	*Frances.*
Portugais,	*Portugues.*

26°. Beaucoup d'adjectifs terminés en *ant* ou *ent* se terminent en *ante* ou *ente*. Exemples :

Vigilant,	*vigilante.*
Prudent,	*prudente.*

27°. Beaucoup d'adjectifs terminés en *eur*, et qui se forment des verbes, se forment aussi des verbes espagnols, en changeant l'*r* final de l'infinitif en *dor*. Exemples :

Trompeur,	*engañador.*
Parleur,	*hablador.*

28°. Beaucoup d'adjectifs terminés en *ulier* se terminent en *ular*. Exemples :

Particulier,	*particular.*
Régulier,	*regular.*
Singulier,	*singular.*

APPENDICE. 345

29°. Beaucoup d'adjectifs terminés en *if* se terminent en *ivo*. Exemples :

Actif, *activo.*
Vif, *vivo.*

30°. Presque tous les verbes terminés à l'infinitif en *er* se terminent en *ar*. Exemples :

Chanter, *cantar.*
Observer, *observar.*
Aimer, *amar.*

31°. Beaucoup de verbes terminés en *ir* conservent la même terminaison. Exemples :

Sentir, *sentir.*
Partir, *partir.*

32°. La plupart des verbes terminés en *re* se terminent en *er*. Exemples :

Perdre, *perder.*
Mordre, *morder.*
Croire, *creer.*

33°. Les mots qui, en français, s'écrivent par *cha*, s'écrivent en général, en espagnol, par *ca*. Exemples :

Charité, *caridad.*
Chasteté, *castidad.*
Chapelain, *capellan.*
Charge, *carga.*

15 *

III. — LISTE DES VERBES ET DES ADJECTIFS ESPAGNOLS,

Qui veulent après eux une préposition différente de celle que veulent les verbes et les adjectifs français auxquels ils correspondent.

A.

Abalanzarse á *los peligros.*
Se jeter *dans* les dangers.

Abochornarse de *algo.*
Se courroucer *pour* quelque chose.

Abordar á *una isla.*
Aborder *dans* une île.

Abrirse á, con *sus amigos.*
S'ouvrir *à* ses amis.

Abundar de, en *riquezas.*
Abonder *en* richesses.

Acabar con *alguno,* con *alguna cosa.*
Tuer quelqu'un, mettre fin *à* quelque chose.

Acercarse á, de *alguno.*
S'approcher *de* quelqu'un.

Acertar á, con *la casa.*
Rencontrer la maison.

Acogerse á *sagrado.*
Se réfugier *dans* un lieu sacré.

Acompañarse con *los buenos.*
S'accompagner *de* personnes vertueuses.

Aconsejarse con, de *los sabios.*
Prendre conseil *des* savans.
Acreditarse de *discreto.*
Acquérir la réputation de discret.
Acreedor á, de *la confianza.*
Digne *de* la confiance.
Actuarse de, en *los negocios.*
S'exercer *dans* les affaires.
Aferrarse en, con *su opinion.*
S'attacher fortement *à* son opinion.
Aficionarse á, de *alguna cosa.*
S'affectionner *à* quelque chose.
Agradecido á *los beneficios.*
Reconnaissant des bienfaits.
Agraviarse de *alguno.*
Se croire offensé *par* quelqu'un.
Ahorcajarse en *las espaldas.*
Se mettre à califourchon *sur* les épaules.
Airarse con *alguno.*
Se mettre en colère *contre* quelqu'un.
Alargarse á *la ciudad.*
S'éloigner *de* la ville.
Alcanzar de *razones* á *uno.*
Convaincre quelqu'un *par* de bons argumens.
Alimentarse de, con *poco.*
Se nourrir *avec* peu de chose.

Amancebarse con *los libros.*
Aimer extrêmement la lecture.
Amenazar con *suplicios.*
Menacer *de* supplices.
Amoroso con *los suyos.*
Tendre *envers* les siens.
Anticiparse á *alguno.*
Prendre le devant *sur* quelqu'un.
Aparecerse en *el camino.*
Apparaître *sur* le chemin.
Aparejarse para *el trabajo.*
Se préparer *au* travail.
Apartarse á *un lado.*
Se mettre *de* côté.
Apasionarse á, de, por *alguno.*
Se passionner *pour* quelqu'un.
Apechugar con *alguna cosa.*
Prendre à cœur quelque chose.
Apechugar por *los peligros.*
Braver les dangers.
Apedrear con *palabras.*
Insulter *de* paroles.
Apelar á *otro medio.*
Prendre *d'autres* moyens.
Aplacar con *ruegos.*
Apaiser *par* des prières.

Aprobado de *cirujano.*
Gradué *en* chirurgie.
Apropincuarse á *alguno.*
S'approcher *de* quelqu'un.
Apto para *un empleo.*
Propre *à* un emploi.
Arder en *amores.*
Brûler *d'*amour.
Arrebozarse con *una capa.*
S'affubler *d'*un manteau.
Arremeter al *enemigo.*
Fondre *sur* l'ennemi.
Arrimarse á *la pared,*
S'appuyer *contre* le mur.
Arrostrar á, con *los peligros.*
Affronter les dangers.
Asesorarse con *letrados.*
Prendre conseil *des* gens instruits.
Asociarse á, con *otro.*
S'associer *avec* un autre.
Asomarse á, por *la ventana.*
Mettre la tête *à* la fenêtre.
Ataviarse de *vestidos ricos.*
Se parer *avec* de riches habillemens.
Atreverse á *cosas grandes.*
Entreprendre *de* grandes choses.

Autorizado en *el pueblo.*
Respecté *parmi* le peuple.
Avergonzarse á *pedir.*
Rougir *de* demander.
Aviarse para *partir,* para *el camino.*
Se préparer *à* partir, *pour* le voyage.

B.

Balar por *dinero.*
Aboyer *après* l'argent.
Barar en *tierra.*
Tirer (un bâtiment) *à* terre.
Brindar con *regalos,* con *promesas.*
Gagner *par* des présens, *par* des promesses.
Bueno de *comer.*
Bon *à* manger.
Bueno para *todo.*
Bon *à* tout.

C.

Cambiar una *cosa* con, por *otra.*
Changer une chose *pour* une autre.
Caminar para *Francia,* para *Burdeos.*
Aller *en* France, *à* Bordeaux.
Cautivar con *beneficios.*
Captiver *par* des bienfaits.

Clamar por *dinero.*
Aboyer *après* l'argent.
Cocerse en *dolores.*
Se consumer *de* douleur.
Combatir con *alguno.*
Combattre *contre* quelqu'un.
Compadecerse de *los males agenos.*
Compatir *aux* maux d'autrui.
Comparecer ante *el juez.*
Comparaître *devant* le juge.
Complacerse de, en *alguna cosa.*
Se complaire *dans* quelque chose.
Comprobar con *instrumentos.*
Prouver *par* des actes.
Comprometerse en *jueces arbitros.*
Compromettre *entre* les mains des arbitres.
Concurrir en *un dictámen.*
Se trouver *d'*un même avis.
Condecorar con *la púrpura.*
Décorer *de* la pourpre.
Condenar en *las costas.*
Condamner *aux* dépens.
Condescender con *lo justo.*
Condescendre *à* ce qui est juste.
Condolerse de *los trabajos.*
Compatir *aux* peines.

Conducente para *algun fin*.
Convenable *à* quelque fin.
Confiarse de *alguno*.
Se confier *à* quelqu'un.
Conformarse con *el tiempo*.
S'accommoder *au* temps.
Consentir en *algo*.
Consentir *à* quelque chose.
Contentarse con *poco*.
Se contenter *de* peu.
Contrapesar una cosa con *otra*.
Contrepeser une chose *par* une autre.
Convencer con *razones*.
Convaincre *par* des raisons.
Convidar con *dinero*.
Offrir *de* l'argent.
Convocar á *junta*.
Convoquer *pour* l'assemblée.
Coserse con *la tierra*.
Se prosterner *contre* terre.
Cumplir con *su obligacion*.
Remplir ses devoirs.
Curarse en *salud*.
Se précautionner *contre* la maladie.
Curtido del *sol*.
Qui a la peau endurcie *par* le soleil.

D.

Dar à *uno* con *la puerta.*
Fermer la porte *à* quelqu'un.
Defraudar de *la autoridad de otro.*
Entreprendre *sur* l'autorité d'autrui.
Deleitarse en *oir.*
Se délecter *à* entendre.
Deleitarse con *la vista.*
Prendre plaisir *à* regarder.
Derramarse por *los vicios.*
Se laisser aller *au* vice.
Derrenegar de *alguna cosa.*
Abhorrer quelque chose.
Desabrirse con *alguno.*
S'aigrir *contre* quelqu'un.
Desabrocharse con *su amigo.*
Ouvrir son cœur *à* son ami.
Desacordarse de *alguno.*
Oublier quelqu'un.
Desagradecido à *un beneficio.*
Méconnaissant *d*'un bienfait.
Desahogarse con *alguno.*
Découvrir ses peines *à* quelqu'un.
Descomponerse con *alguno.*
S'emporter *contre* quelqu'un.

Desconocido à *los beneficios.*
Méconnaissant *des* bienfaits.
Descubrirse con *alguno.*
S'ouvrir *à* quelqu'un.
Descuidarse de, en *su obligacion.*
Négliger son devoir.
Desdeñarse de *alguna cosa.*
Dédaigner quelque chose.
Desembarcar en *el puerto.*
Débarquer *au* port.
Desenfrenarse en *vicios.*
S'abandonner *au* vice.
Deslustroso à *alguno.*
Déshonorant *pour* quelqu'un.
Desojarse en *censurar.*
Se tuer *à* censurer.
Despedirse de *alguna cosa.*
Renoncer *à* quelque chose.
Desposarse con *alguno.*
Épouser quelqu'un.
Desquiciar à *alguno* de *su poder.*
Faire perdre *à* quelqu'un son pouvoir.
Desvergonzarse con *alguno.*
Parler impudemment *à* quelqu'un.
Desvivirse por *algo.*
Mourir d'envie *de* quelque chose.

Detenerse en *dificultades.*
S'arrêter *à* des difficultés.
Diferir algo á, para *otro tiempo.*
Renvoyer une chose *à* un autre temps.
Dignarse de *conceder.*
Daigner accorder.
Disgustarse con, de *alguna cosa.*
Se dégoûter *de* quelque chose.
Disputar de, sobre *un asunto.*
Disputer *sur* un sujet.
Disentir de *otro dictámen.*
S'opposer *au* sentiment d'un autre.
Distraerse de, en *la conversacion.*
Être distrait *dans* la conversation.
Divertirse á, en *jugar.*
S'amuser *à* jouer.
Duro de *mollera.*
Qui a la tête dure.

E.

Echar á, en, por *tierra.*
Jeter *à* ou *par* terre.
Embeberse en *doctrina sana.*
Être imbu *d'*une saine doctrine.
Embobarse con, en, de *alguna cosa.*
S'ébahir *de* quelque chose.

Emparejar con *alguno.*
Égaler quelqu'un.
Empeñarse en *alguna cosa.*
S'opiniâtrer *à* quelque chose.
Emplearse en *escribir.*
S'occuper *à* écrire.
Encallar en *arena.*
Echouer *sur* un banc de sable.
Encaminarse á *Madrid.*
S'acheminer *vers* Madrid.
Encaramarse en, por, sobre *la pared.*
Grimper *à* la muraille.
Encararse á, con *alguno.*
Regarder fixement quelqu'un.
Encasquetarse en *su opinion.*
Ne point démordre *de* son opinion.
Encajarse en, por *alguna parte.*
Se fourrer quelque part.
Encenderse en *ira.*
S'enflammer *de* colère.
Enconarse con *alguno,*
Avoir de l'animosité *contre* quelqu'un.
Encharcarse en *agua.*
Se remplir *d'*eau.
Engreirse con *la fortuna.*
Devenir orgueilleux *par* la prospérité.

Enlazar una cosa con *otra*.
Enlacer une chose *dans* une autre.
Ensayarse á, para *alguna cosa*.
S'essayer *à* quelque chose.
Entender de *música*.
Se connaître *en* musique.
Entender en *sus negocios*.
Entendre ses affaires.
Enterarse en *algun negocio*.
Être bien instruit *d*'une affaire.
Entrarse á *mercader*.
Se faire marchand.
Entremeterse en *cosas de otro*.
Se mêler *des* affaires d'autrui.
Entretener con *esperanzas*.
Entretenir d'espérances.
Escarmentar de, con *alguna cosa*.
Apprendre quelque chose à ses dépens.
Escarmentar en *cabeza agena*.
Prendre exemple *sur* autrui.
Escurrirse de *un peligro*.
Esquiver un danger.
Esmerarse en *alguna cosa*.
Mettre tous ses soins *à* quelque chose.
Estampar en *papel*.
Imprimer *sur* le papier.

Estrellarse con *alguno.*
S'emporter *contre* quelqu'un.
Estribar en *alguna cosa.*
S'appuyer *sur* quelque chose.

F.

Fácil de *digerir.*
Facile *à* digérer.
Fatigarse de, en, por *alguna cosa.*
Se fatiguer *à* quelque chose.
Favorable á, para *alguno.*
Favorable *à* quelqu'un.
Fiarse de, en *alguno.*
Se fier *à* quelqu'un.
Fiel á, con *sus amigos.*
Fidèle *à* ses amis.
Formalizarse por *una friolera.*
Se formaliser *d'*une bagatelle.
Franquearse á, con *alguno.*
S'ouvrir *à* quelqu'un.

G.

Ganar á uno por *la mano.*
Prendre le devant *sur* quelqu'un.
Generoso de *ánimo.*
Qui a le cœur généreux.

Grangear el afecto de, á *alguno.*
Gagner l'affection *de* quelqu'un.
Guiado de *alguno.*
Guidé *par* quelqu'un.
Gustar de *alguna cosa.*
Aimer quelque chose.

H.

Hábil para *un empleo*, para *mandar.*
Propre *à* un emploi, *au* commandement.
Habituarse á, en *alguna cosa.*
S'habituer *à* quelque chose.
Hablar al *aire.*
Parler *en* l'air.
Hablar en *griego.*
Parler grec.
Hablarse con *los ojos.*
Se parler *des* yeux.
Hablar con *alguno.*
Parler *à* quelqu'un.
Hacer de *valiente.*
Faire le brave.
Hallarse á, en *la fiesta.*
Se trouver *à* la fête.
Hermanar una cosa con *otra.*
Assortir une chose *à* une autre.

Hervir de, en *gente.*
Fourmiller *de* monde.
Hincarse de *rodillas.*
Se mettre *à* genoux.
Holgarse con, de *alguna cosa*
Se réjouir *de* quelque chose.
Huir de *alguno.*
Fuir quelqu'un.
Huirse à *alguna parte.*
S'enfuir *en* quelque endroit.
Hurtar en *el precio,* en *la calidad.*
Voler *sur* le prix, *sur* la qualité.

I.

Idoneo para *las ciencias.*
Propre *aux* sciences.
Igual á, con *otro.*
Égal *à* un autre.
Igualar una cosa á, con *otra.*
Égaler une chose *à* une autre.
Impelido de *la necesidad.*
Poussé *par* le besoin.
Implicarse en, con...
S'engager *dans...*
Imponerse en *los negocios.*
Se mettre *au fait des* affaires.

APPENDICE.

Importunar á alguno con *sus quejas.*
Importuner quelqu'un *de* ses plaintes.
Impresionar á alguno de, en *algo.*
Prévenir l'esprit de quelqu'un *sur* quelque chose.
Incesante en *sus tareas.*
Assidu à son ouvrage.
Inclinarse á *tal opinion.*
Pencher *pour* telle opinion.
Incorporar una cosa á, con, en *otra.*
Incorporer une chose *dans* une autre.
Increible á, para *muchos.*
Incroyable à bien des gens.
Indignarse con, contra *alguno.*
S'indigner *contre* quelqu'un.
Indisponer á uno con *otro.*
Indisposer quelqu'un *contre* un autre.
Inductivo de *error.*
Qui induit *en* erreur.
Indulgente con *sus hijos.*
Indulgent *pour* ses enfans.
Indultar á alguno de *la pena.*
Remettre à quelqu'un la peine.
Infatigable en *el trabajo.*
Infatigable *au* travail.
Influir en *alguna cosa.*
Influer *sur* quelque chose.

Informar á uno de, sobre *alguna cosa.*
Informer quelqu'un *de* quelque chose.
Infundir ánimo á, en *alguno.*
Inspirer du courage *à* quelqu'un.
Inhábil para *un empleo.*
Inhabile *à* un emploi.
Inhibir al juez de, en *el conocimiento*...
Interdire au juge la connaissance...
Injerirse en *cosa de otro.*
Se mêler *des* affaires d'autrui.
Insinuarse con *los poderosos.*
S'insinuer *dans* l'esprit des grands.
Insistir en, sobre *alguna cosa.*
Insister *sur* quelque chose.
Instruir á uno de, en, sobre *alguna cosa.*
Instruire quelqu'un *de* quelque chose.
Intentar un pleito á *alguno.*
Intenter un procès *à, contre* quelqu'un.
Interceder con *alguno.*
Intercéder *auprès de* quelqu'un.
Interesarse con *alguno.*
S'intéresser *auprès de* quelqu'un.
Internarse en *alguna cosa.*
Approfondir quelque chose.
Interponerse con *alguno.*
S'interposer *auprès de* quelqu'un.

Invadido de, por *los contrarios.*
Envahi *par* les ennemis.
Ir por *pan.*
Aller chercher du pain.

J.

Jeringar la paciencia á alguno.
Épuiser la patience *de* quelqu'un.
Jugar alguna cosa con *otra.*
Jouer une chose *contre* une autre.

L.

Ladear una cosa á tal parte.
Faire pencher quelque chose *vers* un endroit.
Ladearse á otro partido.
Pencher *pour* un autre parti.
Largo de *manos.*
Qui a de grandes mains.
Lastimarse de *alguno.*
Plaindre quelqu'un.
Lidiar con *alguno.*
Combattre *contre* quelqu'un.
Limitado de *talentos.*
Qui a l'esprit borné.
Luchar con *alguno.*
Lutter *avec, contre* quelqu'un.

Ludir una cosa con *otra.*
Frotter une chose *contre* une autre.

LL.

Llegar á alguna parte.
Arriver *à, dans* quelque endroit.
Llevar algo á alguna parte.
Porter quelque chose *dans* quelque endroit.
Llevarse de *alguna pasion.*
Se laisser entraîner *par* quelque passion.

M.

Matizar con, de *colores.*
Embellir *avec, par* des couleurs.
Mediano de *cuerpo.*
De moyenne taille.
Medrar en *la fortuna.*
Augmenter *de* fortune.
Mejorar de *empleo,*
Obtenir un meilleur emploi.
Mejorar á alguno en...
Avantager quelqu'un *de*...
Menor de *edad.*
Inférieur *en* âge.
Merecer á, con, de *alguno.*
Mériter *de* quelqu'un.
Meterse á *gobernar.*
S'ingérer *de* gouverner.

Meterse con *alguno*.
Chercher querelle *à* quelqu'un.
Meterse á *preceptor*.
Devenir précepteur.
Mezclarse en *los negocios*.
Se mêler *des* affaires.
Mirar á, hácia *tal parte*.
Regarder *de* tel côté, *vers* tel endroit.
Mirar por *alguno*.
Avoir soin *de* quelqu'un.
Moler á *palos*.
Rouer *de* coups de bâton.
Moler de *azotes*.
Assommer *à* coups de fouet.
Molestar á *alguno* con *visitas*.
Fatiguer quelqu'un *par* des visites.
Motejar á *uno* de *ignorante*.
Reprocher à quelqu'un son ignorance.
Motivar con *buenas razones*.
Motiver *sur* de bonnes raisons.
Murmurar de *alguno*.
Murmurer *contre* quelqu'un.

N.

Nacer con *fortuna*.
Naître *dans* la fortune.

Nombrar para *un empleo.*
Nommer *à* un emploi.

O.

Obstinarse en *alguna cosa.*
S'obstiner *à* quelque chose.
Ocultar á, de *alguno.*
Cacher *à* quelqu'un.
Ocuparse en *trabajar.*
S'occuper *à* travailler.
Ofenderse de, con *alguna cosa.*
S'offenser *de* quelque chose.
Oir de *confesion.*
Entendre *en* confession.
Oler á *alguna cosa.*
Avoir l'odeur *de* quelque chose.
Olvidarse de *lo pasado.*
Oublier le passé.
Opinar sobre, en....
Opiner *sur*....
Optar á *los empleos.*
Opter les emplois.
Ordenarse de *sacerdote.*
Être ordonné prêtre.
Orillar á *tal parage.*
Prendre terre *en* tel endroit.

P.

Pagar con *palabras*.
Payer *de* paroles.
Paladearse con *alguna cosa*.
Savourer quelque chose.
Pálido de *semblante*.
Qui a le visage pâle.
Pararse á descansar.
S'arrêter *pour* se reposer.
Pararse en *alguna cosa*.
S'arrêter *à* quelque chose.
Particularizarse con *alguno*.
Témoigner *à* quelqu'un une affection particulière.
Partir á Italia.
Partir *pour* l'Italie.
Pasar por, entre *árboles*.
Passer *à travers* les arbres.
Pasarse alguna cosa de *la memoria*.
Oublier quelque chose.
Pasearse por *el campo*.
Se promener *dans* la campagne.
Pecar de *ignorante*.
Pécher *par* ignorance.
Pedir de *justicia*.
Demander *à* juste titre.

Pedir por *alguno.*
Demander quelqu'un.
Pedir por *Dios.*
Demander *pour* l'amour de Dieu.
Pegar contra, en *la pared.*
Attacher *contre* le mur.
Pelarse por *alguna cosa.*
Rechercher quelque chose avec ardeur.
Pendiente de *un clavo.*
Pendant *à* un clou.
Pensar en *alguno,* en *alguna cosa.*
Penser *à* quelqu'un, *à* quelque chose.
Perecerse por *alguna cosa.*
Mourir d'envie *de* quelque chose.
Peregrinar por *el mundo.*
Courir le monde.
Permutar una cosa con, por *otra.*
Changer une chose *contre* une autre.
Perseguido de *enemigos.*
Poursuivi *par* les ennemis.
Persuadirse de, por *las razones de otro.*
Être persuadé *par* les raisons d'un autre.
Persuadirse à alguna cosa.
Se persuader *de* quelque chose.
Pescar con *red.*
Pêcher *au* filet.

Piar por....
Aboyer *après*....
Plantar á alguno en *la calle.*
Mettre quelqu'un *à* la rue.
Plantarse en *Madrid.*
Se rendre en diligence à Madrid.
Ponderar alguna cosa de *grande.*
Vanter quelque chose.
Poner á *oficio.*
Mettre *en* métier.
Poner á uno por *intendente.*
Faire quelqu'un intendant.
Posponer una persona à *otra.*
Estimer moins une personne qu'une autre.
Postrado de *la enfermedad.*
Abattu *par* la maladie.
Postrarse en *tierra.*
Se prosterner *à* terre.
Precipitarse á *alguna parte.*
Se précipiter *dans* quelque endroit.
Prendarse de *alguno.*
Affectionner quelqu'un.
Presidido de *otro.*
Présidé *par* un autre.
Proclamar á uno por *rey.*
Proclamer quelqu'un roi.

Propasarse á, en *alguna cosa.*
S'oublier *en* quelque chose.
Propio para *alguna cosa.*
Propre *à* quelque chose.
Proporcionarse para *alguna cosa.*
Se rendre propre *à* quelque chose.
Proveer un empleo en *alguno.*
Pourvoir quelqu'un d'un emploi.
Provocar á uno con *injurias.*
Provoquer quelqu'un *par* des injures.
Próximo á morir.
Sur le point *de* mourir.

Q.

Quedarse de *asiento.*
Se fixer quelque part.
Quedar por *alguno.*
Cautionner quelqu'un.
Quemarse por *alguna cosa.*
Brûler d'avoir quelque chose.

R.

Rabiar de *hambre.*
Avoir grand' faim.
Rabiar por *alguna cosa.*
Désirer ardemment quelque chose.

Rayar con *la virtud.*
Briller *dans* la vertu.
Recalcarse en *lo dicho.*
Revenir *sur* ce qu'on a dit.
Recatarse de *alguno.*
Être réservé *vis-à-vis de* quelqu'un.
Recetar medicinas á, para *alguno.*
Ordonner des remèdes *à* quelqu'un.
Recibirse de *abogado.*
Se faire recevoir avocat.
Recio de *cuerpo.*
Homme vigoureux.
Reclinarse en, sobre *alguna cosa.*
Se reposer *sur* quelque chose.
Recogerse á *alguna parte.*
Se réfugier *dans* quelque endroit.
Recompensar con *beneficios.*
Récompenser *par* des bienfaits.
Reconvenir á uno con, de, sobre *alguna cosa.*
Convaincre quelqu'un *de* quelque chose.
Recostarse en, sobre *una silla.*
Se reposer *sur* une chaise.
Refugiarse á, en *sagrado.*
Se réfugier *dans* un lieu sacré.
Regodearse en, con *alguna cosa.*
Se délecter *à* quelque chose.

Reinar en *los corazones.*
Régner *sur* les cœurs.
Renegar de *alguna cosa.*
Renier quelque chose.
Repartir á, entre *muchos.*
Partager *entre* plusieurs.
Resguardarse de *alguno.*
Se précautionner *contre* quelqu'un.
Restituirse á *su patria.*
Retourner *dans* son pays.
Retirarse á *la soledad.*
Se retirer *dans* la solitude.
Retraerse á *alguna parte.*
Se réfugier *dans* quelque endroit.
Retroceder á, hácia *tal parte.*
Reculer *vers* tel endroit.
Reventar por *hablar.*
Mourir d'envie *de* parler.
Rodear á *alguno* por *todas partes.*
Environner quelqu'un *de* tous côtés.
Rodear una plaza con, de *murallas.*
Entourer une place *de* murailles.

S.

Saber á *vino.*
Sentir le vin.

Saber de *trabajos.*
Connaître la peine.
Sacar en *limpio.*
Mettre *au* net.
Sacar una cosa á *plaza.*
Divulguer une chose.
Salir á *alguna cosa.*
Se présenter *pour* quelque chose.
Salir con *algo.*
Réussir *en* quelque chose.
Salir por *fiador.*
Être caution.
Satisfacer por *las culpas.*
Faire pénitence *de* ses péchés.
Sentarse en *una silla.*
S'asseoir *sur* une chaise.
Ser á *gusto de todos.*
Être *du* goût de tout le monde.
Sisar de *la compra.*
Ferrer la mule.
Situarse en *alguna parte.*
Se placer quelque part.
Sojuzgado de *enemigos.*
Subjugué *par* les ennemis.
Sonsacar alguna cosa á *alguno.*
Tirer adroitement un secret *de* quelqu'un.

Sorprendido de la bulla.
Surpris *par* la foule.
Substituir un poder en *alguno.*
Substituer un pouvoir *à* quelqu'un.
Substraerse de *la obediencia.*
Se soustraire *à* l'obéissance.
Sudar por la cabeza.
Suer *de* la tête.
Suplicar de *la sentencia.*
Supplier *contre* la sentence.
Suplir por alguno.
Suppléer au défaut de quelqu'un.
Surgir en *el puerto.*
Mouiller *au* port.
Suspirar por el mando.
Soupirer *après* le commandement.
Sustentarse con *yerbas.*
Se nourrir *d*'herbes.

T.

Tardar en *venir.*
Tarder *à* venir.
Temeroso del castigo.
Craignant le châtiment.
Tener el alma en, entre *los dientes.*
Avoir la mort *entre* les dents.

APPENDICE.

Tenerse por *mas sabio que otro.*
Se croire plus savant qu'un autre.
Teñir de *azul.*
Teindre *en* bleu.
Tirar á, hácia *tal parte.*
Tirer *vers* tel endroit.
Tocar á *recoger.*
Battre la retraite.
Tocar en *el punto de la dificultad.*
Toucher *au* point de la difficulté.
Torcido de *piernas.*
Qui a les jambes tortues.
Tornar á *alguna parte.*
Retourner *dans* quelque endroit.
Trabajar en *alguna cosa.*
Travailler *à* quelque chose.
Trabar de *alguno.*
Saisir quelqu'un.
Trabar una cosa con *otra.*
Lier une chose *à* une autre.
Trabar en *alguna cosa.*
S'accrocher *à* quelque chose.
Trabarse de *palabras.*
Se disputer *avec* quelqu'un.
Traer alguna cosa á *alguna parte.*
Apporter quelque chose *dans* quelque endroit.

Traficar en *drogas*,
Trafiquer *sur* les drogues.
Transferirse á *otro lugar*.
Se transporter *dans* un autre lieu.
Transportar á...
Transporter *dans*...
Trasladar á...
Transférer *dans*...
Tratar en *lanas*.
Trafiquer *sur* les laines.
Trocar una cosa por *otra*.
Troquer une chose *contre* une autre.
Tropezar en *alguna cosa*.
Heurter *contre* quelque chose.
Tropezar con *alguno*.
Rencontrer quelqu'un.

U.

Uniformar una cosa á, con *otra*.
Rendre une chose uniforme *à* une autre.
Unir una cosa á, con *otra*.
Unir une chose *à* une autre.
Util para *tal cosa*.
Utile *à, pour* telle chose.
Utilizarse en, con *alguna cosa*,
Tirer du profit *de* quelque chose.

V.

Valuar en *diez pesos.*
Évaluer *à* dix piastres.
Vecino al *trono.*
Voisin *du* trône.
Vencido de *los contrarios.*
Vaincu *par* les ennemis.
Violentarse á, en *alguna cosa.*
Se faire violence *dans* quelque chose.
Visible á, para *todos.*
Visible *à* tout le monde.
Vivir en *la corte.*
Vivre *à* la cour.
Volar por *el aire.*
Voler *en* l'air.
Volver por *alguno.*
Prendre la défense *de* quelqu'un.
Volver sobre *si.*
Revenir *à* soi.

Z.

Zafarse de *alguno.*
Esquiver quelqu'un.
Zapatearse con *alguno.*
Tenir tête *à* quelqu'un.

COURS

DE

THÈMES ESPAGNOLS.

THÈME I.

Le[1] bras ; l'œil ; la bouche ; l'oreille ; l'eau[2] ; l'air ; l'âme ; l'aigle ; de l'air[3] ; de la mer ; de l'oiseau ; du bras ; des rivières ; des fontaines ; des oiseaux ; au chapeau ; à la jambe ; à l'eau ; aux oiseaux ; aux chiens ; aux pieds ; aux mains ; avec les doigts ; par la gorge ; sur la tête.

VOCABULAIRE. Bras, *brazo*, m. Œil, *ojo*, m. Bouche, *boca*, f. Oreille, *oreja*, f. Eau, *agua*, f. Air, *aire*, m. Ame, *alma*, f. Aigle, *águila*, f. Mer, *mar*, m. Oiseau, *ave*, f. Rivières, *rios*, m. Fontaines, *fuentes*, f. Oiseaux, *aves*, f. Chapeau, *sombrero*, m. Jambe, *pierna*, f. Chiens, *perros*, m. Pieds, *pies*, m. Mains, *manos*, f. Doigts, *dedos*, m. Gorge, *garganta*, f. Tête, *cabeza*, f.

---

[1] *Voyez* page 15 de la grammaire.
[2] *Voyez* page 16 de la grammaire.
[3] *Voyez* page 16 de la grammaire.

THÈME II.

L'homme[1] ; la femme ; le pain ; la viande ; la maison ; la fenêtre ; le diplome ; le dilemme ; la dent ; la barbarie ; le sanglier ; la métropole ; la loi ; le champ ; le vaisseau ; l'espérance ; la santé ; le luth ; le sel ; le miel ; la prison ; le limaçon ; le canal ; la leçon ; le magasin ; l'image ; le bord ; l'auteur ; la sueur ; la fleur ; le muguet ; le revers ; la bile ; le pus ; la toux ; l'horloge ; le poisson ; la cicatrice ; la pâleur ; la voix.

VOCABULAIRE. Homme, *hombre*. Femme, *muger*. Pain, *pan*. Viande, *carne*. Maison, *casa*. Fenêtre, *ventana*. Diplome, *diploma*. Dilemme, *dilema*. Dent, *diente*. Barbarie, *barbarie*. Sanglier, *jabali*. Métropole, *metrópoli*. Loi, *ley*. Champ, *campo*. Vaisseau, *nao*. Espérance, *esperanza*. Santé, *salud*. Luth, *laud*. Sel, *sal*. Miel, *miel*. Prison, *cárcel*. Limaçon, *caracol*. Canal, *canal*. Leçon, *leccion*. Magasin, *almacen*. Image, *imágen*. Bord, *márgen*. Auteur, *autor*. Sueur, *sudor*. Fleur, *flor*. Muguet, *estrellamar*. Revers, *reves*. Bile, *bilis*. Pus, *pus*. Toux, *tos*. Horloge, *relox*. Poisson, *pez*. Cicatrice, *cicatriz*. Pâleur, *palidez*. Voix, *voz*.

---

[1] *Voyez*, page 18 de la grammaire, la distinction des genres dans les substantifs.

THÈME III.

Les maisons[1]; les livres; les fleurs; les giroflées; les jasmins; les fruits; les noix; les grenades; les pommes; les rossignols; les moissons; les soldats; les peuples; les nations; les villes; les horloges; les chaises; les canapés; les sofas; les écoles; les thèses; les disputes; les argumens; les raisons; les lundis; les mercredis; les jours; les nuits; les mois; les années; les rois; les princes; les généraux; les officiers; les armées; les munitions; les vaisseaux.

VOCABULAIRE. Maison, *casa*. Livre, *libro*. Fleur, *flor*. Giroflée, *aleli*. Jasmin, *jazmin*. Fruit, *fruto*. Noix, *nuez*. Grenade, *granada*. Pomme, *manzana*. Rossignol, *ruiseñor*. Moisson, *mies*. Soldat, *soldado*. Peuple, *pueblo*. Nation, *nacion*. Ville, *ciudad*. Horloge, *relox*. Chaise, *silla*. Canapé, *canapé*. Sofa, *sofá*. Ecole, *escuela*. Thèse, *tésis*. Dispute, *disputa*. Argument, *argumento*. Raison, *razon*. Lundi, *lúnes*. Mercredi, *miércoles*. Jour, *dia*. Nuit, *noche*. Mois, *mes*. Année, *año*. Roi, *rey*. Prince, *principe*. Général, *general*. Officier, *oficial*. Armée, *ejército*. Munition, *municion*. Vaisseau, *nao*.

---

[1] *Voyez*, pages 18 et 34 de la grammaire, la distinction des genres et la formation du pluriel dans les substantifs.

THÈME IV.

Le bon[1] père ; la bonne mère ; les bons frères ; les bonnes sœurs ; le beau jardin ; la grande rivière ; la nation espagnole ; l'homme poli ; la femme polie ; la propriété commune ; les mauvaises inclinations ; l'amour maternel ; les peuples cruels ; la femme sensible ; les choses admirables ; la campagne fertile ; les montagnes stériles ; la mer irritée ; la belle saison ; le mauvais exemple ; les arbres touffus ; le marais fangeux.

VOCABULAIRE. Père, *padre*. Mère, *madre*. Frère, *hermano*. Sœur, *hermana*. Beau, *bello*. Jardin, *huerto*. Grand, *grande*. Espagnol, *Español*. Poli, *cortes*. Propriété, *propiedad*. Commun, *comun*. Mauvais, *malo*. Inclination, *inclinacion*. Amour, *amor*. Maternel, *maternal, materno*. Peuple, *nacion*. Cruel, *cruel*. Sensible, *sensible*. Chose, *cosa*. Admirable, *admirable*. Campagne, *campo*. Fertile, *fértil*. Montagne, *monte*. Stérile, *estéril*. Irrité, *irritado*. Saison, *estacion*. Mauvais, *malo*. Exemple, *ejemplo*. Arbre, *árbol*. Touffu, *espeso*. Marais, *laguna*. Fangeux, *pantanoso*.

---

[1] *Voyez*, pages 36 et 37 de la grammaire, la formation du féminin et du pluriel des adjectifs, et les remarques qui sont à la suite.

THÈME V.

Je vends[1]; tu achètes; il finit; nous mangeons; vous pleurez; ils travaillent; j'avançais; tu reculais; il écrivait; nous vivions; vous travailliez; ils naissaient; je peignis; tu pénétras; il rendit; nous vainquîmes; vous défendîtes; ils tuèrent; j'ai pénétré; tu as avancé; il a vendu; nous avons mangé; vous avez vaincu; ils ont battu; j'avais reculé; nous avions reculé; vous aviez vécu; ils avaient rendu; je descendrai; tu extrairas; il organisera; nous peindrons; vous écrirez; ils travailleront; j'aurai acheté; tu auras fini; il aura vendu; nous aurons mangé; vous aurez combattu; ils auront écrit; je vaincrais; tu résisterais; il tuerait; nous défendrions;

VOCABULAIRE. Vendre, *vender*. Acheter, *comprar*. Finir, *acabar*. Manger, *comer*. Pleurer, *llorar*. Travailler, *trabajar*. Avancer, *adelantar*. Reculer, *recular*. Ecrire, *escribir*. Vivre, *vivir*. Naître, *nacer*. Peindre, *pintar*. Pénétrer, *penetrar*. Rendre, *render*. Vaincre, *vencer*. Défendre, *defender*. Tuer, *matar*. Battre, *derrotar*. Descendre, *descender*. Extraire, *ex-*

---

[1] *Voyez*, page 69 et suivantes, la conjugaison des verbes réguliers et irréguliers.

vous peindriez; ils naîtraient; je serais né[2]; tu serais mort; il aurait travaillé; nous aurions peint; vous auriez résisté; ils auraient favorisé.

---

traer. Organiser, *organizar.* Combattre, *combatir.* Résister, *resistir.* Mourir, *morir.* Favoriser, *favorecer.*

---

[2] *Voyez*, page 134, la conjugaison des verbes neutres.

THÈME VI.

Vends; qu'il achète; achetons; finissez; qu'ils travaillent; que je finisse; que tu parles; qu'il séduise; que nous fournissions; que vous emballiez; qu'ils partent; que je voyageasse; que tu résistasses; qu'il défendît; que nous partissions; que vous finissiez; qu'ils rendissent; que j'aie réfléchi; que tu aies vaincu; qu'il ait emballé; que nous ayons achevé; que vous ayez voyagé; qu'ils aient répondu; que j'eusse travaillé; que tu eusses mangé; qu'il eût défendu; que nous eussions honoré; que vous eussiez calomnié; qu'ils eussent repoussé; quand je résisterai; quand tu parleras; quand il répondra; quand nous

---

VOCABULAIRE. Parler, *hablar.* Séduire, *seducir.* Fournir, *abastecer.* Emballer, *enfardelar.* Partir, *partir.* Voyager, *viajar.* Réfléchir, *meditar.* Répondre, *responder.* Honorer,

dînerons; quand vous souperez; quand ils mangeront; quand j'aurai marché; quand tu seras parti; quand il aura planté; quand nous aurons semé; quand vous aurez répondu; quand ils auront navigué.

---

honrar. Calomnier, *calumniar.* Repousser, *rechazar.* Dîner, *comer.* Souper, *cenar.* Marcher, *marchar.* Planter, *plantar.* Semer, *sembrar.* Naviguer, *navegar.*

THÈME VII.

Je suis aimé[1]; ils sont détestés; je me suis repenti[2]; ils se battent; nous serions écoutés; ils seront détruits; elle s'est repentie[3]; je suis tombé; nous sommes partis; elles seront parties; je fus interrogé; que je fusse écouté; que nous eussions été interrogés; elles seront écoutées; qu'elles se fussent repenties; soyons aimés; qu'elles soient améliorées; j'avais été reçu; elles auraient été

VOCABULAIRE. Détester, *aborrecer.* Se repentir, *arrepentirse.* Se battre, *pelear.* Ecouter, *oir.* Détruire, *destruir.*

---

[1] *Voyez* la conjugaison des verbes passifs, p. 133.

[2] *Voyez* la conjugaison des verbes pronominaux, page 134.

[3] *Voyez* la grammaire, page 301, 12°.

blâmées; quand je serai arrivé; quand elles auront travaillé; que nous nous repentions; qu'elles se soient repenties.

Tomber, *caer*. Interroger, *interrogar*. Améliorer, *mejorar*. Recevoir, *recibir*. Blâmer, *vituperar*. Arriver, *llegar*.

THÈME VIII.

Je déjeune; tu te souviens; il s'assied; nous jeûnons; ils commencent; je déjeunais; vous vous souveniez; nous jouâmes; ils commencèrent; j'allais; tu donnas; nous allâmes; ils donnèrent; j'irai; tu donneras; nous déjeunerons; vous commenceriez; ils iraient; que je connaisse; que tu puisses; qu'il tombe; que nous fassions; que vous sachiez; qu'ils montent; que je fisse; que tu pusses; qu'il voulût; que nous missions; que vous tinssiez; qu'ils sussent; quand j'apporterai; quand il saura; quand nous voudrons; quand ils mettront.

VOCABULAIRE. Déjeuner, *almorzar*. Se souvenir, *acordarse*. S'asseoir, *sentarse*. Jouer, *jugar*. Commencer, *empezar*. Aller, *andar*. Donner, *dar*. Connaître, *conocer*. Pouvoir, *poder*. Tomber, *caer*. Faire, *hacer*. Savoir, *saber*. Monter, *ascender*. Vouloir, *querer*. Mettre, *poner*. Tenir, *tener*. Apporter, *traer*.

THÈME IX.

Je consens ; tu dors ; il meurt ; nous allons ; vous demandez ; ils obtiennent ; je consentais ; tu venais ; il allait ; nous dormions ; vous obteniez ; ils demandaient ; je conduisis ; tu dormis ; il convertit ; nous traduisîmes ; vous allâtes ; ils vinrent ; je sortirai ; tu contrediras ; il viendra ; nous consentirons ; vous irez ; ils dormiront ; je bénirais ; tu dédirais ; nous viendrons ; vous iriez ; ils sortiraient ; que je conduise ; que tu choisisses ; qu'il saisisse ; que nous préférions ; que vous expédiez ; qu'ils dorment ; que je traduisisse ; que tu te repentisses ; qu'il mourût ; que nous empêchassions ; que vous convinssiez ; qu'ils bénissent ; quand je congédierai ; quand il dormira ; quand nous mourrons ; quand ils viendront.

VOCABULAIRE. Consentir, *consentir*. Dormir, *dormir*. Mourir, *morir*. Aller, *ir*. Demander, *pedir*. Obtenir, *conseguir*. Venir, *venir*. Conduire, *conducir*. Convertir, *convertir*. Traduire, *traducir*. Sortir, *salir*. Contredire, *contradecir*. Bénir, *bendecir*. Dédire, *desdecir*. Choisir, *elegir*. Saisir, *asir*. Préférer, *preferir*. Expédier, *expedir*. Empêcher, *impedir*. Convenir, *convenir*. Congédier, *despedir*.

THÈME X.

La¹ fraude, la violence, le parjure, les procès,

VOCABULAIRE. Fraude, *fraude*. Violence, *violencia*. Par-

¹ *Voyez* la grammaire, page 262, I.

les guerres ne font jamais² entendre leur voix cruelle dans ce pays chéri des dieux. La plus³ noble conquête que l'homme ait⁴ jamais faite est celle de ce fougueux animal qui partage avec lui les fatigues de la guerre et la gloire des combats. Nous⁵ ne pouvions jeter les yeux sur les deux rivages sans apercevoir des⁶ villes opulentes; des

---

jure, *perjurio*. Procès, *pleito*. Guerre, *guerra*. Faire, *hacer*. Entendre, *oir*. Voix, *voz*. Cruel, *cruel*. Pays, *pais*. Chéri, *querido*. Dieu, *Dios*. Noble, *noble*. Conquête, *conquista*. Celle, *la*. Fougueux, *fogoso*. Animal, *animal*. Partager, *partir*. Fatigue, *fatiga*. Gloire, *gloria*. Combat, *combate*. Jeter les yeux, *echar la vista*. Rivage, *orilla*. Apercevoir, *ver*. Ville,

---

² *Voyez* la grammaire, page 309, **XIV. XVI.**
³ *Voyez* la grammaire, page 41.
⁴ En espagnol, lorsque la phrase ne marque aucun doute, le verbe ne se met point au subjonctif. Ainsi au lieu du prétérit du subjonctif, on emploiera le prétérit de l'indicatif. *Voyez* la grammaire, page 296, 1°.
⁵ *Voyez* la grammaire, page 67.
⁶ Lorsque *de, du, de la, des* sont placés devant le sujet de la phrase, ou devant le régime d'un verbe ou d'une préposition, ils ne se rendent pas en espagnol, parce qu'alors ils indiquent que le substantif suivant est pris dans un sens indéterminé ou partitif. *Voyez* pages 266 et 267.

maisons de campagne agréablement⁷ situées; des terres qui se couvraient tous les ans d'une moisson dorée ; des prairies pleines de troupeaux.

---

ciudad. Opulent, *opulento.* Maison de campagne, *casa de campo.* Agréablement, *agradablemente.* Situé, *situado.* Terre, *tierra.* Couvrir, *cubrir.* Tout, *todo.* An, *año.* Moisson, *cosecha.* Doré, *dorado.* Prairie, *praderia.* Plein, *lleno.* Troupeau, *rebaño.*

---

7 En espagnol, les adverbes se placent ordinairement après les verbes, à quelque temps qu'ils soient.

THÈME XI.

Il viendra à la¹ la² Saint Jean et j'irai³ le⁴ voir à la Saint Louis. Le monsieur⁵ qui viendra vous⁶

VOCABULAIRE. Voir, *ver.* Saint Louis, *San Luis.* Part, *parte.* Ami, *amigo.* Dame, *señora.* Parent, *pariente.* Demoiselle,

---

¹ *Voyez* la grammaire, page 311.

² En français, on met l'article féminin devant les noms de saints désignant certaines époques de l'année, parce qu'on sous-entend le substantif *fête.* En espagnol on met le nom de saint sans article, ou précédé de ces mots : *el dia de,* le jour de.

³ *Voyez* la grammaire, page 295.

⁴ *Voyez* la grammaire, pages 275, II. et 276 IV.

⁵ *Voyez* la grammaire, page 263, II.

⁶ *Voyez* la grammaire, page 277, V.

voir de ma part est mon ami. La dame que vous voyez est ma parente. Je connois une demoiselle qui emploie à[7] l'étude[8] les heures que les autres demoiselles perdent à[9] la toilette. Cette demoiselle ne[10] sort qu'avec son père[11] et sa mère. Monsieur Perez est natif de Madrid; mais son père et sa mère sont Arragonais. Jamais fils n'a[12] eu pour[13] ses père et mère des attentions plus

---

señorita. Employer, emplear. Heure, hora. Perdre, perder. Toilette, tocador. Sortir, salir. Natif, hijo. Mais, pero. Arragonais, aragones. Fils, hijo. Avoir, tener. Attention,

---

[7] La préposition *à* se rendra ici par la préposition *en*.

[8] Au lieu d'employer le substantif *el estudio*, on peut élégamment employer le verbe *estudiar*, sans article.

[9] *A* se rendra par *en*.

[10] *Voyez* la grammaire, page 311, XIX.

[11] Les substantifs *père* et *mère* réunis se rendent en espagnol par le seul mot *padres*, pluriel de *padre*, père.

[12] Il est inutile d'exprimer cette négation, à cause du mot *jamas* ou *nunca* qui précède.

[13] *Pour* signifiant *envers*, se rend par *para con*.

soutenues. Le roi et la reine¹⁴ continuent¹⁵ à se bien porter. Le duc et la duchesse arriveront demain dans la matinée.¹⁶

---

atencion. Soutenu, *puntual.* Arriver, *llegar.* Demain, *mañana.*

---

¹⁴ Lorsque les mots *le roi* et *la reine*, *le duc* et *la duchesse*, etc. sont réunis, ils se rendent en espagnol par un seul mot, qui est le pluriel du substantif masculin. Ainsi l'on dit, *los reyes, los duques,* etc.

¹⁵ *Continuer à se bien porter* se rend par *mantenerse bueno*, et l'adjectif *bueno* se décline.

¹⁶ *Voyez* la grammaire, page 313, 5°.

THÈME XII.

Je reviendrai dans¹ quinze jours. Un de mes² amis me l'a dit. Mon³ frère avez-vous⁴ vu ma

---

VOCABULAIRE. Revenir, *volver.* Lettre, *carta.* Annoncer, *anunciar.* Arrivée, *llegada.* Valoir, *valer.* Ville, *ciudad.* Plaire,

---

¹ *Dans*, marquant un espace de temps, se rendra par *de aqui á.*

² *Voyez* la grammaire, page 282, X.

³ *Voyez* la grammaire, page 281, IX.

⁴ *Voyez* la grammaire, page 277, V.

mère? Mon père que me voulez-vous? Votre frère⁵ est mon ami. Une de ses lettres m'annonce son arrivée. Ceci⁶ est bon ; mais cela ne vaut rien. Cette ville-ci⁷ me plaît⁸ beaucoup. Je n'ai point étudié⁹ ces jours-ci. L'homme dont¹⁰ je parle est très-savant. C'est¹¹ un principe dont je ne m'écarte point. Les moyens dont le gouvernement¹² se servit, furent sans effet. Il

---

gustar. Etudier, *estudiar*. Parler, *hablar*. Savant, *sabio*. Principe, *principio*. S'écarter, *apartarse*. Moyen, *medio*. Se servir, *valerse*. Gouvernement, *gobierno*. Sans effet, *vano*. Voilà,

---

⁵ *Voyez* la grammaire, page 280, VII.

⁶ *Voyez* la grammaire, page 61, 1°.

⁷ Les particules *ci* et *là*, qui se mettent en français à la suite d'un substantif précédé d'un pronom démonstratif, pour indiquer que l'objet exprimé par ce substantif est proche ou éloigné, ne s'expriment pas en espagnol.

⁸ Souvent en espagnol le sujet se met élégamment après le verbe, c'est ce qui arrive dans les phrases semblables à celle-ci ; traduisez comme s'il y avait *me plaît beaucoup cette ville*.

⁹ Ajoutez ici la préposition *en*.

¹⁰ *Voyez* la grammaire, page 282, XI.

¹¹ *Voyez* la grammaire, page 292.

¹² Traduisez comme s'il y avait *se servit le gouvernement*.

n'y a [13] pas de quoi. Voilà sur [14] quoi je me fonde. Quelle [15] sagesse, quelle puissance, quelle beauté nous offre le spectacle de la nature !

---

ved aqui. Se fonder, *fundarse.* Sagesse, *sabiduria.* Puissance, poder. Beauté, *primor.* Offrir, *ofrecer.* Spectacle, *espectáculo.* Nature, *naturaleza.*

---

[13] *Voyez* la grammaire, page 248.

[14] *Sur* se rendra par *en*, parce que le verbe *fundarse* veut cette préposition.

[15] *Voyez* la grammaire, page 233, XII.

THÈME XIII.

Le livre que je veux est celui [1] qui traite de la guerre de Portugal. Ce qui [2] plaît n'est pas toujours ce que nous devons faire. Combien [3] de gens admirent la vertu et ne la pratiquent pas. Lequel [4] voulez-vous de ces deux livres ? Je pren-

---

VOCABULAIRE. Livre, *libro.* Traiter, *tratar.* Guerre, *guerra.* Portugal, *Portugal.* Plaire, *gustar.* Devoir, *deber.* Admirer, *admirar.* Vertu, *virtud.* Pratiquer, *practicar.* Dessein, *in-*

---

[1] *Voyez* la grammaire, page 60.

[2] *Voyez* la grammaire, page 60.

[3] *Voyez* la grammaire, page 304, II.

[4] *Voyez* la grammaire, page 63.

drai l'un[5] et l'autre. Il avait un[6] autre dessein que[7] celui qu'il annonçait. Tout autre que vous l'aurait dit. Lisez[8] Virgile et Homère ; ce[9] sont les deux plus grands poëtes de l'antiquité. Est-ce que[10] vous le connaissez? N'est-ce pas[11] que je vous[12] l'ai dit? Qu'est-ce que[13] c'est[14]? Qu'est-ce que c'est que[15] tout cela? Qu'est-ce que Dieu?

---

tento. Annoncer, *manifestar.* Tout, *cualquier.* Lire, *leer.* Virgile, *Virgilio.* Homère, *Homero.* Poëte, *poeta.* Antiquité, *antigüedad.* Connaître, *conocer.*

---

[5] *Voyez* la grammaire, page 64.

[6] *Voyez* la grammaire, page 266, remarque.

[7] *Que* se rendra ici par la préposition *de.*

[8] *Voyez* la grammaire, page 294.

[9] *Voyez* la grammaire, page 292.

[10] *Est-ce que* se rend par *que*, ou par *acaso.*

[11] *N'est-ce pas que* se rend par *no es verdad que.*

[12] *Voyez* la grammaire, page 277, V.

[13] *Qu'est-ce que* se rend par *que*, lorsqu'il s'agit d'une chose; et par *quien*, quand il s'agit d'une personne.

[14] *C'est*, après *qu'est-ce que*, se rend par *es* ou *es eso*, ou bien par *hay*, quand il n'y a rien qui le suive.

[15] *Que*, après *qu'est ce que c'est*, ne s'exprime pas.

THÈME XIV.

Fût-il roi¹, il ne serait pas content. Dussé-je mourir accablé de misère, je ne commettrais pas une iniquité pareille. A peine l'homme naît-il², qu'³il commence à sentir la peine et la dou-

---

VOCABULAIRE. Roi, *rey*. Content, *contento*. Mourir, *morir*. Accablé de misère, *lleno de miserias*. Commettre, *hacer*. Iniquité, *iniquidad*. Pareil, *semejante*. A peine, *apénas*. Naître,

---

¹ En français, on emploie souvent la forme interrogative au lieu d'employer le conditionnel précédé de la conjonction. Il faut dans ce cas employer, en espagnol, la conjonction *aunque* avec le conditionnel terminé en *ra*.

² En français, lorsque la phrase commence par l'un de ces adverbes *au moins, à peine, en vain, peut-être*, etc. on emploie la forme interrogative, quoique la phrase ne contienne pas d'interrogation. En espagnol, on suit la même tournure, et de même que dans les interrogations, le pronom personnel qui suit le verbe français, ne s'exprime pas; on le remplace par le sujet de la phrase, qui en français précède le verbe.

³ *Que* se rend ici par *cuando*.

leur. Peut-être⁴ viendra-t-il. Ce⁵ furent les Espagnols qui⁶ conquirent le Mexique. Ne sont-ce pas les richesses qui font aujourd'hui le mérite? Ce n'est pas une étude facile que⁷ de connaître la façon de penser des hommes. Qui fera des choses contraires à son intérêt? Ce⁸ n'est pas moi, ce n'est pas vous, ce n'est pas lui. N'est-ce pas aujourd'hui mercredi? Quel jour est-ce aujourd'hui? C'est lundi, c'est fête.

---

nacer. Commencer, *empezar.* Peine, *pena.* Douleur, *dolor.* Conquérir, *conquistar.* Mexique, *Méjico.* Richesses, *riquezas.* Aujourd'hui, *en el dia, hoy.* Mérite, *mérito.* Etude, *estudio.* Facile, *fácil.* Connaître, *conocer.* Façon, *modo.* Penser, *pensar.* Chose, *cosa.* Contraire, *contrario.* Intérêt, *interes.* Fête, *fiesta.*

---

⁴ Après *puede ser*, on met *que* avec le subjonctif.

⁵ *Voyez* la grammaire, page 292.

⁶ Dans ces expressions, *qui* se rend par *el que*, qui s'accorde en genre et en nombre avec le substantif qui précède.

⁷ Dans cette phrase, *que de* ne s'exprime pas, et le verbe suivant se met à l'infinitif précédé de l'article.

⁸ *Voyez* la grammaire, page 292.

THÈME XV.

J'aime¹ la musique, j'aime dormir. Tu² ne veux pas le faire ; eh bien ! moi³ je le ferai. Vous et moi nous⁴ irons nous promener. Quelle comparaison y a-t-il⁵ de cette promenade au Prado ? Je parie⁶ que je vais à Aranjuez en quatre heures.

VOCABULAIRE. Musique, *música*. Eh bien, *pues*. Se promener, *pasear*. Promenade, *paseo*. Prado, *Prado*. Aranjuez, *Aranjuez*. Parler, *hablar*. Chanter, *cantar*. Chargé, *cargado*.

---

¹ Le verbe *aimer*, dans ce sens, se rend par *ser amigo de*.

² Lorsqu'il y a dans la phrase une opposition, on ne supprime pas en espagnol les pronoms sujets des verbes.

³ Le sujet se placera ici après le verbe.

⁴ Le pronom qui précède le verbe ne se rend pas, en espagnol, dans cette phrase et celles semblables.

⁵ *Quelle comparaison y a-t-il* se rend par *que tiene que ver*; la préposition *de* qui suit ne s'exprime pas ; et la préposition *à*, qui est devant le dernier substantif, se rend par *con*.

⁶ Dans ces expressions, le verbe *parier* ne s'exprime pas ; on le remplace par la préposition *á*.

Je parie que non. C'est à moi[7] à parler, c'est à vous à chanter. Combien[8] d'enfans[9] avez-vous ? J'en[10] ai quatre ? Voulez-vous ce livre-là ? Non, j'en veux un autre. Me voici[11] prêt à[12] partir. Voici ce que j'avais à[13] vous dire. Je suis chargé de tant[14] d'affaires, que je ne sais où j'en suis.[15] Où[16] en êtes-vous ? J'en suis à la moitié. On[17] le

---

Affaire, *negocio*. Savoir, *saber*. Riche, *rico*. S'en falloir, *faltar*. Moitié, *mitad*. Entreprise, *empresa*. Réussir, *salir bien*.

---

[7] Ces expressions *c'est à moi à, c'est à toi à,* etc. se rendent par le verbe *tocar* employé impersonnellement, qu'on fait précéder des pronoms personnels *me, te, le,* etc.

[8] *Voyez* la grammaire, page 304, II.

[9] *Enfant*, lorsqu'il est en rapport avec père ou mère, se rend par *hijo, hija,* et non par *niño, a.*

[10] *Voyez* la grammaire, page 284.

[11] *Voici* précédé des pronoms *me, te, le, nous, vous, les,* se rend par *aquí estoy, aquí estás, aquí está,* etc. autrement il se rend par *ved aquí.*

[12] *Voyez* la grammaire, page 291.

[13] *A* se rendra ici par *que.*

[14] *Voyez* la grammaire, page 304, II.

[15] *En être* dans cette phrase, se rend par *estarse,* et dans la suivante par *estar* seulement.

[16] Où, *en que.*

[17] *Voyez* la grammaire, page 286, XVI.

dit aussi[18] riche que vous; mais je crois qu'il s'en faut plus de la moitié. Si l'entreprise ne réussit pas, je m'en prendrai à vous. Aidez-moi, car je n'en puis plus. A-t-il fini? Peu s'en faut.

S'en prendre, *echar la culpa.* Aider, *ayudar.* Car, *que.* N'en pouvoir plus, *no poder mas.* Finir, *acabar.*

---

[18] *Voyez* la grammaire, page 269, IV.

THÈME XVI.

L'ouragan est un vent furieux, le plus souvent accompagné de pluie, d'éclairs, de tonnerre, quelquefois de tremblemens de terre, et toujours des circonstances les[1] plus terribles, les plus destructives que les vents puissent rassembler.

VOCABULAIRE. Ouragan, *huracan.* Vent, *viento.* Furieux, *furioso.* Le plus souvent, *ordinariamente.* Accompagner, *acompañar.* Pluie, *lluvia.* Eclair, *relámpago.* Tonnerre, *trueno.* Tremblement de terre, *terremoto.* Rassembler, *juntar.* Tout à coup, *de repente.* Succéder, *suceder.* Parure, *adorno.* Prin-

---

[1] *Voyez* la grammaire, page 270, V. On pourrait aussi dire *de circunstancias las mas terribles y destructivas;* mais d'une façon comme de l'autre l'article ne se met qu'une fois, et l'adverbe *mas* ne se répète pas.

Tout à coup, au jour vif² et brillant de la zone torride, succède une nuit universelle et profonde; à la parure d'un printemps éternel, la nudité des plus tristes hivers. Des³ arbres aussi⁴ anciens que le monde sont déracinés, ou leurs débris dispersés; les plus solides édifices n'⁵offrent en un moment que des décombres. Où l'œil se plaisait à⁶ regarder des coteaux riches et verdoyans, on⁷ ne voit plus que des⁸ plantations

---

temps, *primavera*. Eternel, *eterno*. Nudité, *desnudez*. Hiver. *invierno*. Déraciner, *desarraigar*. Débris, *resto*. Disperser, *esparcir*. Offrir, *presentar*. Décombres, *escombros*. Se plaire, *divertirse*. Regarder, *mirar*. Coteau, *ribazo*. Verdoyant,

---

² On peut souvent, en espagnol, mettre les adjectifs devant les substantifs; c'est l'harmonie de la phrase qui doit servir de guide.

³ *Voyez* la grammaire, page 266, V.

⁴ *Voyez* la grammaire, page 269, IV.

⁵ *Voyez* la grammaire, page 311, XIX.

⁶ La préposition *à* se rend ici par *en*, et le verbe suivant se met au participe ou au présent de l'infinitif.

⁷ En français, le pronom indéterminé *on* se met avant la négation; en espagnol, c'est la négation qui doit précéder.

⁸ *Voyez* la grammaire, page 266, V.

bouleversées et des cavernes hideuses : des[9] malheureux, dépouillés de tout, pleurent sur des cadavres, ou cherchent leurs parens sous des ruines. Le bruit des eaux, des bois, de la foudre et des vents, qui tombent et se brisent contre les rochers ébranlés et fracassés ; les cris et les[10] hurlemens des hommes et des[11] animaux, pêle-mêle emportés dans un tourbillon de sable, de pierres et de débris ; tout semble[12] annoncer les dernières convulsions et l'agonie de la nature.

RAYNAL.

---

verde. Bouleversé, *trastornado*. Hideux, *horrible*. Malheureux, *infeliz*. Dépouillé, *despojado*. Pleurer, *llorar*. Cadavre, *cadáver*. Chercher, *buscar*. Parent, *pariente*. Bruit, *ruido*, Bois, *selva*. Foudre, *rayo*. Briser, *destrozar*. Rocher, *roca*. Ebranlé, *movido*. Fracassé, *fracasado*. Cri, *grido*. Hurlement, *ahullido*. Pêle-mêle, *confusamente*. Emporté, *arrebatado*. Tourbillon, *turbillon*. Sable, *arena*. Pierre, *piedra*. Annoncer, *anunciar*. Dernier, *último*. Nature, *naturaleza*.

---

9 *Voyez* la grammaire, page 266, V.

10 et 11 Ces articles étant exprimés devant les substantifs précédens peuvent se supprimer.

12 En espagnol le verbe *parecer*, sembler, paraître, prend après lui la conjonction *que*, et le verbe suivant, qui est à l'infinitif en français, se met à l'indicatif. On pourrait aussi néanmoins suivre la tournure française.

THÈME XVII.

Que le monde¹ est grand, qu'il est magnifique ! Que² le gouvernement des états et des empires offre à nos yeux de sagesse, d'ordre et de magnificence, quand nous y voyons une Providence qui dispose de tout, depuis une extrémité jusqu'à l'autre, avec³ poids, avec nombre, avec mesure ; qui voit les événemens les plus éloignés dans leurs causes ; qui renferme dans sa volonté les causes de tous les événemens ; qui donne au

---

VOCABULAIRE. Gouvernement, *gobierno*. Sagesse, *sabiduria*. Poids, *peso*. Nombre, *número*. Mesure, *medida*. Evénement, *acontecimiento*. Eloigné, *remoto*. Cause, *causa*. Prince, *principe*. Souverain, *soberano*. Dessein, *designio*. Miséricorde,

---

¹ Dans les phrases de cette espèce, on met ordinairement, en espagnol, l'adjectif le premier, le verbe ensuite, et puis le substantif. *Voyez* la grammaire, page 305, V.

² Il faut traduire cette phrase comme s'il y avait : *combien de sagesse, d'ordre et de magnificence offre à nos yeux le gouvernement*. *Voyez* la grammaire, page 304, II.

³ On peut se contenter d'exprimer la préposition devant le premier substantif, et la supprimer devant les autres.

monde des princes et des souverains, selon ses desseins de justice ou de miséricorde sur [4] les peuples ; qui donne la paix ou permet les guerres, selon les vues de sa sagesse ; qui donne aux rois des ministres sages ou corrompus ; qui dispense les bons ou les mauvais succès, selon qu'ils deviennent plus utiles à la consommation de son ouvrage ; qui règle le cours des passions humaines ; et qui, par des ménagemens inexplicables, fait servir à ses desseins la malice même des hommes ! Que [5] le monde considéré dans ce point de vue, et avec l'ouvrier souverain qui le conduit, est plein d'ordre, d'harmonie et de magnificence ! MASSILLON.

---

misericordia. Peuple, *pueblo*. Paix, *paz*. Permettre, *permitir*. Guerre, *guerra*. Vue, *mira*. Ministre, *ministro*. Sage, *virtuoso*. Corrompu, *corrompido*. Succès, *suceso*. Devenir, *venir á ser*. Consommation, *consumacion*. Ouvrage, *obra*. Régler, *arreglar*. Cours, *curso*. Ménagement, *manejo*. Sous, *bajo*. Point de vue, *punto de vista*. Ouvrier, *artifice*. Conduire, *regir*.

---

[4] Traduisez comme s'il y avait envers, *para con*.

[5] Il faut faire dans cette phrase la même inversion que nous avons fait remarquer plus haut, et traduire comme s'il y avait : *combien plein d'ordre*, etc. *est le monde*. *Voyez* la grammaire, page 305, V.

THÈME XVIII.

Les attentats du fanatisme ne sont pas du nombre de ceux qu'il faut déférer à la rigueur des lois ; car les lois ne sont plus quand le fanatisme domine. Tous les autres[1] crimes ont à redouter, ou le châtiment, ou l'opprobre ; les siens portent un caractère qui en impose à l'autorité, à la force, à l'opinion : un saint respect les garantit trop souvent de la peine, et toujours de la honte ; leur atrocité même inspire une religieuse terreur ; et si quelquefois ils sont punis, ils n'en sont que[2] plus révérés. Le fanatisme se regarde comme l'ange exterminateur, chargé des vengeances du ciel ; il ne reconnaît ni frein,

---

VOCABULAIRE. Déférer, *denunciar*. Car, *pues que*. Plus, *nada*. Crime, *crimen*. Redouter, *temer*. Châtiment, *castigo*. Opprobre, *oprobio*. Porter, *llevar consigo*. En imposer, *imponer*. Force, *fuerza*. Respect, *respeto*. Garantir, *poner á cubierto*. Trop souvent, *las mas veces*. Honte, *vergüenza*. Quelquefois, *alguna vez*. Punir, *castigar*. Révérer, *reveren-*

---

[1] L'adjectif *autre* peut se rendre ici par *demas*, qui est indéclinable.—La préposition *á*, qui suit le verbe *avoir*, se rend par *que*, et le verbe qui l'accompagne se met à l'infinitif, comme en français.

[2] *Voyez* la grammaire, page 311, XIX.

ni loi, ni juge sur la terre. Au trône, il oppose l'autel: aux rois, il[3] parle au nom de Dieu; aux cris de la nature et de l'humanité, il répond par des[4] anathêmes: alors tout se tait devant lui; l'horreur qu'il inspire est muette. Tyran des âmes et des esprits, il y[5] étouffe le sentiment et la lumière naturelle; il en[6] chasse la honte, la pitié, les remords: plus[7] d'opprobre, plus de supplice capable de l'intimider; tout est pour lui gloire et triomphe. Que[8] lui opposer même

---

ciar. Regarder, *mirar.* Ange, *ángel.* Chargé, *encargado.* Vengeance, *venganza.* Frein, *freno.* Juge, *juez.* Trône, *trono,* Autel, *altar.* Parler, *hablar.* Au nom, *en nombre.* Par, *con.* Se taire, *callar.* Muet, *mudo.* Ame, *alma.* Esprit, *espiritu.*

---

[3] Il est élégant d'ajouter ici le pronom personnel, et de traduire comme s'il y avait *aux rois il leur parle.*

[4] *Voyez* la grammaire, page 266, V.

[5] Traduisez comme s'il y avait *en eux. Voyez* la grammaire, page 283, XIII.

[6] Traduisez comme s'il y avait *d'eux. Voyez* la grammaire, page 283, XIII.

[7] Traduisez comme s'il y avait *il n'y a opprobre,* etc. *Voyez* la grammaire, page 248.

[8] Traduisez comme s'il y avait *qu'y a-t-il qu'on puisse lui opposer,* qué hay que se le pueda oponer, qué cosa puede oponérsele.

du haut du trône qu'il regarde du haut des cieux ? Peuples et rois, tout se confond devant celui qui ne distingue parmi les hommes que [9] ses [10] esclaves et ses victimes : c'est surtout aux rois qu'[11]il s'adresse, soit pour en [12] faire ses ministres, soit pour en [13] faire des exemples plus éclatans de ses fureurs ; car ils ne sont sacrés pour lui qu'autant qu'[14]il est sacré pour eux : aussi les a-t-on [15] vus quelquefois le [16] servir en le

---

Etouffer, *ahogar*. Lumière, *luz*. Chasser, *arrojar*. Remords, *remordimiento*. Supplice, *suplicio*. Triomphe, *triunfo*. Même, *aun*. Du haut, *desde lo alto*. Confondre, *confundir*. Distinguer, *distinguir*. Surtout, *particularmente*. S'adresser, *diri-*

---

[9] *Voyez* la grammaire, page 311, XIX.

[10] Faites précéder *sus esclavos* de la préposition *á*. *Voyez* la grammaire, page 294.

[11] *Que* tenant la place de *à qui*, se rendra par *á quienes*.

[12] *En* de ellos. *Voy.* la grammaire, p. 283, XIII.

[13] *En*, tenant ici la place de *avec eux*, se rendra par *con ellos*.

[14] *Qu'autant que* se rendra par *sino en cuanto que*.

[15] Il y a une inversion dans la phrase française ; traduisez comme s'il y avait *on les a*.

[16] *Voyez* la grammaire, pages 275 et 276.

détestant, et de peur d'attirer sa rage sur eux-[17] mêmes, lui laisser dévorer sa proie, et lui livrer des [18] millions d'hommes pour l'assouvir et l'apaiser.

MARMONTEL.

---

girse. Soit, *ya sea*. Exemples, *ejemplares*. Eclatant, *estrepitoso*. De peur, *por miedo*. Rage, *rabia*. Laisser, *dejar*. Proie, *presa*. Livrer, *abandonar*. Assouvir, *saciar*. Apaiser, *aplacar*.

---

[17] Le pronom *eux* se rapportant au sujet de la phrase, se rendra par *si*, et non par *ellos*.

[18] *Voyez* la grammaire, page 266, V.

THÈME XIX.

Pour[1] le faste et la mollesse, on n'a jamais besoin de les réprimer; car[3] ils sont inconnus en Crète. Tout le monde y[4] travaille, et personne

---

[1] *Pour*, traduisez comme s'il y avait: *pour ce qui touche à*, por lo que respecta á.

[2] *Voyez* page 399, note 7.

[3] *Car*, pues que.

[4] L'adverbe de lieu, qui se place en français avant le verbe, se place après lui en espagnol. Il est bon d'observer aussi qu'il n'est pas nécessaire de répéter en espagnol l'adverbe de lieu autant de fois qu'on le répète en français; lorsqu'on l'a exprimé une fois, on le supprime ensuite.

ne [5] songe à s'y enrichir ; chacun se croit assez payé de son travail par une vie douce et réglée, où [6] l'[7]on jouit avec paix et avec abondance de tout ce qui est nécessaire à [8] la vie. On n'y souffre ni meubles précieux, ni habits magnifiques, ni festins délicieux, ni palais dorés. Les habits sont de laine fine et de belles couleurs, mais tout [9] unis et sans broderies. Les repas y sont sobres ; on y [10] boit peu de [11] vin : le bon vin en [12] fait la principale partie, avec les fruits que les arbres offrent comme d'eux-[13]mêmes, et le lait des trou-

---

[5] Cette négation ne se rendra pas à cause du mot *nadie* qui précède.—La préposition qui suit le verbe *songer* se rendra par *en*.

[6] *Où* tenant ici la place de la préposition *dans* et du pronom relatif, se rendra par *en la que*.

[7] *L'on* s'exprime comme *on*.

[8] *A* se rendra ici par *para*, à cause de l'adjectif *necesario*.

[9] *Voyez* la grammaire, page 289.

[10] *Voyez* la note 4, qui precède.

[11] *Voyez* la grammaire, page 304.

[12] *En* équivalant à un pronom personnel précédé de la préposition *de*, se rendra par les deux mots dont il tient la place, et se mettra dans la phrase espagnole à la place que ces deux mots occuperaient dans la phrase française.

[13] *Voyez* page 406, note 7.

peaux. Tout au plus [14] on y mange un peu de grosse viande sans ragoût ; encore même a-t-on [15] soin de réserver ce qu'il y a de meilleur dans les grands troupeaux de bœufs, pour faire fleurir l'agriculture. Les maisons y sont propres, commodes, riantes ; mais sans ornemens. La superbe architecture n'y est pas ignorée, mais elle est réservée pour les temples des dieux, et les hommes n'oseraient avoir des [16] maisons semblables à celles des immortels. Les grands biens des Crétois sont la santé, la force, le courage, la paix et l'union des familles, la liberté de tous les citoyens, l'abondance des choses nécessaires, le mépris des superflues, l'habitude du travail et l'horreur de l'oisiveté, l'émulation pour la vertu, la soumission aux lois, et la crainte des justes dieux.
FÉNÉLON.

[14] *Tout au plus,* cuando mas. — *Y* se rendra ici par la préposition *en*, et par le pronom de la troisième personne dont il tient la place. — *Grosse viande,* carne de vaca. — *Encore même,* aun todavía.

[15] Cette transposition du pronom n'a jamais lieu en espagnol, dans les phrases qui ne sont pas interrogatives ; traduisez comme s'il y avait *on a*.

[16] *Voyez* la grammaire, page 266, V.

THÈME XX.

Turenne meurt, tout se confond, la fortune chancelle, la paix s'éloigne, les bonnes intentions des alliés se ralentissent, le courage des troupes est abattu par la douleur et ranimé par la vengeance ; tout le camp demeure immobile ; les blessés pensent à[1] la perte qu'ils ont faite[2], et non aux blessures qu'ils ont reçues. Les pères mourans envoient leurs fils[3] pleurer sur leur général mort. L'armée en deuil est[4] occupée à[5] lui rendre les devoirs funèbres, et la renommée, qui se plaît à[6] répandre dans[7] l'univers les accidens extraordinaires, va[8] remplir toute l'Europe du récit glorieux de la vie de ce prince, et du triste regret de sa mort.

Que de soupirs alors, que de plaintes, que de louanges retentissent dans les villes, dans la campagne ! L'un voyant croître ses moissons, bénit la mémoire de celui à qui il doit l'espérance de

---

[1] Le verbe *pensar* veut après lui la préposition *en*.

[2] *Voyez* la grammaire, page 301, 12°.

[3] Il faut ajouter ici la préposition *á*, à cause du verbe de mouvement qui précède. *Voyez* la grammaire, page 295.

[4] *Voyez* la grammaire, page 290.

[5] Le verbe *ocupar* veut après lui la préposition *en*.

[6] Le verbe *complacer* veut après lui la préposition *en*.

[7] *Dans* se rendra ici par *por*.

[8] *Voyez* la note 3, qui précède.

sa récolte. L'autre, qui jouit en repos de l'héritage qu'il a reçu de ses pères, souhaite une éternelle paix à celui qui l'a sauvé des désordres et des cruautés de la guerre. Ici l'on offre le sacrifice adorable de Jésus-Christ pour l'âme de celui qui a sacrifié sa vie et son sang pour le bien public. Là on dresse une pompe funèbre, où l'on s'attendait[9] de lui dresser un triomphe ; chacun choisit l'endroit qui lui paraît le plus éclatant dans une si belle vie ; tous entreprennent son éloge, et chacun s'[10]interrompant lui-[11]même par ses soupirs et par ses larmes, admire le [12] passé ; regrette le présent, et tremble pour l'avenir. Ainsi tout le royaume pleure la mort de son défenseur, et la perte d'un homme seul est une calamité publique.

Fléchier.

---

[9] Le verbe *esperar*, s'attendre, ne veut pas de préposition après lui. *Voyez*, pour la place du pronom qui suit, la grammaire, page 275.

[10] *Voyez* la grammaire, page 275.

[11] *Lui* se rapportant au sujet de la phrase ne se rendra pas par *él* ; mais par *sí* précédé de la préposition *á*. *Voyez* la grammaire, page 294.

[12] *Voyez* la grammaire, page 265, IV.

TRAITÉ DE VERSIFICATION.

La versification espagnole est l'art de faire des vers espagnols suivant certaines règles.

Ces règles regardent 1°. la structure des vers ; 2°. le mélange des vers entre eux.

ARTICLE Ier.

De la structure des vers.

§. Ier.

Des différentes espèces de vers.

Les vers espagnols se mesurent par le nombre des syllabes. La variété dans le nombre des syllabes produit différentes espèces de vers.

1°. Le vers de *onze* syllabes ou *endecasílabo*, hendécasyllabe.

Salga mi trabajada voz y rompa
El son confuso y mísero lamento

Con eficacia y fuerza, que interrompa
El celeste y terrestre movimiento:
La fama con sonora y clara trompa,
Dando mas furia á mi cansado aliento,
Derrame en todo el orbe de la tierra
Las armas, el furor y nueva guerra.

Alonso de Ercilla.

2°. Le vers de *dix* syllabes ou *decasílabo*, décasyllabe.

Los que andais empollando obras de otros
Sacad pues á volar vuestra cria.
Ya dirá cada autor : esta es mia ;
Y verémos qué os queda á vosotros.

T. de Iriarte.

3°. Le vers de *neuf* syllabes.

Si querer entender de todo
Es ridícula presuncion,
Servir solo para una cosa
Suele ser falta no menor.

T. de Iriarte.

5°. Le vers de *huit* syllabes ou de *redondilla mayor* (de grand rondelet).

Al infierno el Tracio Orfeo
Su muger bajó á buscar,
Que no pudo á peor lugar
Llevarle tan mal deseo,

Cantó, y al mayor tormento
Puso suspension y espanto,
Mas que lo dulce del canto,
La novedad del intento.

El Dios adusto ofendido,
Con un estraño rigor,
La pena que halló mayor
Fué volverle á ser marido.

Y aunque su muger le dió
Por pena de su pecado;
Por premio de lo cantado,
Perderla facilitó.

F. DE QUEVEDO.

5°. Le vers de *sept* syllabes.

¿ Quien es aquel que baja
Por aquella colina,
La botella en la mano,
En el rostro la risa;
De pámpanos y yedra
La cabeza ceñida;
Cercado de zagales,
Rodeado de ninfas,
Que al son de los panderos
Dan voces de alegría,
Celebran sus hazañas,
Aplauden su venida ?
Sin duda será Baco,
El padre de las viñas;

Pues no, que es el poeta,
Autor de esta letrilla.

J. DE CADALSO.

6°. Le vers de *six* syllabes ou *de redondilla menor* (de petit rondelet).

De amores me muero,
Mi madre acudid,
Si no llegais pronto
Veréisme morir.
Catorce años tengo,
Ayer los cumpli,
Que fué el primer dia
Del florido abril,
Y chicos y chicas
Me suelen decir:
¿Porqué no te casan,
Mariquilla? di.
De amores me muero, etc.

J. DE CADALSO.

7°. Le vers de *cinq* syllabes.

Poderoso caballero
Es don dinero.
Nunca vi damas ingratas
A su gusto y aficion,
Que á las caras de un doblon,
Hacen sus caras baratas;
Y pues las hace bravatas
Desde una bolsa de cuero,

Poderoso caballero
Es don dinero.

F. DE QUEVEDO.

8°. Le vers de *quatre* syllabes.

¿ Quien los jueces con pasion,
Sin ser ungüento, hace humanos,
Pues untándoles las manos
Los ablanda el corazon ;
Quien gasta su opilacion ;
Con oro y no con acero ?
El dinero.
Quien procura que se aleje
Del suelo la gloria vana ;
Quien siendo toda cristiana
Tiene la cara de herege ;
Quien hace que al hombre aqueje
El desprecio y la tristeza ?
La pobreza.

F. DE QUEVEDO.

9°. Le vers de *trois* syllabes.

Dineros son calidad,
Verdad :
Mas ama, quien mas suspira.
Mentira .

L. DE GÓNGORA.

10°. Le vers de *deux* syllabes.

Ingrata, hermosa Antandra,
En cuyas centellas

Bellas,
El alma es salamandra,
Que respira encendida,
Dulce ardor, blando incendio, ardiente vida.

11°. **Le vers de** *quatorze* **syllabes, qui n'est autre chose que la réunion de deux vers de sept syllabes.**

Yo leí, no sé donde, que en la lengua herbolaria,
Saludando á un tomillo la yerba parietaria,
Con socarronería le dijo de esta suerte:
Dios te guarde, Tomillo: lastima me da verte;
Que aunque mas oloroso que todas estas plantas,
Apénas medio palmo del suelo te levantas.

T. de Iriarte.

12°. **Le vers de** *treize* **et de** *douze* **syllabes,** *á la francesa* (à la française).

En cierta catedral una campana habia
Que solo se tocaba algun solemne dia.
Con el mas recio son, con pausado compas
Cuatro golpes ó tres solia dar no mas.
Por esto, y ser mayor de la ordinaria marca,
Celebrada fué siempre en toda la comarca.

T. de Iriarte.

13°. **Le vers de** *douze* **syllabes, ou de** *arte mayor* **(de grand art), qui n'est que la réunion de deux vers de six syllabes.**

¿ No hemos de reirnos siempre que chochea
Con ancianas frases un novel autor?

Lo que es afectado juzga que es primor;
Habla puro á costa de la claridad,
Y no halla voz baja para nuestra edad,
Si fué noble en tiempo del Cid campeador.

T. DE IRIARTE.

Les vers de *quatorze*, de *dix* et de *neuf* syllabes, ne sont pas d'un fréquent usage. Ceux *á la francesa* et de *arte mayor*, qui s'employaient beaucoup dans les premiers temps de la poésie espagnole, ne s'emploient plus guère aujourd'hui.

Les vers de *huit*, de *six*, de *cinq*, de *quatre*, de *trois*, et de *deux* syllabes sont connus sous la dénomination générale de *versos de redondilla* (vers de rondelet), et les vers de *onze* et de *sept* syllabes sous celle de *versos italianos* (vers italiens).

Les Espagnols appellent *versos enteros* (vers entiers) les vers de *onze*, de *huit* et de *six* syllabes, et *versos de pie quebrado* (vers de mesure rompue), ou simplement *versos quebrados* (vers rompus), les vers de *sept*, de *cinq*, de *quatre*, de *trois* et de *deux* syllabes.

§. II.
De l'Accent.

Dans chaque mot espagnol il y a une syllabe longue, c'est-à-dire sur laquelle on appuie plus que sur les autres. On dit que cette syllabe porte l'accent, et quoique cet accent ne soit pas toujours marqué, il n'en est pas moins toujours sensible. Le mot *accent* est donc synonyme de *longue*.

On nomme *aguda* (aiguë) la syllabe qui porte l'accent.

Toutes les syllabes qui précèdent ou qui suivent la syllabe longue sont brèves.

Les monosyllabes sont naturellement longs, mais ils sont brefs quand ils sont mis à la suite d'un autre mot, ou qu'ils précèdent un mot avec lequel ils ont un rapport immédiat.

L'accent tombe en général sur l'antépénultième, la pénultième ou la dernière syllabe des mots, mais le plus ordinairement sur la pénultième.

Les mots qui ont l'accent sur l'antépénultième syllabe se nomment *esdrújulos* (glissans) et ceux qui l'ont sur la dernière syllabe *agudos* (aigus).

Les Espagnols appellent *versos llanos* (vers égaux) les vers terminés par un mot qui a l'accent sur la pénultième syllabe; *versos esdrújulos* (vers glissans) les vers terminés par un mot *esdrújulo*, et *versos agudos* (vers aigus) les vers terminés par un mot *agudo*.

Dans les vers *llanos* le nombre des syllabes est

DE VERSIFICATION.

égal à celui déterminé par l'epèce à laquelle ils appartiennent; ainsi un vers *llano* de onze syllabes a onze syllabes, un vers *llano* de huit syllabes a huit syllabes, etc. etc.

$$\overset{1\ \ 2\ \ 3\ \ 4\ \ 5\ \ 6\ \ 7\ \ 8\ \ 9\ \ 10\ \ 11}{\text{Sal|ga|mi|tra|ba|ja|da|voz|y|róm|pa...}}$$

$$\overset{1\ \ 2\ \ 3\ \ 4\ \ 5\ \ 6\ \ 7\ \ 8}{\text{La|no|ve|dad|del|in|tén|to...}}$$

$$\overset{1\ \ 2\ \ 3\ \ 4\ \ 5\ \ 6\ \ 7}{\text{El|pa|dre|de|las|vi|ñas...}}$$

Les vers *esdrújulos* ont une syllabe de plus que ne l'indique l'espèce à laquelle ils appartiennent; ainsi un vers *esdrújulo* de onze syllabes en a douze, un vers *esdrújulo* de huit syllabes en a neuf, etc. etc.

$$\overset{1\ \ 2\ \ 3\ \ 4\ \ 5\ \ 6\ \ 7\ \ 8\ \ 9\ \ 10\ \ 11\ \ 12}{\text{Un|ga|to|pe|dan|ti|si|mo|re|tó|ri|co....}}$$

$$\overset{1\ \ 2\ \ 3\ \ 4\ \ 5\ \ 6\ \ 7\ \ 8\ \ 9}{\text{A|to|dos|los|a|ca|dé|mi|cos....}}$$

Les vers *agudos* ont une syllabe de moins que ne l'indique l'espèce à laquelle ils appartiennent; ainsi un vers *agudo* de onze syllabes n'en a que dix, et un vers *agudo* de huit syllabes n'en a que sept, etc. etc.

$$\overset{1\ \ 2\ \ 3\ \ 4\ \ 5\ \ 6\ \ 7}{\text{Con|un|es|tra|ño|ri|gór....}}$$

$$\overset{1\ \ 2\ \ 3\ \ 4\ \ 5}{\text{Ve|réis|me|mo|rír....}}$$

Les vers qui sont formés de la réunion de deux vers plus petits peuvent avoir plus ou moins de syllabes, selon que ces vers sont ou *llanos* ou *agudos*; ainsi un vers de *arte mayor*, qui est formé de la réunion de deux vers de six syllabes, aura douze syllabes si ces deux vers sont *llanos*; il n'en aura que onze si l'un est *agudo* et l'autre *llano*, et il n'en aura que dix s'ils sont tous les deux *agudos*.

   1 2 3 4 5 6   7 8   9 10 11 12
Di|cho|sos|vos|ó|tros — á|quien|los|cui|dá|dos

   1 2 3 4 5 6   7 8 9 10 11 12
Del|mun|do|no|túr|ban — el|dul|ce|re|pó|so....

   1 2 3 4 5 6   7 8 9 10 11
El|ros|tro|cu|biér|to — con|tris|te|pe|sár

   1 2 3 4 5 6   7 8 9 10 11
De|no|ta|la|pé|na — del|gra|ve|do|lór....

   1 2 3 4 5   6 7 8 9 10
No|quie|ro|vi|vír — vi|da|con|do|lór....

Les vers *llanos* sont ceux dont l'usage est général dans la poésie espagnole. Les vers *agudos* ne s'emploient que mêlés avec les vers *llanos*, et dans les poésies légères seulement ; car on les évite dans la poésie élevée. Les vers *esdrújulos* s'emploient rarement seuls ; on les rencontre plus souvent mêlés avec des vers *llanos*, encore ce mélange n'est-il pas commun.

Les vers espagnols, de quelque espèce qu'ils soient, étant presque toujours *llanos*, on peut dire qu'ils veulent un accent sur la pénultième syllabe.

DE VERSIFICATION.

Indépendamment de cet accent final, les vers hendécasyllabes, ou de onze syllabes, veulent encore un accent sur leur quatrième ou sur leur sixième syllabe.

Quant au nombre des accens qui peuvent encore entrer dans les vers hendécasyllabes, et à la place qu'ils doivent y occuper, c'est ce qu'il est impossible de déterminer par des règles fixes; il n'y a que l'harmonie du vers qui puisse servir de guide. Il nous suffira de faire observer 1°. que, plus il entre d'accens dans un vers, plus son harmonie est lente et soutenue; 2°. qu'on peut faire entrer dans un vers hendécasyllabe, outre l'accent final et celui de la 4°. ou de la sixième syllabe qui sont indispensables, un, deux et même trois accens; 3.° qu'on les place à peu près à égale distance les uns des autres, et assez ordinairement sur les syllabes paires.

Di|chó|so|quién|en|vér|so|ge|ne|ró|so
Ce|lé|bra|las|ha|zá|ñas|in|mor|tá|les,
Y el|vi|gór|y el|es|fuér|zo|va|le|ró|so.

Dans les vers qui ne sont pas hendécasyllabes, il n'y a d'indispensable que l'accent final; on peut y faire entrer à la vérité un ou plusieurs autres accens, selon que la mesure le permet ou que l'harmonie le demande; mais la place qu'ils doivent occuper n'est pas fixe, et c'est l'oreille seule qu'il faut consulter.

Les vers de *arte mayor* veulent, outre l'accent final, un accent sur la seconde et sur la huitième syllabe.

§. III.

De l'Elision.

Lorsque dans un vers un mot finit par une voyelle et que le mot suivant commence par une voyelle ou une *h*, il y a élision de la voyelle finale, c'est-à-dire qu'elle ne compte pour rien.

O|bél|la in|grá|ta á|quien|el|ál|ma a|dó|ra !

S'il se trouve un monosyllabe composé d'une seule voyelle entre deux mots, dont l'un finit et l'autre commence par une voyelle, les trois voyelles se confondront pour ne faire qu'une syllabe.

En|vi|dia á a|que|llos|pra|dos|la her|mo|su|ra...

Fal|tan|do á *E*s|pa|ña|su|ma|yor|te|so|ro...

L'*y* initial étant consonne ne peut pas donner lieu à l'élision ; il n'en est pas de même de l'*y* final et de la conjonction *y*.

Di|cho|so|yo|que|vi|ne á|tan|buen|puer|to...

De|lan|te|de es|ta|pe|ña|tos|ca y|du|ra...

On peut omettre l'élision, 1° quand le premier mot est composé d'une seule voyelle, ou qu'il est terminé par une voyelle accentuée, 2° quand le second mot commence par une *h*, 3° quand il y a un repos naturel, ou que la conjonction *y* se trouve entre les deux mots.

Di|cho|so|*h*om|bre|que|vi|ves...
O|al|ma|des|ven|tu|ra|da...

Un|per|ro|*y u*n|bor|ri|co|ca|mi|na|ban,
Sir|vien|do *á u*n|mis|mo|due|ño.

§. IV.

Des voyelles qui forment ou ne forment pas des diphthongues.

Lorsque plusieurs voyelles sont de suite dans un même mot, tantôt elles forment une seule syllabe et tantôt elles en forment deux.

Les voyelles AA, AE, AI, quand l'accent porte sur l'I, et AO forment deux syllabes; AI, quand l'accent ne porte pas sur l'I, AU et AY n'en forment qu'une. Ex. *Sa-avedra, a-creo, distra-ido, estais, hay, aurora.*

Les voyelles EA, EE, et EO forment deux syllabes; mais quand EA et EO sont finales et que l'accent porte sur la syllabe précédente, elles n'en forment qu'une; EI, EU et EY ne forment qu'une syllabe. Ex. *Oce-ano, pose-er, trofe-o, linea, etérea, momentáneo, deidad, elogio, rey.*

Les voyelles IA, IE, IO, IU ne forment qu'une syllabe; mais lorsque l'accent porte sur l'I, elles en forment deux. Ex. *Gloria, siempre, contrario, triunfo, alegri-a, temi-a.*

Les voyelles OA, OE, OI, quand l'accent porte sur l'I, et OO forment deux syllabes; OI, quand l'accent ne porte pas sur l'I, OU et OY n'en forment qu'une. Ex. *Bo-ato, po-eta, oido, bo-otes, estoy.* Dans *héroe* OE ne fait qu'une syllabe.

Les voyelles UA, UE, UI, UO, UY, UIE, UEY, ne forment qu'une syllabe; mais lorsque l'accent porte sur l'U, elles en forment deux. Ex. *Igual, fuego, guirnalda, monstruo, muy, quietud, quien, buey, ganzú-a.*

Les règles précédentes sont générales et soumises à peu d'exceptions; néanmoins les poëtes ne s'y astreignent pas toujours rigoureusement, et quelquefois ils réunissent pour ne former qu'une syllabe des voyelles qui devraient en former deux, tandis que d'autres fois ils séparent pour former deux syllabes des voyelles qui ne devraient en former qu'une. C'est ainsi qu'on rencontre *poeta* formant deux syllabes au lieu de trois, *real* formant une syllabe au lieu de deux, *diálogo* formant quatre syllabes au lieu de trois, *triunfo* formant trois syllabes au lieu de deux, etc. etc.

§. V.
De la Rime.

Les Espagnols ont deux espèces de rimes, la rime *consonnante* et la rime *assonnante*.

La rime *consonnante* (consonancia) est la convenance parfaite de deux sons qui terminent deux vers.

La rime consonnante commence toujours à la voyelle sur laquelle porte l'accent; ainsi dans les vers *esdrújulos* elle commencera à la voyelle de l'antépénultième, dans les vers *llanos* à la voyelle de la pénultième, et dans les vers *agudos* à la voyelle de la dernière syllabe.

La rime consonnante n'étant faite que pour l'oreille, on doit avoir égard à la prononciation plutôt qu'à l'orthographe des finales; ainsi *hijo* rimera bien avec *fijo*, *iniquo* avec *chico*, etc.

La rime *assonnante* (asonancia) consiste dans la ressemblance des voyelles qui se trouvent dans les finales de deux mots dont les consonnes sont différentes.

La rime assonnante commence toujours de même que la rime consonnante à la voyelle sur laquelle porte l'accent; ainsi *ligéra, cubiérta, mésa, auménta, péna, lléva, trégua*, qui ont l'accent sur la pénultième syllabe, pourront rimer ensemble par assonnance, et il en sera de même de *caracól, dolór, corazón, Diós, vóz, amó, nació*, qui ont l'accent sur la dernière syllabe. Ce qui fait voir 1° que pour la rime assonnante on n'a égard qu'à la ressemblance des voyelles, et que dans les diphthongues, on ne considère que la dernière voyelle; 2° que les consonnes doivent être différentes, et que quand il y a deux consonnes de suite, il suffit que l'une des deux ne se trouve pas dans l'autre mot.

Dans les mots *esdrújulos*, on peut se contenter pour la rime assonnante de la ressemblance des voyelles de l'antépénultième et de la dernière syllabe des deux mots: ainsi *oráculo* et *tártago* formeront une bonne rime assonnante, quoique la voyelle de la pénultième de l'un ne soit pas semblable à celle de la pénultième de l'autre.

L'usage de la rime consonnante est bien plus commun que celui de la rime assonnante, c'est pourquoi toutes les fois qu'en parlant de la rime l'espèce n'en sera pas désignée, ce sera de la rime consonnante qu'il sera question.

La rime n'est pas indispensable dans les vers espagnols, comme elle l'est dans les vers français; et les Espagnols ont des vers non rimés ou vers blancs, qu'ils appellent *versos sueltos* (vers libres), dans lesquels il faut éviter avec soin la moindre consonnance finale.

§. VI.
De l'enjambement des vers.

En espagnol l'enjambement des vers est permis même dans la poésie élevée, c'est-à-dire que le sens peut demeurer suspendu à la fin d'un vers, et ne finir qu'au commencement du vers suivant : ce qui arrive principalement toutes les fois que le commencement d'un vers est régime ou dépendance nécessaire de ce qui se trouve à la fin du vers précédent.

    Volved las armas y ánimo furioso
    A los pechos de aquellos que os han puesto
    En dura sujecion, con afrentoso
    Partido á todo el mundo manifiesto.
                           ALONSO DE ERCILLA.

Quelquefois même les poëtes espagnols transportent la syllabe *mente* d'un adverbe au vers suivant, ou font l'élision de la voyelle finale du mot qui termine le vers avec la voyelle du mot qui commence l'autre vers ; mais ces enjambemens, qui ne peuvent avoir lieu qu'entre un vers entier et un vers rompu, sont si peu ordinaires, qu'ils doivent être regardés comme des licences poétiques.

    Y miéntras miserable –
    Mente se estan los otros abrasando

Con sed insaciable
Del peligroso mando,
Tendido yo á la sombra esté cantando.
Fray Luis de Leon.

§. VII.

Des licences poétiques, et de ce qu'on doit éviter dans les vers.

Quoique le langage de la poésie espagnole ne soit pas différent de celui de la prose, et qu'on y emploie communément les mêmes expressions, il est cependant permis d'y faire dans la construction de la phrase certaines transpositions que la prose n'admettrait pas, et qui contribuent beaucoup à l'harmonie et à la noblesse des vers. Il faut toujours faire ces transpositions avec esprit et avec goût, de manière qu'elles n'occasionnent ni dureté ni obscurité.

L'harmonie exige aussi qu'on évite en général dans toute espèce de vers les mots trop longs et d'une prononciation difficile, ou qui auroient une trop grande conformité de son avec des mots déjà employés; l'usage trop multiplié de ceux où il se trouve des lettres gutturales; la rencontre trop fréquente des voyelles, et celle des consonnes rudes ou sifflantes, telles que l's ou l'r, etc.

Enfin on ne doit point faire usage dans la poésie, surtout dans la haute poésie, de mots bas et prosaïques ; mais le goût et le discernement, appuyés d'une lecture réfléchie, apprendront mieux que toutes les règles qu'on pourroit donner le choix qu'on doit faire des mots; car un poète habile emploie quelquefois avec succès un mot qui semble être proscrit de la poésie.

ARTICLE II.

Du mélange des vers entre eux.

Le mélange des vers, soit pour la mesure, soit pour la rime, étant en général arbitraire dans la poésie espagnole, il est évident qu'il doit être extrêmement varié ; nous nous contenterons donc de faire connaître les combinaisons qui ont été employées par les meilleurs poëtes, et de donner des exemples de celles qui méritent particulièrement d'être connues.

§. Ier.

Des rimes suivies.

On appelle *parejas* ou *pareados* les vers dont les rimes sont suivies, c'est-à-dire dont le 1er rime avec le second, le 3e avec le 4e et ainsi de suite, en ayant soin de varier la rime de deux en deux vers.

Les rimes suivies sont employées dans les vers imités des Français, qu'on appelle pour cette raison *versos á la francesa* ; et pour suppléer au défaut de rimes masculines et féminines, on fait suivre alternativement deux vers *llanos* de deux vers *agudos*, ainsi qu'on peut le voir dans l'exemple que nous avons cité plus haut, en parlant de cette espèce de vers, qui n'est presque plus en usage.

On peut composer en rimes suivies des pièces entières de vers de *redondilla*, et même de vers italiens, en entremêlant arbitrairement avec les hendécasyllabes des petits vers de sept syllabes, qui riment avec l'hendécasyllabe suivant ; mais ces compositions sont rares, à moins que ce ne soit pour mettre en musique, et les rimes suivies ne servent guère que pour les proverbes, les distiques et les épitaphes.

§. II.

Des rimes croisées et entremêlées.

Les Espagnols donnent le nom générique de *coplas* à toute espèce d'assemblages ou de combinaisons de vers ; mais cette dénomination convient particulièrement à ce que nous appelons *stances*.

Les stances espagnoles ne sont strictement tenues à aucun repos, et elles peuvent enjamber les unes sur les autres; cependant quand elles sont composées de plus de quatre vers, on y place un ou plusieurs repos, selon que l'harmonie le demande, et en général on évite avec soin l'enjambement des stances.

1. *Des stances de trois vers* ou *tercets*.

Les tercets, *tercetos*, sont des stances composées ordinairement de trois vers ou hendécasyllabes, ou de *redondilla mayor*, dont l'arrangement peut avoir lieu de plusieurs manières.

1°. Le 1er vers peut être libre, *suelto*, et le 2e rimer avec le 3e. 2°. Le 1er vers peut rimer avec le 3e et le second être libre. Ces deux espèces de mélanges sont employées dans les *villancicos*. 3°. Quelquefois le 1er vers rime avec le second, et le 3e est libre. 4°. enfin dans les pièces de vers composées de tercets, le 1er et le 3e vers riment ensemble, le 1er vers du second tercet rime avec le 2e vers du tercet précédent, et ainsi de suite jusqu'au dernier tercet qui est composé de quatre vers pour compléter la rime.

S'il n'y avoit qu'un ou deux tercets de vers

italiens de suite, on pourrait admettre parmi les hendécasyllabes un petit vers, *verso quebrado*, de sept syllabes, qui serait le 1ᵉʳ ou le 2ᵉ.

Les satires, les épîtres et les élégies se composent en tercets hendécasyllabes ; on s'en sert aussi quelquefois dans les poëmes descriptifs, les églogues et les idylles.

Tercetos endecasílabos.

En aquel prado allí nos reclinámos,
Y del Céfiro fresco recogiendo
El agradable espírtu respirámos.

Las flores á los ojos ofreciendo
Diversidad estraña de pintura,
Diversamente así estaban oliendo ;

Y en medio aquesta fuente clara y pura,
Que como de cristal resplandecia
Mostrando abiertamente su hondura,

El arena que de oro parecia
De blancas pedrezuelas variada
Por do manaba el agua se bullia.

En derrededor ni sola una pisada
De fiera, ó de pastor, ó de ganado
A la sazon estaba señalada.

Despues que con el agua resfriado
Hubimos el calor, y juntamente
La sed de todo punto mitigado :

Ella, que con cuidado diligente
A conocer mi mal tenia el intento,
Y á escudriñar el ánimo doliente;

Con nuevo ruego y firme juramento
Me conjuró, y rogó que le contase
La causa de mi grave pensamiento....
Garcilaso de la Vega. *Egloga* II.

2. *Des stances de quatre vers*, ou *quatrains*.

Les quatrains sont des stances de quatre vers, dont le 1er rime avec le 4e et le 2e avec le 3e, ou dont le 1er rime avec le 3e et le 2e avec le 4e.

Les vers qui entrent dans la composition des quatrains sont ordinairement des vers de *redondilla mayor*, des vers de *redondilla menor*, ou des hendécasyllabes.

On appelle *cuartillas* ou *cuartetas* les quatrains en vers de *redondilla*, et *cuartetes* ou *cuartetos* ceux en vers hendécasyllabes.

Dans les quatrains en vers de *redondilla menor*, le 1er et le 3e vers peuvent être libres (*sueltos*).

Quoique l'on puisse composer toute espèce de stances en vers de *redondilla menor*, on ne les emploie guère néanmoins que dans les quatrains, et c'est pour cela qu'on donne quelquefois le nom de *redondilla menor* aux quatrains composés de cette espèce de vers.

Cuartillas de redondilla mayor.

Deseais, señor Sarmiento,
Saber en estos mis años
Sujetos á tantos daños,
Como porto y sustento.

Yo os lo diré en brevedad,
Porque la historia es bien breve,
Y el daros gusto se os debe
Con toda puntualidad.

Salido el sol por oriente
De rayos acompañado,
Me dan un huevo pasado
Por agua, blando y caliente,

Con dos tragos del que suelo
Llamar yo néctar divino,
Y á quien otros llaman vino,
Porque nos vino del cielo.

Cuando el luminoso vaso
Toca en la meridional,
Distando por un igual
Del oriente y del ocaso;

Me dan asada y cocida
De una gruesa y gentil ave,
Con tres veces del suave
Licor que alegra la vida.

Despues que cayendo viene
A dar en el mar Hesperio,

Desamparando el imperio
Que en este orizonte tiene;

Me suelen dar á comer
Tostadas en vino mulso,
Que el enflaquecido pulso
Restituyen á su ser.

Luego me cierran la puerta,
Yo me entrego al dulce sueño:
Dormido soy de otro dueño,
No sé de mi nueva cierta.

Hasta que habiendo sol nuevo,
Me cuentan como he dormido,
Y así de nuevo les pido,
Que me den néctar y huevo.

Ser vieja la casa es esto,
Veo que se va cayendo,
Voyle puntales poniendo,
Porque no caiga tan presto.

Mas todo es vano artificio,
Presto me dicen mis males,
Que han de faltar los puntales,
Y allanarse el edificio.

Baltasar de Alcazar.

3. *Des stances de cinq vers.*

Les stances de cinq vers, qu'on appelle *coplas redondillas* ou *quintillas*, se composent ordinairement en vers de *redondilla mayor;* cependant on pourrait aussi en composer en vers hendéca-syllabes. Dans ces stances, les vers s'entremêlent de toutes les manières, pourvu qu'ils soient tous sur deux rimes, et qu'il n'y en ait jamais plus de deux de suite sur la même rime.

4. *Des stances de six vers, ou sixains.*

Les sixains ou stances de six vers, qu'on appelle *redondillas de seis versos*, se composent ordinairement en vers de *redondilla mayor*; on pourrait aussi en composer en vers hendécasyllabes. Dans ces stances, les vers s'entremêlent de toutes les manières, pourvu qu'ils soient tous sur deux rimes, et qu'il n'y en ait jamais plus de deux de suite sur la même rime.

5. *Des stances de sept vers.*

Les stances de sept vers, *redondillas de siete versos*, sont peu usitées; elles se composent de vers de *redondilla mayor* dont le 1er rime avec le 4e et le 5e, le 2e avec le 3e, et le 6e avec le 7e. On pourrait faire aussi des stances de sept vers hendécasyllabes.

6. *Des stances de huit vers, ou octaves.*

Les stances de huit vers se composent ordinairement en vers hendécasyllabes, ou en vers de *redondilla mayor*, dont les rimes s'entremêlent de différentes manières.

1°. Le 1ᵉʳ vers peut rimer avec le 4ᵉ, le 5ᵉ et le 8ᵉ; le 2ᵉ avec le 3ᵉ; et le 6ᵉ avec le 7ᵉ.

2°. Le 1ᵉʳ vers peut rimer avec le 3ᵉ; le 2ᵉ avec le 4ᵉ, le 6ᵉ et le 8ᵉ; le 5ᵉ avec le 7ᵉ.

3°. Les rimes peuvent être croisées.

4°. Enfin les rimes des six premiers vers peuvent être croisées, et les deux derniers riment ensemble, ce qui arrive ordinairement dans les stances de huit vers hendécasyllabes.

On appelle *octavas* (octaves) les stances de huit vers hendécasyllabes, et *redondillas de ocho versos* les stances de huit vers de *redondilla*.

Les octaves servent principalement dans les poèmes épiques et didactiques; on les emploie aussi dans les poèmes descriptifs, les églogues et les idylles.

Octavas.

¿ Por qué con tanta saña procuramos
Ir nuestra sangre y fuerzas apocando,
Y envueltos en civiles armas damos
Fuerza y derecho al enemigo bando ?
¿ Por qué con tal furor despedazamos
Esta union invencible, condenando
Nuestra causa aprobada y armas justas
Justificando en todo las injustas ?

¿Qué rabia ó qué furor desatinado
Habeis contra vosotros concebido,
Que asi quereis que el Araucano estado
Venga á ser por sus manos destruido,
Y en su virtud y fuerzas ahogado
Quede con nombre infame sometido
A las estrañas leyes y gobierno
Y en dura servidumbre y yugo eterno?

Volved sobre vosotros, que sin tiento
Correis á toda priesa á despeñaros,
Refrenad esa furia y movimiento
Que es la que puede en esto mas dañaros:
¿Sufris al enemigo en vuestro asiento
Que quiere como á brutos conquistaros,
Y no podeis sufrir aquí impacientes
Los consejos y avisos convenientes?...

Alonso de Ercilla.

La *copla de arte mayor*, ainsi appelée parce qu'elle était composée en vers de douze syllabes ou de *arte mayor*, était une stance de huit vers, dont le 1er rimait ordinairement avec le 4e, le 5e et le 8e; le 2e avec le 3e; et le 6e avec le 7e. Cette stance n'est plus en usage aujourd'hui. On pourrait faire en vers de *arte mayor* des *parejas*, des *tercetos*, des *cuartetes*, etc. de même qu'en vers hendécasyllabes.

7. *Des stances de neuf vers.*

Les stances de neuf vers portent en espagnol le nom de *redondillas mistas*, parce qu'elles sont composées de la réunion d'une stance de quatre vers et d'une stance de cinq vers de *redondilla mayor*. On pourrait aussi faire des stances de neuf vers composées d'une stance de quatre vers et d'une stance de cinq vers hendécasyllabes.

8. *Des stances de dix vers*, ou *dizains*.

Les dizains, *décimas*, sont des stances de dix vers, ordinairement de *redondilla mayor*, dont le 1er rime avec le 4e et le 5e, le 2e avec le 3e, le 6e avec le 7e et le 10e, et le 8e avec le 9e.

Le dizain peut encore être composé de la réunion de deux stances de cinq vers, *quintillas*, dans chacune desquelles le mélange des rimes peut être uniforme; mais il vaut mieux qu'il soit différent. Cette espèce de dizain s'appelle *copla real*.

Copla real.

Aqui la envidia y mentira
Me tuviéron encerrado.
¡ Dichoso el humilde estado
Del sabio que se retira
De aqueste mundo malvado,

> Y con pobre mesa y casa
> En el campo deleitoso
> Con solo Dios se compasa,
> Y á solas su vida pasa,
> Ni envidiado, ni envidioso!
>
> Fray Luis de Leon.

Remarque. Les stances de plus de dix vers ne sont pas composées de vers entiers seulement, mais de vers entiers, *versos enteros*, mêlés avec des vers rompus, *versos quebrados.*

§. III.

Du mélange des vers entiers et des vers rompus.

On mêle ordinairement les vers hendécasyllabes avec les vers de sept syllabes, ceux de huit syllabes avec ceux de quatre, et ceux de six syllabes avec ceux de trois; quelquefois aussi on mêle les vers entiers de différente mesure avec des vers rompus de différente mesure. Du reste, dans tous les cas il n'y a rien de déterminé quant au nombre de vers de chaque espèce qu'on peut mêler ensemble. Les vers ainsi mêlés tantôt forment des stances et tantôt n'en forment pas. Lorsqu'ils forment des stances au-dessous de dix vers, le mélange des rimes est le même que dans les stances composées uniquement de vers entiers. Mais lorsqu'ils forment des stances de plus de dix vers, et lorsqu'ils ne sont point disposés en stances, le mélange des rimes est absolument arbitraire; on peut même admettre parmi les vers rimés des vers non rimés. Il est néanmoins bon de remarquer, 1°. que dans les vers mêlés, soit qu'ils forment des stances, soit qu'ils n'en forment pas, les rimes correspondantes ne doivent jamais être trop éloignées les unes des autres; 2°. que dans les stances en vers mêlés comme dans les stances en vers entiers, le mélange adopté pour les rimes dans la 1re stance doit en général être suivi dans toutes les autres stances de la même pièce, et qu'il en est de même du mélange des vers de différente mesure; 3°. que les stances en vers mêlés ne contiennent pas ordinairement plus de vingt vers.

Les exemples suivans donneront une idée de la grande variété du mélange des vers entiers et des vers rompus, qui s'emploie communément dans les odes, les poésies légères, et les pièces destinées à être mises en musique.

> Iba cogiendo flores
> Y guardando en la falda
> Mi ninfa para hacer una guirnalda;
> Mas primero las toca
> A los rosados labios de su boca,
> Y les da de su aliento los olores.

Y estaba (por su bien) entre una rosa
Una abeja escondida,
Su dulce humor hurtando;
Y como en la hermosa
Flor de los labios se halló, atrevida
La picó, sacó miel, fuése volando.

L. Martin.

Profecia del Tajo.

Folgaba el rey Rodrigo
Con la hermosa Caba en la ribera
De Tajo sin testigo;
El pecho sacó fuera
El rio, y le habló de esta manera:

En mal punto te goces
Injusto forzador, que ya el sonido
Oyo ya, y las voces,
Las armas y el bramido
De Marte, de furor y ardor ceñido.

¡Ay! esa tu alegría
¡Qué llantos acarrea! y esa hermosa
Que vió el sol el mal dia
A España ¡Ay! cuan llorosa,
Y al cetro de los Godos cuan costosa!

Llamas, dolores, guerras,
Muertes, asolamientos, fieros males,
Entre tus brazos cierras,
Trabajos inmortales
A tí y á tus vasallos naturales,

A los que en Constantina
Rompen el fértil suelo, á los que baña
El Ebro, á la vecina
Sansueña, á Lusitaña,
A toda la espaciosa y triste España.

Ya dende Cádiz llama
El injuriado conde á la venganza
Atento y no á la fama
La bárbara pujanza
En quien para tu daño no hay tardanza.

Oye, que al cielo toca
Con temeroso son la trompa fiera,
Que en Africa convoca
El Moro á la bandera,
Que al aire desplegada va ligera.

La lanza ya blandea
El Arabe cruel, y hiere el viento
Llamando á la pelea,
Inumerable cuento
De escuadras juntas veo en un momento.

Cubre la gente el suelo,
Debajo de las velas desparece
La mar, la voz al cielo
Confusa y varia crece,
El polvo roba el dia, y le obscurece.

¡Ay! que ya presurosos
Suben las largas naves, ¡ay! que tienden
Los brazos vigorosos

A los remos, y encienden
Las mares espumosas por dó hienden.

 El Eolo derecho
Hinche la vela en popa, y larga entrada
Por el Herculeo estrecho
Con la punta acerada
El gran padre Neptuno da á la armada.

 ¡Ay triste! ¿Y aun te tiene
El mal dulce regazo? ¿Ni llamado
Al mal que sobreviene
No acorres? ¿ocupado
No ves ya el puerto á Hercules sagrado?

 Acude, corre, vuela,
Traspasas el alta sierra, ocupa el llano,
No perdones la espuela,
No des paz á la mano,
Menea fulminando el hierro insano.

 ¡Ay cuanto de fatiga,
Ay cuanto de dolor está presente
Al que viste loriga,
Al infante valiente,
A hombres y caballos juntamente!

 Y tú, Betis divino,
De sangre agena y tuya amancillado,
Darás al mar vecino,
¡Cuanto yelmo quebrado!
¡Cuanto cuerpo de nobles destrozado!

 El furibundo Marte

Cinco luces las haces desordena
Igual á cada parte;
La sexta ¡ay! te condena,
O cara patria, á bárbara cadena.

Fray Luis de Leon, *Oda*.

Fonseca, ya las horas
Del invierno aterido,
Aunque tarde, se fuéron,
Y su vez agradable permitiéron
Al Céfiro florido.
Ya el verano
Nos descubre su frente,
De rosas y de púrpura ceñido:
Remite el aire el desabrido ceño,
Y el sol libra sus rayos
De las nubes obscuras;
Y con luces mas vivas y mas puras,
Regalando las nieves,
Al blando pie de los parados rios
Las prisiones de yelo alegre quita,
Y su antiguo correr les solicita.....

F. de Rioja.

¡Cuan presto se va el placer,
Como despues de acordado,
Da dolor;
Como á nuestro parecer
Cualquiera tiempo pasado,
Fué mejor!

Jorge Manrique.

§. IV.

Des vers libres.

On vient de voir que les vers libres, *sueltos*, c'est-à-dire qui ne sont pas astreints à la rime, se mêlent avec les vers rimés ; ils se mêlent également avec les vers assonnans, comme on le verra par la suite ; mais on peut aussi les employer seuls sans mélange d'aucune autre espèce de vers.

La concision des pensées, la force des expressions, et sur tout l'élégance et l'harmonie de la versification résultant de la disposition symétrique des syllabes longues et brèves, voilà ce qui fait la beauté des vers libres, et leur donne une grande analogie avec les vers grecs et latins : aussi les Espagnols, sans pourtant observer à la rigueur le rhythme des anciens, l'ont-ils imité dans les vers libres avec assez de succès.

L'hendécasyllabe est le vers le plus usité dans les ouvrages en vers libres ; on l'appelle *héroïque*, non pas qu'il soit employé préférablement dans le poème héroïque et dans les autres ouvrages d'un genre sérieux, car on les compose ordinairement en octaves ou en tercets de vers rimés, mais parce qu'il imite le mieux l'harmonie des grands vers grecs et latins, et que par conséquent il semble plus propre à être employé dans les traductions des chefs-d'œuvre de l'antiquité.

En mêlant des hendécasyllabes avec des vers rompus de différentes mesures, on peut imiter presque toutes les combinaisons lyriques des anciens. On reconnaîtra facilement dans l'ode suivante, dont les quatrains sont composés de trois vers hendécasyllabes et d'un vers rompu de cinq syllabes, l'harmonie de la strophe saphique, qui est l'une des plus belles de ces combinaisons.

Al Céfiro.

Dulce vecino de la verde selva,
Huésped eterno del abril florido,
Vital aliento de la madre Venus,
  Céfiro blando,
Si de mis ansias el amor supiste,
Tú, que las quejas de mi voz llevaste,
Oye, no temas, y á mi ninfa dile,
  Dile que muero.
Filis un tiempo mi dolor sabia,
Filis un tiempo mi dolor lloraba,
Quisome un tiempo; mas agora temo,
  Temo sus iras.
Así los Dioses con amor paterno,
Así los cielos con amor benigno

Nieguen al tiempo que feliz volares,
>Nieve á la tierra.
Jamas el peso de la nube parda,
Cuando amanece en la elevada cumbre,
Toque tus hombros, ni su mal granizo
>Hiera tus alas.
>>ESTEVAN DE VILLEGAS.

§. V.

Des ouvrages en vers.

Les principaux ouvrages en vers sont : les poèmes épique, didactique et descriptif, les pièces de théâtre, les odes, les épîtres, les élégies, les églogues, les idylles et les fables. Comme ces différens genres d'ouvrages sont communs à la littérature espagnole et à celle des autres nations, nous ne nous y arrêterons point. Il est vrai que les Espagnols s'écartant quelquefois dans leur composition, et surtout dans celle des pièces de théâtre, des préceptes dictés par le bon goût, cela semblerait demander quelques détails; mais ces détails sont étrangers à un traité de versification, et en dépasseraient les bornes. Il nous suffira de faire remarquer que les pièces de théâtre espagnoles sont tantôt en prose, tantôt en vers rimés ou non rimés, et qu'on fait entrer dans les comédies des stances de toute espèce, des sonnets, des romances, etc.; enfin que tous les autres ouvrages en vers se composent en général de stances. Quant à l'espèce de stances qui convient à chaque genre d'ouvrage, nous l'avons indiquée autant que possible en parlant des différentes espèces de stances; cependant le choix en étant souvent abandonné à la fantaisie du poète, ce sont les ouvrages de ceux qui ont excellé dans chaque genre qu'on doit prendre pour modèles. Nous nous occuperons seulement ici des petits ouvrages en vers qui sont en quelque sorte propres à la langue espagnole, ou qui au moins sont soumis dans cette langue à quelques règles particulières, et nous passerons sous silence ceux, tels que les sonnets en échos, les salades, les labyrinthes, le poème cubique, etc. etc. dont tout le mérite consistait dans une difficulté ridicule, et que le bon goût a proscrits depuis long-temps.

1. *Sonetos.*

Le sonnet, *soneto*, occupe encore dans la poésie espagnole le rang qu'il occupait autrefois dans la poésie française.

Les Espagnols ont plusieurs espèces de sonnets, qui sont : le sonnet simple, le sonnet double, le sonnet croisé, le sonnet à queue et le sonnet continué.

Le sonnet simple, *soneto simple*, se compose de quatorze vers hendécasyllabes, dont les huit premiers nommés *pies* se partagent en deux quatrains, et les six derniers forment deux tercets, qu'on appelle *vueltas*. Les deux quatrains se font sur les mêmes rimes, et dans chacun d'eux le 1ᵉʳ vers rime avec le 4ᵉ, et les deux intermédiaires ensemble. Les vers des deux tercets riment ensemble sur deux ou sur trois rimes, qui ne doivent pas ressembler à celles employées dans les deux quatrains.

Le sonnet double, *soneto doblado*, est soumis aux mêmes règles que le sonnet simple; la seule différence qu'il y ait entre les deux consiste en ce que, dans le sonnet double, on intercale parmi les hendécasyllabes des vers rompus de sept syllabes, savoir : un ou plusieurs dans chaque quatrain et un seul dans chaque tercet. Chacun de ces vers rompus ayant la même rime que le vers entier qui le précède, cette rime est double, c'est ce qui fait donner à ce sonnet le nom de sonnet double.

Le sonnet croisé, *soneto terciado*, est ainsi appelé, parce que les rimes des deux quatrains sont croisées ; il est du reste semblable au sonnet simple.

Le sonnet à queue, *soneto con cola,* diffère du sonnet simple en ce qu'on y intercale après le second et le quatrième vers de chaque quatrain, et après chaque tercet, un vers rompu appelé *cola.* Les vers rompus ainsi intercalés sont de quatre ou cinq syllabes ; ceux des quatrains riment entr'eux, et leur rime doit être différente de celles des quatrains ; ceux des tercets riment aussi entr'eux, et leur rime doit être différente de celles des quatrains et des tercets.

Le sonnet continué, *soneto continuo,* est semblable pour les quatrains au sonnet simple ou au sonnet croisé ; mais les rimes des tercets sont croisées et les mêmes que celles des quatrains.

Le sonnet simple est plus usité que les autres ; nous en donnerons deux exemples dont les imitations françaises sont très-connues.

Un soneto me manda hacer Violante,
Que en mi vida me he visto en tal aprieto,
Cátorce versos dicen que es soneto,
Burla burlando van los tres delante.
Yo pensé que no hallara consonante,
Y estoy á la mitad de otro cuarteto,
Mas si me veo en el primer terceto
No hay cosa en los cuartetos que me espante.

Por el primer terceto voy entrando,
Y aun parece que entré con pie derecho,
Pues fin con este verso le voy dando.

Ya estoy en el segundo, y aun sospecho
Que estoy los trece versos acabando :
Contad si son catorce, y está hecho.

LOPE DE VEGA.

Soberbias torres, altos edificios,
Que ya cubristes siete excelsos montes,
Y agora en descubiertos orizontes
Apénas de haber sido dais indicios :
Griegos liceos, celebres hospicios
De Plutarcos, Platones, Xenofóntes,
Teatro que lidió Rinoceróntes,
Olimpias, lustros, baños, sacrificios;
¿Qué fuerzas deshiciéron peregrinas
La mayor pompa de la gloria humana,
Imperios, triunfos, armas y doctrinas?
¡O gran consuelo á mi esperanza vana,
Que el tiempo que os volvió breves ruinas,
No es mucho que acabase mi sotana!

LOPE DE VEGA.

2. *Silvas.*

Les Espagnols donnent le nom de *silva* à une pièce de vers hendécasyllabes mêlés arbitrairement de vers rompus de sept syllabes, dans laquelle on n'observe aucun ordre pour la distribution des rimes, et où l'on peut même faire entrer quelques vers libres. Il y a aussi des *silvas* en vers de sept syllabes. La *silva* est une composition dans le genre de l'ode, qui convient à toute sorte de sujets.

A la Riqueza.

¡O mal seguro bien! ¡O cuidadosa
Riqueza, y como á sombra de alegría,
Y de sosiego engañas!
El que vela en tu alcance, y se desvia
Del pobre estado, y la quietud dichosa,
Ocio y seguridad pretende en vano.
Pues tras el luengo errar de agua y montañas,
Cuando el metal precioso coja á mano,
No ha de ver sin cuidado abrir el dia.
No sin causa los dioses te escondiéron
En las entrañas de la tierra dura :
¿Mas que halló dificil y encubierto
La sedienta codicia?
Turbó la paz segura,
Con que en la antigua selva floreciéron
El abeto y el pino,
Y trájolos al puerto
Y por campos de mar les dió camino.
Abrióse el mar, y abrióse
Altamente la tierra,
Y salistes del centro al aire claro,

Hija de la avaricia,
A hacer á los hombres cruda guerra.
Salistes tú, y perdióse
La piedad que no habita en pecho avaro.

. . . .

¡ A cuantos armó el oro de crueza!
¡ Y á cuantos ha dejado
En el último trance! ¡ o dura suerte!
Pierde su flor la virginal pureza
Por tí, y vese manchado
Con adulterio el lecho no esperado.
Al ménos animoso
Para que te posea,
Das, riqueza, ardimiento licencioso.
Ninguno hay que se vea
Por tí tan abastado y poderoso,
Que carezca de miedo.
¿ Qué cosa habrá de males tan cercada,
Pues ora pretendida, ora alcanzada,
Y aun estando en deseos,
Pena ocultan tus ciegos devaneos?
Pero cánsome en vano, decir puedo,
Que si sombras de bien en tí se vieran,
Los inmortales Dioses te tuvieran.

F. DE RIOJA.

3. *Romances.*

On appelle *romance* une pièce de vers destinée à être mise en musique, qui se compose d'une suite de quatrains, dont le 1er et le 3e vers sont libres, tandis que le second et le 4e riment par assonnance. L'assonnance est la plus grande difficulté des romances, parce qu'elle doit être la même dans tous les quatrains. Les romances sont ordinairement en vers de *redondilla mayor* ou *menor*, et quelquefois en vers hendécasyllabes, ce qui les fait nommer alors *romances heróicos*. Il y en a aussi en vers de sept syllabes, et un des vers de chaque quatrain peut être hendécasyllabe ; c'est communément le quatrième : on peut également mêler avec les vers de *redondilla* un ou deux vers rompus de quelque espèce que ce soit, surtout de cinq ou de quatre syllabes ; on pourroit enfin composer des romances en quatrains de vers *esdrújulos* et même de *arte mayor*, purs ou mêlés. En un mot rien de plus varié que la versification des romances ; mais il faut que le mélange adopté dans le premier quatrain soit suivi dans tous les autres. Les romances n'ont ordinairement pas de refrain ; cependant il y a des romances où l'on répète après le second quatrain le dernier ou les deux derniers vers du premier, et ainsi de suite après chaque quatrain, ou de deux en deux quatrains. Le refrain ne commence quelquefois qu'au milieu de la romance, et ne continue pas toujours jusqu'à la fin ; il n'est pas non plus nécessaire qu'il se compose du dernier ou des deux derniers vers du 1er quatrain ; il peut être formé d'un ou de deux vers qu'on ajoute.

La romance est le genre de poésie favori des Espagnols ; c'est réellement leur poésie lyrique nationale : elle se prête également aux accens de la joie et à ceux de la douleur. Ils y chantent tour à tour les exploits des guerriers, l'amour, les aventures, etc. etc. On appelle *jácara* une romance qui se chante sur un air populaire qui porte ce nom.

De las Africanas playas
Alejado de sus huertas,
Mira el forzado hortelano
De España las altas tierras.
Mira las golosas cabras
En las peladas laderas,
Que apénas se determina
Si son cabras ó son peñas :
Tiende la envidiosa vista
Por las abundosas vegas
Y comarcanas cabañas,
Que casi á la par humean.
Miraba por Gibraltar
Las heladas rocas yertas
Azotadas de las ondas,
Y arrancadas de la arena.

Mira el estrecho cubierto,
Y las hervientes arenas,
Que le parece que braman,
Y por mil partes resuenan.
O sagrado mar, le dice,
Haz con mis suspiros treguas;
Perdona si ellos ó el viento
Son causa de tu tormento.
Pásame en esotra playa;
Que si en ella me presentas,
Te ofreceré un blanco toro
El mejor de mis dehesas.
No quiero que mis deseos
Vayan á tierras agenas;
Da vida á un nuevo Leandro,
Que en tus manos se encomienda.
Esto diciendo el forzado,
En las blandas ondas se echa
Con los brazos á remar,
Hiende, rompe, rasga y huella.
Mas allá á media noche,
Cuando los miembros le aquejan,
Temeroso de su daño
Habló así á las ondas:
Queridas y amadas ondas;
Pues determinais que muera,
Dejadme salir amigas,
Que yo os pagaré esta deuda.
Fuéle el viento favorable,

Oyó fortuna sus quejas,
Y al nacer el rubio sol,
Hizo pie sobre la arena.
Dió gracias al mar piadoso,
Al viento, norte y estrellas;
Y con ceremonia humilde
Besó y adoró la tierra.

Les vers de sept syllabes, disposés en quatrains de vers libres et assonnans, comme dans les romances, et qu'on appelle souvent pour cette raison *versos de romance*, sont ceux qu'on emploie en général dans les odes anacréontiques.

No con mi blanda lira
Serán en ayes tristes
Lloradas las fortunas
De reyes infelices;
Ni el grito del soldado
Feroz en crudas lides,
O el trueno con que arroja
La bala el bronce horrible.
Yo tiemblo, y me estremezco;
Que el númen no permite
A el labio temeroso
Canciones tan sublimes.
Muchacho soy, y quiero
Decir mas apacibles
Querellas, y gozarme

Con danzas y convites.
En ellos coronado
De rosas y alelíes;
Entre risas y versos
Menudeo los brindis.
En coros las muchachas
Se juntan por oirme,
Y al punto mis cantares
Con nuevo ardor repiten;
Pues Baco y el de Vénus
Me diéron, que felice
Celebre en dulces himnos
Sus glorias y festines.

J. Melendez Valdes.

Quiero cantar de Cadmo,
Quiero cantar de Atridas,
¡Mas ay! que de amor solo
Solo canta mi lira.
Renuevo el instrumento,
Las cuerdas mudo apriesa,
Pero si yo de Alcídes,
Ella de amor suspira.
Pues, héroes valientes,
Quédaos desde este dia;
Porque ya de amor solo,
Solo canta mi lira.

E. de Villegas.
Imitacion de Anacreonte.

Vuelve, mi dulce lira,
Vuelve á tu estilo humilde
Y deja á los Homeros
Cantar á los Aquíles.
Canta tú la cabaña
Con tonos pastoriles,
Y los épicos metros
A Virgilio no envidies.
No esperes en la corte
Gozar dias felices,
Y vuélvete á la aldea,
Que tu presencia pide.
Ya te aguardan zagales
Que con flores se visten,
Y adornan sus cabezas
Y cuellos juveniles.
Ya te esperan pastores
Que deseosos viven
De escuchar tus canciones
Que con gusto repiten.
Y para que sus voces
A los ecos admiren,
Y repitan tus versos
Los melodiosos cisnes;
Vuelve, mi dulce lira,
Vuelve á tu tono humilde;
Y deja á los Homeros
Cantar á los Aquíles.

J. DE CADALSO.

4. *Endechas.*

Les *endechas* sont des élégies ou des chants funèbres à la louange des morts; ce sont des espèces de romances ordinairement en vers de sept syllabes. Les *endechas*, dans lesquelles le dernier vers de chaque quatrain est un hendécasyllabe, s'appellent *endechas reales;* il y a aussi des *endechas* rimées.

5. *Seguidillas.*

La *seguidilla* se compose d'une suite de quatrains en vers croisés de sept et de cinq syllabes. La *seguidilla* a beaucoup de ressemblance avec la *romance;* la seule différence qu'il y ait, c'est que les couplets de la *seguidilla* étant ordinairement détachés, l'assonnance peut changer à chaque couplet.

Il y a une espèce de *seguidilla* appelée *chamberga*, du nom de l'air sur lequel elle se chante, dont chaque quatrain est suivi de six vers alternativement de trois et de sept syllabes, rimant par assonnance deux à deux, c'est-à-dire que chaque vers de trois syllabes rime avec le vers de sept syllabes qui le suit immédiatement.

6. *Letrillas.*

La *letrilla* est une espèce de poésie lyrique d'un style simple et gracieux. Elle se compose ordinairement d'une suite de quatrains en vers de six ou de huit syllabes. La *letrilla* a beaucoup de ressemblance avec la *romance*, mais elle est plus courte. Le 1er et le 3e vers de chaque quatrain sont libres ou rimés, le 2e et le 4e sont assonnans ; cependant tous les vers peuvent aussi être rimés. Il faut, comme dans les romances, que l'assonnance soit la même dans tous les quatrains. Il y a des *letrillas* qui ont un refrain, d'autres n'en ont point ; quelquefois le refrain fait partie du quatrain, quelquefois il est ajouté.

No alma primavera
Bella y apacible,
O el dulce Favonio
Que ámbares respire ;
No rosada Aurora
Tras la noche triste,
Ni el pincel que en flores
Bello se matize ;
No nube que Febo
Su pabellon pinte,
O álamo que abrace
Dos emulas vides ;
No fuente que perlas

A cien caños fie,
Ni lirio entre rosas,
Clavel en jazmines;
Al romper el dia
Son tan apacibles
Como el pastorcillo
Que en mi pecho vive.

IGLESIAS.

De este modo ponderaba
Un inocente pastor
A la ninfa á quien amaba
La eficacia de su amor.
 ¿ Ves cuantas flores al prado
La primavera prestó?
Pues mira, dueño adorado,
Mas veces te quiero yo.
 ¿ Ves cuanta arena dorada
Tajo en sus aguas llevó?
Pues mira, Filis amada,
Mas veces te quiero yo.
 ¿ Ves al salir de la aurora
Cuanta avecilla cantó?
Pues mira, hermosa pastora,
Mas veces te quiero yo.
 ¿ Ves la nieve derretida
Cuanto arroyuelo formó?
Pues mira, bien de mi vida,
Mas veces te quiero yo.
 ¿ Ves cuanta abeja industriosa

De esa colmena salió?
Pues mira, ingrata y hermosa,
Mas veces te quiero yo.
¿Ves cuantas gracias la mano
De las deidades te dió!
Pues mira, dueño tirano,
Mas veces te quiero yo.

J. DE CADALSO.

7. *Liras.*

La *lira* est une petite pièce de vers hendécasyllabes mêlés de vers rompus, faite pour être chantée avec accompagnement de guitare ou de lyre. Les *liras* sont composées de cinq ou de six vers. Dans les *liras* de cinq vers, les quatre premiers sont des vers rompus de sept syllabes, et le cinquième est un hendécasyllabe ; le 1er vers rime avec le 3e; le 2e le 4e et le 5e riment ensemble. Dans les *liras* de six vers, les vers impairs sont des vers rompus de sept syllabes et les autres sont des hendécasyllabes ; les rimes des quatre premiers vers sont croisées, et les deux derniers vers riment ensemble. Il y a aussi des *liras* de six vers dont le 1er, le 2e, le 4e et le 5e sont des vers rompus de sept syllabes ; le 3e un vers rompu de deux syllabes, et le 6e un hendécasyllabe : alors le 1er vers rime avec le 4e, le 2e avec le 3e, et le 5e avec le 6e.

8. *Canciones.*

La *cancion* est une espèce de poésie lyrique qui se compose de plusieurs stances, *estanzas* ou *estancias,* en vers hendécasyllabes mêlés de vers rompus de sept syllabes. La *cancion* n'a pas ordinairement plus de dix à douze stances, et elle est souvent terminée par une stance plus courte, appelée *remate* ou *represa.* Le mélange des rimes, ainsi que celui des vers entiers et des vers rompus, est arbitraire : il varie même quelquefois d'une stance à l'autre ; mais en général le mélange adopté dans la première stance est suivi dans toutes les autres. Le mélange des vers et des rimes n'est pas le même dans le *remate* que dans les autres stances ; il est également arbitraire.

O libertad preciosa,
No comparada al oro,
Ni al bien mayor de la espaciosa tierra,
Mas rica y mas gozosa
Que el precioso tesoro
Que el mar del Sur entre su nacar cierra,
Con armas, sangre y guerra,
Con las vidas y famas,
Conquistado en el mundo,
Paz dulce, amor profundo,
Que el mal apartas y á tu bien nos llamas :
En tí solo se anida
Oro, tesoro, paz, bien, gloria y vida.

Cuando de las humanas
Tinieblas vi del cielo
La luz, principio de mis dulces dias,
Aquellas tres hermanas,
Que nuestro humano velo
Tejiendo llevan por inciertas vias,
Las duras penas mias
Trocáron en la gloria,
Que en libertad poseo
Con siempre igual deseo;
Donde verá por mi dichosa historia,
Quien mas leyere en ella,
Que es dulce libertad lo ménos della.

Yo pues, señor exento
De esta montaña y prado,
Gozo la gloria y libertad que tengo;
Soberbio pensamiento
Jamas ha derribado
La vida humilde y pobre que entretengo;
Cuando á las manos vengo
Con el muchacho ciego,
Haciendo rostro embisto,
Venzo, triunfo y resisto
La flecha, el arco, la ponzoña, el fuego,
Y con libre albedrío
Lloro el ageno mal, y espanto el mio.

Cuando la Aurora baña
Con helado rocío,
De aljofar celestial el monte y prado,

Salgo de mi cabaña
Riberas deste rio
A dar el nuevo pasto á mi ganado:
Y cuando el sol dorado
Muestra sus fuerzas graves,
Al sueño el pecho inclino
Debajo un sauce ó pino,
Oyendo el son de las parleras aves,
O ya gozando el aura,
Donde el perdido aliento se restaura.

Cuando la noche obscura
Con su estrellado manto
El claro dia en su tiniebla encierra,
Y suena en la espesura
El tenebroso canto
De los nocturnos hijos de la tierra,
Al pie de aquesta sierra
Con rústicas palabras
Mi ganadillo cuento,
Y el corazon contento
Del gobierno de ovejas y de cabras,
La temerosa cuenta
Del cuidadoso rey me representa.

Aqui la verde pera
Con la manzana hermosa
De gualda y roja sangre matizada,
Y de color de cera.
La cermeña olorosa

Tengo, y la endrina de color morada:
Aquí de la enramada
Parra que el olmo enlaza
Melosas ubas cojo,
Y en cantidad recojo,
Al tiempo que las ramas desenlaza
El caluroso estío,
Membrillos que coronan este rio.

No me da descontento
El hábito costoso
Que de lascivo el pecho noble infama:
Es mi dulce sustento
Del campo generoso
Estas silvestres frutas que derrama:
Mi regalada cama
De blandas pieles y hojas,
Que algun rey la envidiara,
Y de ti, fuente clara,
Que bullendo el arena y agua arrojas,
Estos cristales puros,
Sustento pobres, pero bien seguros.

Estése el cortesano
Procurando á su gusto
La blanda cama y el mejor sustento,
Bese la ingrata mano
Del poderoso injusto,
Formando torres de esperanza al viento
Viva y muera sediento

Por el honroso oficio,
Y goze yo del suelo
Al aire, al sol, al yelo
Ocupado en mi rústico ejercicio,
Que mas vale pobreza
En paz, que en guerra misera riqueza.
 Ni temo al poderoso,
Ni al rico lisongeo,
Ni soy camaleon del que gobierna :
Ni me tiene envidioso
La ambicion y deseo
De agena gloria, ni de fama eterna :
Carne sabrosa y tierna,
Vino aromatizado,
Pan blanco de aquel dia,
En prado, en fuente fria,
Halla un pastor con hambre fatigado,
Que el grande y el pequeño
Somos iguales lo que dura el sueño.

LOPE DE VEGA.

9. *Balata*.

La ballade, *balata*, est une petite pièce de vers qui n'est presque plus en usage, son nom vient de ce qu'originairement elle se chantait en dansant. La ballade se compose en vers hendécasyllabes purs, ou mêlés de vers rompus de sept syllabes ; et elle se divise en quatre parties, dont la 1re s'appelle *represa* (reprise), parce qu'elle se répète en tout ou en partie à la fin de la ballade ; la 2e *primera mudanza* (1er changement) la 3e *segunda mudanza* (2e changement), parce qu'on y change le ton de la *represa*, et la 4e *vuelta* (retour), parce qu'on revient au 1er ton. La *represa* et la *vuelta* sont ordinairement composées de trois ou de quatre vers, et chaque *mudanza* a presque toujours un vers de moins.

Represa. { Tras su manada Elisio lamentando
Mil veces este verso repetia :
¡ Ay! ¡ quien se viera qual se vió algun dia !

1a *Mudanza.* { Víme yo tan señor de mi fortuna,
Tan libre de dolor, tan prosperado ,

2a *Mudanza.* { Que no temi jamas mudanza alguna
De aquel primero y venturoso estado :

Vuelta. { Ya toda mi ventura se ha trocado ;
No soy ni ya seré quien ser solia :
¡ Ay! ¡ quien se viera cual se vió algun dia !

10. *Villancicos.*

Le *villancico* (villanelle) a beaucoup de rapport avec la ballade, et est également fait pour le chant. Il commence par une *cabeza*, qui se répète comme la reprise de la ballade. La *cabeza* est une espèce d'introduction renfermant une sentence composée de deux, de trois, ou de quatre vers. Elle est suivie d'une stance de six vers appelés *pies*, qui en est la glose. Les deux premiers *pies* forment la 1ª *mudanza*, les deux suivans la 2ª *mudanza*, et les deux derniers la *vuelta*, après quoi l'on répète le dernier ou les deux derniers vers de la *cabeza*. Les *villancicos* se font en vers de *redondilla mayor* ou *menor* purs, ou mêlés de vers rompus. Les deux *villancicos* suivans serviront d'exemples pour le mélange des vers et des rimes.

Cabeza.	En lo próspero y adverso Lo que solo satisface, Es pensar que Dios lo hace.
1ª *Mudanza.*	Que me suba ó baje el mundo, O que me ponga fortuna
2ª *Mudanza.*	Sobre el cuerno de la luna, O me hunda hasta el profundo:
Vuelta.	La razon en que me fundo Para que todo lo abrace,
Repeticion.	Es saber que Dios lo hace.

Cabeza.	Cuando el corazon se abrasa, Echa luego Por las ventanas de casa Vivo fuego.
1ª *Mudanza.*	No se puede reprimir El amor,
2ª *Mudanza.*	Aunque mas quiera encubrir Su fervor,
Vuelta.	Que como es niño y ciego, Da sin tasa
Repeticion.	Por las ventanas de casa Vivo fuego.

1ª *Mudanza*.	Suspiros y ansias estrañas Van saliendo,
2ª *Mudanza*.	Cuando se estan las entrañas Derretiendo,
Vuelta.	Que el alma hecha una brasa Envia luego
Repeticion.	Por las ventanas de casa Vivo fuego.

FIN.

www.ingramcontent.com/pod-product-compliance
Lightning Source LLC
Chambersburg PA
CBHW051619230426
43669CB00013B/2108